FÉLIX GUATTARI

OS ANOS DE INVERNO 1980-1985

Os anos de inverno (1980-1985)
Les années d'hiver : 1980-1985
Félix Guattari

© Félix Guattari, Les Prairies ordinaires, 2009
© n-1 edições, 2022
ISBN 978-65-81097-36-3

Embora adote a maioria dos usos editoriais do âmbito brasileiro, a n-1 edições não segue necessariamente as convenções das instituições normativas, pois considera a edição um trabalho de criação que deve interagir com a pluralidade de linguagens e a especificidade de cada obra publicada.

COORDENAÇÃO EDITORIAL Peter Pál Pelbart e Ricardo Muniz Fernandes
DIREÇÃO DE ARTE Ricardo Muniz Fernandes
TRADUÇÃO© Felipe Shimabukuro
ASSISTÊNCIA EDITORIAL Inês Mendonça
PREPARAÇÃO Graziela Marcolin
EDIÇÃO EM LaTeX Paulo Henrique Pompermaier
CAPA Érico Peretta

A reprodução parcial deste livro sem fins lucrativos, para uso privado ou coletivo, em qualquer meio impresso ou eletrônico, está autorizada, desde que citada a fonte. Se for necessária a reprodução na íntegra, solicita-se entrar em contato com os editores.

1ª edição | Novembro, 2022
n-1edicoes.org

FÉLIX GUATTARI
OS ANOS DE INVERNO 1980–1985

tradução **Felipe Shimabukuro**

n-1 edições

Prefácio, por François Cusset 7
Introdução 29

POLÍTICA 33

1980 – Por que Coluche 35
1981 – Contra o racismo ao estilo francês 39
1981 – Mitterrand e o Terceiro Estado 43
1983 – E a crise levou 47
1983 – A guerra, a crise ou a vida 51
1983 – A gente tem o racismo que merece 55
1983 – A propósito de Dreux 59
1984 – Um caso Dreyfus para a Europa 63
1984 – A esquerda como paixão processual 67
1984 – Liberdades na Europa 71
1985 – O quinto mundo nacionalitário 83
1985 – Entrevista com Michel Butel 91

MOLECULAR 125

1977 – Os tempos maquínicos e a questão do inconsciente 127
1979 – Senhoras-dolto por toda parte! 137
1980 – Pequenas e grandes máquinas de inventar a vida 149
1983 – Sistemas, estruturas e processos capitalísticos 163
1983 – A psicanálise deve estar em contato direto
    com a vida 185

1984 – "Os chapados maquínicos"	191
1985 – Microfísica dos poderes e micropolítica dos desejos	197
1985 – As quatro verdades da psiquiatria	211

ARTE PROCESSUAL — 219

1975 – Os espaços azuis	221
1983 – A cidade na escuridão	225
1983 – Entrevista com Élisabeth D. sobre seu primeiro romance: *Sua Majestade-Titi os grafites*	229
1984 – Gérard Fromanger, *A noite, o dia*	233
1984 – Butô	243
1985 – O "ainda nunca visto" de Keiichi Tahara	245
1984 – Kafka: processo e procedimentos	249
Posfácio	255

ANEXOS — 263

1981 – Não à França do *Apartheid* (ou o novo manifesto dos 121)	265
Glossário de esquizoanálise	271

Prefácio
Algo para passar o inverno

FRANÇOIS CUSSET

Os textos aqui reunidos foram redigidos há quase trinta anos. O volume que os reuniu pela primeira vez, em 1986, publicado pela editora Bernard Barrault, não estava mais disponível há quase vinte anos. Muito tempo? Não tenhamos tanta certeza. Os comentadores dirão que o mundo de Obama e do Facebook não é mais o da Guerra Fria e do Minitel, que o choque do petróleo não é mais o *crash* financeiro e que os pensadores críticos descabelados de anteontem ficaram cruelmente sem sucessores na França exaurida do presidente ostentação. Mais do que o argumento de uma potência *no contratempo* dos verdadeiros pensamentos críticos, oporemos a eles a mera estupefação suscitada por estes poucos textos, de esclarecimento ou de circunstância: a estupefação diante de sua plena *atualidade*, sem separar a acepção filosófica do termo, cara a Félix Guattari e Gilles Deleuze (a de um conceito encarnado, em ação, em devir), de seu sentido mais familiarmente jornalístico – de tão flagrantes que são aqui, quase a cada linha, a acuidade ardente, a força antecipadora, o valor de iluminação e de ferramenta *para hoje* dessas observações esparsas propostas 25 anos atrás. Pela diversidade de sua enunciação, em forma de conferência ou de confissão, de teoria ou de anedota, e sobretudo de seus objetos (política, tecnologia, arte, psicanálise, epistemologia...), esses fragmentos de uma obra em si mesma deliberadamente esparsa revelam, melhor do que qualquer outro texto, sua extensão formidável, a riqueza circulatória, os universos heterogêneos e, ao mesmo tempo, a coerência contagiante.

Além de tornarem acessíveis, num registro e numa linguagem desta vez compreensíveis, às vezes até empíricos, um conjunto conceitual rico e complexo que a maioria dos livros assinados por Félix Guattari (*Psicanálise e transversalidade*, *As três ecologias*, *Caosmose*...) reserva em geral a leitores mais experientes devido à sua tecnicidade teórica e densidade lexical. Mas, antes de serem chaves de entrada para o universo guattariano, estes trinta textos – que, segundo seu autor (em seu posfácio), têm como objeto "os modos contemporâneos de produção da subjetividade, consensuais ou dissidentes" – podem ser lidos de início como diretamente conectados à sua época e, ao mesmo tempo, indissociavelmente, como antecipações vertiginosas da nossa – vertiginosamente precisas e vertiginosamente intactas, na contracorrente dos futurismos de revista e dos argumentos preguiçosos que fizeram barulho justamente nesses poucos "anos de inverno", entre 1980 e 1985.

Pois Guattari pressente com uma acuidade espantosa a dimensão de mutação histórica e de virada antropológica desse inverno mundial dos primeiros anos da década de 1980, com seus impulsos de direita, seu triunfo do mercado e suas novas escravidões subjetivas. Sob pretextos tão contingentes quanto uma entrevista no jornal *Libération* ou um encerramento de colóquio, ele desfaz seus nós invisíveis e puxa os fios ocultos de sua trama com uma minúcia que exclui todo profetismo, deixando, no final das contas, à incerteza e aos Nostradamus de botequim apenas a questão de saber se o que virá a seguir será pior ou não:

> nada nos garante que depois desse inverno não virá [...] um inverno ainda mais rigoroso", avisa Guattari logo de cara, antes de afirmar, alguns artigos à frente, estar convencido, preocupado em apontar alguma luz no horizonte, que em breve "esses últimos anos serão julgados como os mais estúpidos e os mais bárbaros como há muito não se via!

Mas enquanto estamos esperando, ele nos fala de nós, de nosso mundo des/integrado, de nosso presente enlouquecido, o presente do dia seguinte aos anos 1970, assim como o da véspera dos anos 2010. Claro, o contexto está realmente presente singularizando uma época, no momento em que escorrem no Ocidente os "óleos cheios de alcatrão do reaganismo e thatcherismo", e no qual, mais localmente, a dispersão político-intelectual do pós-68 dará lugar em breve ao deserto da era Mitterrand. Pois, dentro da dupla coerção da "esquerda no poder", impossível de ser criticada sob pena de fazer o jogo de seus inimigos, e igualmente impossível de não ser criticada sob pena de juntar-se ao coro majoritário das pessoas volúveis e dos novos-ricos, não são muitos os que se insurgem em praça pública como fez Guattari. Estimando que "a época não existe mais", Deleuze realiza seus trabalhos sobre Francis Bacon, o cinema, um Leibniz barroco, ao passo que outros vão dar aulas além-mar e Michel Foucault morre prematuramente. Mas Félix é cuidadoso, obstinado, deixando atrás de si essas intervenções pontuais ao longo das quais nossa história é lida, a mais atual de todas.

Que isso seja julgado. Ele ataca as políticas repressivas do último Giscard, denunciando "o *apartheid* administrativo da expulsão" dos imigrantes ilegais e a criminalização dos jovens ou imigrantes, em termos que poderíamos (gostaríamos de?) ler hoje, até a última vírgula. Até essa "vontade de punição e de vingança em relação aos intelectuais [italianos] do 7 de abril", que nada perdeu de sua raiva quando das extradições de Sarkozy. Ou até a luta sem fim, na clínica de La Borde ou nos círculos de psicoterapeutas alternativos, contra a nova psiquiatria repressiva, a qual ainda recentemente tomou um rumo diretamente policial, apesar dos apelos solidários e dos apelos dos apelos. Quanto à "perspectiva em curto prazo de uma Europa das polícias em vez de uma Europa das liberdades", e por todo o Velho Continente de um retrocesso de todos os direitos ("direito de asilo político, direito de dispor de um mínimo de meios materiais, direito à diferença para as minorias, direito a uma expressão democrática efetiva..."), tem-se a impressão de estar saindo diretamente da Europa da Europol (interconexão dos arquivos de polícia dos 27 Estados-membros) e da "diretiva retorno" votada em 2008 para harmonizar a caça aos imigrantes ilegais. No desvio de uma entrevista ou de um artigo inflamado, Guattari dizia estar assistindo,

25 anos atrás, à "reascensão das concepções de mundo conservadoras, funcionalistas e reacionárias", à constituição de um novo regime de poder mundial integrado e à formação inédita de um "imenso terceiro Estado" – sem ousar imaginar que, em seguida, nada mudaria o curso dessa evolução, muito pelo contrário. Um outro significante atravessa essas três décadas, saindo como um coelho da cartola dos tecnocratas na virada dos anos 1980 e voltando em 2008 para obstruir todo horizonte de pensamento: "a crise", é claro, cujas falsas evidências Guattari desconstrói uma por uma. "A crise... A crise... Tudo vem sempre dela!", irritava-se Guattari à época, antes de mostrar a transformação desse espantalho em "evidência apodítica", em "catástrofe bíblica", sempre para justificar que uma "única política econômica é possível", aquela que ainda não é chamada na França de *preferência pelo desemprego* (lá onde, na verdade, "é o político que prima sobre o econômico", já insistia Guattari quinze anos antes da onda altermundialista). Ele sugere que a crise é sobretudo a crise dos economistas, a crise de um capitalismo psicótico cujos dirigentes não entram mais em contato com a terra há muito tempo, levantando a bandeira de uma racionalidade vazia para legitimar uma autoridade sem fundamento, gráficos irreais para conseguir o consentimento de suas vítimas:

> o corpo mole, autorreferenciado, das escritas econômicas e monetárias, virou um instrumento descerebrado e tirânico de pseudodecisionabilidade, de pseudoguia coletivo.

E ele enfatiza isso ainda mais ao analisar "a formação de um capital cibernético" e de um novo "discurso totalitário que encontra sua forma de expressão no cinismo da 'nova economia'". Com ainda mais razão no momento em que o poder das pesquisas de intenção de voto, novo à época, permite justificar tudo. Ou seja, a ventriloquia dos governantes que atribuem suas próprias escolhas à ficção pseudoestatística de uma "opinião pública" cuja falsidade Guattari desmonta em termos que remetem aos de Pierre Bourdieu alguns anos antes ("A opinião pública não existe", 1972).

Esses anos de inverno são os de uma retórica perversa da crise como chance histórica de tornar-se finalmente modernos e competitivos, por meio de uma dialética que nada perdeu de sua violência duas décadas depois. E quando, de agora em diante, nos anunciam com os gráficos na mão a improvável retomada, ainda é a Guattari que gostaríamos de voltar: "o mito da grande retomada – mas a retomada de quê, e para quem?" Crise/ retomada, desemprego/ inflação, europeus/ estrangeiros, velha propaganda dos binarismos, dessas falsas polaridades que os esforços teóricos de Guattari e Deleuze se obstinavam a desmontar. Aquela que Guattari desmonta aqui com a maior obstinação, a Guerra Fria, nada mais é do que a polaridade Leste/ Oeste, comunista/ liberal: sua "cumplicidade cada vez mais marcada leva [as duas superpotências] a se integrarem ao *mesmo sistema mundial capitalístico e segregacionista*", estima Guattari, a "'disciplinarizar' o planeta". Segundo Guattari, lá onde a única questão, o único *plano de imanência* válido (para usar a linguagem de *Mil Platôs*) é o proletariado mundial, o terceiro mundo onde quer que esteja, que o forte vento de antiterceiro-mundismo que soprava então na França não impede o autor de defender arduamente. E, se desta vez nos debruçarmos sobre a política em sua acepção mais restrita, a que circula entre a rua de Solférino e o palácio dos Élysées, os voos do Guattari dos anos de inverno permitem ouvir um som ainda mais atual. Para justificar seu apoio desde o início à candidatura extravagante de Coluche às eleições presidenciais de 1981, ele explica, assim, que

> o que é visado [...] é antes de tudo a função presidencial [...], que encarna a pior das ameaças contra as instituições democráticas na França – ou o que sobrou delas – e contra as liberdades fundamentais.

E a esquerda do poder, aquela que muitos de seus (antigos) companheiros hesitaram em atacar frontalmente à época, é obviamente um tema recorrente nesses escritos, todos eles escritos nos primeiros sete anos do governo Mitterrand: não satisfeitos de perder uma oportunidade histórica de transformar a sociedade francesa dos pés à cabeça, os socialistas franceses "perderam a memória do povo", abandonaram o campo social ou até mesmo "[desencantado] o *socius*", só o substituindo ao criar, em 1984, o sos-Racismo e seus milhões de emblemas do tipo "não mexa com o meu camarada", por uma comunicação conformista e sem efeito – "eles não pensaram nem mesmo em pedir a opinião dos principais interessados". Reconhecendo que o mitteranismo promissor de 1981 só podia fracassar isolado de canto "num único país", Félix Guattari desenha para o PS, entre "apatia e cinismo", um cenário desastroso em que também se lê toda sua falência atual: ele "acabará pegando no sono em cima de seus louros, deixando que seu pluralismo interno se empobreça e se constituindo como Estado dentro do Estado", até o inevitável "retorno do chicote reacionário".

Para ocupar o campo social deixado sem herdeiros pelos socialistas, Guattari não acredita mais nos militantismos esquerdistas da década anterior, "impregnados com [seu] cheiro rançoso de igreja", mas antes de tudo na expansão de "subjetividades dissidentes", de "grupos sujeitos" reinventados, "máquinas militantes mutantes" de um novo tipo através das quais entra na política "toda uma série de pessoas pelas quais não se esperava – os marginais, os desempregados, a molecada, os bandos...". Num contexto como esse, o intelectual orgânico, ou partidário, não tem mais razão de ser. Eis porque o autor de *A revolução molecular* responde aqui a Max Gallo e Philippe Boggio, que em 1983 soavam o alarme no *Le Monde*, chorando o esgotamento das ideias e o fim do intelectual de esquerda: "já não existem mais assinantes dos números que vocês estão pedindo, aqueles que hoje em dia professam pensar [...] não se reconhecem mais em nenhum porta-voz." Pois aquilo que deve ser pensado, aquilo que está emergindo nessa época, na França assim como no resto do mundo, excede amplamente os esquemas explicativos do marxismo dogmático ou do freudismo ortodoxo, e com mais razão ainda da social-democracia mais pragmática. Em primeiro lugar, existe esse Capitalismo Mundial Integrado (CMI) cuja sigla é debulhada por Guattari ao longo destes textos, "integrado" no sentido de uma integração inédita das estruturas "molares", instituições sociopolíticas e regras do mercado e dos fluxos "moleculares", afetos e faculdades humanas moldadas de agora em diante "pelas mídias e novos equipamentos". Ele insiste que hoje em dia a subjetividade é "cada vez mais manufaturada em escala mundial". As formas dessa manufatura variam, desde as normas educacionais e geracionais ("todo um espírito de seriedade psicologizante veiculado pelas mídias, os jogos educativos") até as novas "chapações maquínicas", do esqui à televisão, do rock aos videoclipes, essas tecnodrogas que não têm mais nada a ver com as práticas de autointoxicação das quais morreram Van Gogh ou Antonin Artaud.

O capitalismo continua realmente sendo esse "processo de transformação generalizado", segundo uma fórmula que remete ao primeiro Marx, mas ele articula, doravante, elementos mais heterogêneos do que nunca, tal como analisado por Guattari num texto mais teórico coescrito com Éric Alliez: mistura esquizoide de escritas, de dominação e de máquinas – dito de outro modo, respectivamente, de um "sistema semiótico", de uma "estrutura de segmentação" e de um "processo de produção" – segundo Guattari, o capitalismo deve seu triunfo dos anos 1980 ao crescimento da potência contraditória e simultânea, ou disjunta--conjunta (e não dialética), de seu princípio de enclausuramento ou de propriedade, e de sua aptidão circulatória, ou processual, assim como se tratava, em 1980 em *Mil Platôs*, de um capitalismo ao mesmo tempo "desterritorializante" e "reterritorializante". Pois, lembremos, essa década preliminar da nova era é, de fato, a da concentração do capital *e* de sua primeira financeirização, a das primeiras ondas de desregulamentação no setor público *e* da emergência de um Estado-VRP[1] a serviço de suas "joias" de exportação, mas também a do retorno do chicote reacionário e até mesmo religioso *e* da individuação-desregulamentação dos

---

1. Sigla de *Voyageur Représentant Placier* (*representante comercial viajante*), profissão que consiste em intervir na distribuição de produtos, procurando uma clientela para uma empresa. [N. T.]

próprios modos de vida. A força da abordagem guattariana reside, aqui, em associar o recuo de longa duração (mais do que um historicismo do qual ele sempre desconfiou), citando Fernand Braudel ou evocando a Amsterdã do primeiro capitalismo em seu início, e a captação sincrônica (ou "transversal") de um presente louco, literalmente enlouquecido. E indissociável desse novo estágio psicótico do capitalismo, comandando o conjunto de acontecimentos dos quais Guattari é contemporâneo, há também essa mutação do paradigma do poder cuja análise foi feita pelo último Foucault, essa metamorfose cratológica graças à qual o poder aumenta *ao mesmo tempo* seu controle abusivo das vidas e sua dispersão microfísica, sua violência surda e sua abstração formal. De agora em diante, o poder importa mais do que seu conteúdo, ele se exerce seja qual for a sua natureza ou teor, nota Guattari de passagem, e sua eficácia se deve, portanto, a uma permutabilidade sem precedentes das substâncias que ele assimila, a todo um "eros da equivalência".

E, apesar disso, esses poucos textos de intervenção interessam nosso presente não tanto pelas teorias do poder, do desejo ou do inconsciente que eles veiculam, quanto por sua própria tonalidade, a energia da qual emanam, o olhar que trazem sobre sua época – tom e olhar que criam, melhor do que qualquer teoria, uma resistência incansável aos poderes. Pois esse olhar, tão singular quanto o do Guattari das décadas anteriores, o Guattari lacaniano e depois antiedipiano, também está mais maduro, mais tranquilo, ao mesmo tempo mais sutil e mais intransigente. Quanto ao tom, ele nos vale, ao longo dos textos com escrita alegremente oralizada, por ouvir aqui uma voz viva, brincalhona ou raivosa, sempre guiada pela sinceridade absoluta de quem nunca pensou que fosse possível sofrer de um descompasso entre sua fala e seus atos, seus textos e sua vida (já temos muitas razões para sofrer, não é preciso acrescentar essa velha dor de cabeça da consciência pesada intelectual). Arte do chamado lacônico: "A democracia, porra!" Arte do *Zeitgeist* lindamente em descompasso: "o inconsciente maquínico é um pouco como A Samaritana, encontramos de tudo nele!" Arte da guerra também, contra "essa acumulação de estupidez, covardia, má-fé, maldade". Arte da destreza, aqui e ali, como quando ele evoca com Michel Butel sua experiência, que já fazia parte do passado, de jovem terapeuta lacaniano um pouco sobrecarregado por seus pacientes: "Fala sério! Onde eu fui me meter? O guru contra sua própria vontade, tema de vaudevile..." Félix Guattari está falando com a gente. As imagens que lhe ocorrem, esboços de uma fenomenologia inédita do contemporâneo, sempre acertam na mosca, sem nunca se refletirem em sua função de imagens. O capitalismo produz, por exemplo, "crianças submissas, 'índios tristes', pessoas que se tornaram incapazes de falar, de bater um papo, de dançar", isso quando não diz respeito a um "processo de infantilização" que sempre facilitará o trabalho do "fascismo" – ao passo que, amorfa e sem fronteiras, a "sociedade mundial ficou apática".

Como se sabe, através de um léxico que se tornou canônico, o das "potências menores" e das "linhas de fuga", em Guattari tanto quanto em Deleuze, a imagem é a instantaneidade de um pensamento em processo de construção, um personagem conceitual que cria uma abertura para inúmeros universos paralelos. Ela é atenção minuciosa ao objeto muito mais do que artifício teórico para contorná-lo ou, pelo contrário, para abraçá-lo perto demais, beijo da morte. Daí a proeza destes poucos textos sobre a arte e os artistas reunidos aqui ao final do livro. No entanto, ao escrever sobre os pintores Merri Jolivet e Gérard Fromanger, sobre Kafka ou o fotógrafo Keiichi Tahara, Guattari faz isso em termos mais ou menos parecidos, impondo a obras sem relação entre si um mesmo léxico supercodificado e uma mesma obsessão "transversalista" que nos fazem recear que estejamos diante de um esquema interpretativo, de uma manipulação da obra a serviço de outra coisa, até mesmo de uma perda de sua singularidade (o que seria o cúmulo). Mas o receio diminui, pouco a pouco o discurso se propaga, a obra emerge em tamanho real, tão generoso e preciso é o gesto de Guattari diante do trabalho do artista – lirismo cúmplice no cerne do próprio discurso incompreensível, e na justeza do mínimo detalhe, sensibilidade prodigiosa ao processo de transformação permanente e a todas as micromutações (no trajeto de um artista, assim como no de uma única obra) que juntas *produzem* arte. Essa é a sutileza guattariana: a obsessão, mas a serviço da transformação, uma fraseologia litânica mas mobilizada o mais próximo possível do objeto para não deixar passar nenhuma das engrenagens ínfimas desse fenômeno tão complexo que é a mudança.

Em seguida, a sutileza de Guattari se deve, mais profundamente, à máquina de guerra que ele montou ao longo dos anos contra os dogmatismos de todo tipo: os da tecnocracia dessingularizante no poder durante os anos 1980, mas também os dogmatismos dos esquerdismos pós-68, que levam todos a uma "espécie de proibição do pensamento", os dogmatismos das filosofias dominantes da substância e da dialética, mas também aqueles dos quais ele próprio foi, por alguns anos, um modelo ao seu modo. Pois o Guattari dos anos 1980, mais atento e engajado do que nunca, não é, no entanto, o Guattari veemente, grosseiro, genial mas também caricato da virada dos anos 1970: nestes textos dos anos de inverno, o psicanalista não é mais necessariamente "um policial", e o desejo, o envolvente Desejo, não é mais *em si mesmo* uma força revolucionária. Aliás, ele confessa isso rapidamente: experiências e desilusões o tornaram mais lúcido do que na época das noites tagarelas e febris do CERFI ou da FGERI, ao passo que o trabalho de teorização e escrita com Gilles Deleuze (três livros maiores escritos juntos em menos de dez anos, caso único dentro da história do pensamento) desfez nele "um certo mito do grupelho, [toda] uma fantasia do bando". Por isso, mesmo na expressão lacônica de textos pouco teóricos, tudo é mais refinado aqui, mais equilibrado, talvez mais justo, pois neles são levadas em conta ao mesmo tempo a relatividade de toda oposição (o dualismo simplista amigo-inimigo dando lugar a uma visão mais complexa) e da precariedade subjetiva da qual deriva todo pensamento consequente. Primeiro, a fragilidade: fragilidade assumida que é a da maturidade, da contradição assumida, dessa "moral da ambiguidade que [lhe] parece específica da esquizoanálise", e que ele atribui aqui ao seu longo trajeto esquizoide (desde o tempo longínquo em que era Pierre para sua família e Félix para seus amigos...). Uma fragilidade que é também a da sua própria construção teórica na medida em que ela se conserva sob a ameaça de uma prostração íntima, de um "para que tudo isso" lancinante: nele há "uma outra dimensão de sabotagem inconsciente, uma espécie de paixão pelo retorno ao ponto zero", confessa Guattari a Michel Butel, de modo que, no mais íntimo dele, todas as suas elaborações sofisticadas sempre estão "prestes a desmoronar".

E em seguida, a assunção do heterogêneo contra o conforto que haveria em opor-se batendo de frente, em acreditar-se puro de seu inimigo. A heterogeneidade é, obviamente, aquela, maravilhosa, de seu próprio universo de referência, no qual se misturam Lacan, os autonomistas italianos, o neoexpressionismo, a dança Butô, Artaud ou John Cage. Mas, se existe algo heterogêneo no trajeto intelectual de Guattari, é principalmente no sentido de que o adversário sempre está ao mesmo tempo dentro e fora, colocado como alvo e requisitado para tomar o primeiro golpe, como na época em que ele teorizava o fascista "em nós", no mais íntimo daquele que se acha o mais imune a ele. "Não demos um fim" no freudismo e no marxismo como "formações subjetivas de referência", insiste Guattari nesses textos, por exemplo, nem que seja apenas porque quando "um corpo de explicação perde sua consistência [...], ele fica parado no mesmo lugar, [ele] se agarra como um doente". Quanto à biografia do autor, que sempre pode ser descartada por uma leitura mais "literária", é inevitável que ela ressurja em outro lugar, de outro modo, por exemplo, lá onde a angústia de escrever e a angústia de amar são exatamente as mesmas, tal como escreve Guattari acerca da relação infeliz de Kafka e Felícia. Essa consideração permanente da impossibilidade que deveria ser *definitivamente* excluída, essa preocupação com a relatividade das noções de interioridade e exterioridade, essa sensibilidade ao mecanismo de válvula automática entre o dentro e o fora, constituem a base de uma "política" guattariana: uma política inclusiva, anticausalista, desejante, molecular. Daí o esforço que uma política dessas exige de nós, ou então o desconforto ao qual ela nos condena. E daí o caráter problemático das pistas de luta e de resistência que emergem aqui, no desvio destes poucos textos. Pois a política guattariana, se é que ela existe, é o resultado de um trabalho de descolamento, de extirpação. Inicialmente, descolamento dos condicionamentos do pensamento disciplinar: da sociologia, que retira da política todo peso de suas determinações, da história, à qual Deleuze e Guattari opõem (depois de Nietzsche) a potência dos devires, ou até mesmo da filosofia, que com demasiada frequência atribui à política uma esfera à parte, enganosamente autônoma. Mas também, e principalmente, descolamento de todas as polaridades binárias que circunscrevem o espaço político ordinário. Por exemplo, ao cara a cara desejado pelo poder entre identidade e alteridade, entre si e o outro, entre o francês e o imigrante – o poder "realista" de 1984 recusando as regularizações prometidas, e o poder securitário de hoje em dia que define, numa fórmula gélida, a imigração e a identidade nacional uma através da outra –, Félix Guattari opõe a propagação dos devires outros, a esquize de uma descategorização permanente: ele propõe que a "vitalidade de um povo" se deve à "sua capacidade de estar ele próprio engajado em todos os seus componentes num devir imigrante". Sim, ele insiste, correndo o risco de chocar os defensores mais pragmáticos dos imigrantes ilegais, hoje tanto quanto 25 anos atrás, que "todos nós temos [primeiramente] que entrar num devir imigrante". É uma mesma saída da prensa binária em questão (não tanto uma superação ou uma *Aufhebung*, mas uma diversão, uma propagação) com a função vital de resistência que Guattari atribui ao "fato nacionalitário". Com efeito, o dualismo sumário, ou sinuca de dois bicos, no qual gostaríamos de nos isolar ficando de canto é, assim como hoje em dia, aquele que opõe a identidade dissolvida de uma mundialidade anômica e a identidade agressiva (ou monovalente) dos particularismos egoístas, o Caríbdis da *hýbris* mercantil sem sujeito e a Cila do comunitarismo dos pequenos sujeitos essencializados – ou "o zumbi e o fanático", tal como eram retratados pelos ensaístas de sucesso desses mesmos anos de inverno. Como Guattari propõe à época, existem, pelo contrário, mil jeitos de escapar da "uniformização capitalística e estatal", assim como dos nacionalismos identitários monolíticos que tal uniformização suscita como reação: trata-se das novas "territorialidades nacionalitárias", essas "formações subjetivas complexas" que incluem a identidade múltipla ou estratificada (étnica, sexual, cultural etc.) e a identidade tática (tal como os pensadores contemporâneos do pós-colonialismo falam de um "essencialismo estratégico"), e que criam uma abertura para uma multiplicidade não conflituosa e inúmeros outros processos singularizantes, o oposto dessa "subjetividade de reserva" ou desse "encurralamento animalesco da subjetividade" que nos são oferecidos pelas mídias de mercado e a propaganda neoliberal. Aqui estamos pensando nas lutas dos anos 1990 e 2000, as lutas do *Act Up* ou dos sem-teto, as lutas dos descendentes da imigração ou das minorias sexuais, as lutas dos imigrantes ilegais ou dos anarcodecrescentes, na medida em que elas próprias sempre dizem respeito a *táticas* identitárias, ao cruzamento das subjetividades, à conexão que se estabelece entre a luta pelo reconhecimento local e a luta de resistência global – tantos outros "territórios" a serem defendidos até o osso mas sem herança física, geográfica, exclusiva e edipiana dos velhos "territórios" nacionais.

E é ainda a essa linha de fuga, que destrói e desmantela as polaridades binárias impostas, que diz respeito, segundo Guattari, o famoso "terceiro setor" associativo, mais ou menos militante, nascido no entusiasmo auto- (ou co-) gestionário dos anos 1970 (entre os movimentos ecologistas, as "lojas" de direito ou de saúde e o ímpeto da segunda esquerda, em torno da CFDT e do PSU) antes de vir remediar as insuficiências do Estado providência na dieta dos anos 1980. A força dessas experiências associativas, além da autonomia que elas inauguram (e ensinam), é ainda e sempre favorecer "o desenvolvimento social [...] fora do par catastrófico constituído pelo capitalismo privado e o poder do Estado". É óbvio, essa insistência naquilo que desmancha as estruturas binárias, no horizonte não dialético de um terceiro termo, poderia tornar estes textos sujeitos às críticas dirigidas às políticas laterais ou associativas, e a todo o *wishful thinking* dos movimentos dissidentes, em nome de inimigos bem reais e de uma guerra realmente em curso – que transformam o Estado ou o mercado, tal partido ou tal instituição, não apenas em polos enganosos de um dualismo do qual se deve fugir, mas também, e sobretudo, das ameaças, das coerções, dos inimigos diretos. Fugir, claro, mas fugir do inimigo aqui e agora? Guattari tem plena consciência do caráter concretamente problemático de suas propostas no contexto das lutas existentes. Por isso ele evoca diversas vezes sua oscilação sem saída entre o pessimismo crítico e o otimismo afetivo, entre "o sociologismo sombrio" e a positividade desejante, de modo mais programático: "sou ao mesmo tempo hiperpessimista e hiperotimista!"

Assim, a "revolução", já que a palavra ainda está circulando pelos textos aqui presentes, será definida sobretudo como negativo, como escapando das exclusões e maniqueísmos artificiais. Nem messiânica de esquerda, com a armadilha da Grande Noite, nem gestionária ou conservadora, como se diz durante os anos de inverno, nem comunista nem mercantil, trata-se de "uma nova espécie de revolução" que tem de ser inventada, "miraculosamente liberada das hipotecas jacobinas, sociais-democratas e stalinistas". O par empoeirado reforma-revolução é ele próprio violentamente atacado, a reforma remetendo a um progressismo ideológico que tudo invalidaria hoje em dia (já que, sob vários aspectos, Guattari sugere até mesmo que as sociedades neolíticas eram "mais ricas" do que as nossas), ao passo que a revolução virou um fetiche edipiano, um significante morto, um instrumento de controle, de-limitando um território fixo no qual os desejos políticos acabam morrendo. A lógica do "nem-nem" dessa política antidualista obviamente cria problemas, sobretudo quando seu resultado é uma figura confusa da revolução, que não passaria *nem* pela tomada do poder do Estado, *nem* pela transformação por demais publicitária dos modos de vida. A ênfase que Guattari coloca nas "subversões leves" e "revoluções imperceptíveis", frequentemente mais decisivas para "mudar a cara do mundo" do que as violências frontais e as metamorfoses espetaculares, é um último jeito que ele encontrou para romper com o mito leninista da tomada do poder, substituindo-o pela ideia problemática de uma "tomada da sociedade pela própria sociedade", em termos que não deixam de evocar os termos do filósofo irlando-mexicano John Holloway e de seu breviário Zapatista de 2002, *Mudar o mundo sem tomar o poder* (2008 para a tradução francesa). Isso porque, com a transversal guattariana, olhar deslocado mas também utopismo concreto, trata-se também do risco do entre-dois, dos interstícios invisíveis, dos mistérios frágeis do efêmero. Toda uma "zona-intermediária extremamente confusa", ameaçando a ordem dominante mas sempre correndo o risco de ser finalmente absorvida por ela, tal como diz Guattari, ao ser questionado pela revista *Sexpol* sobre a sua própria *adolescência*, que é ao mesmo tempo um possível político desconhecido e uma fantasia que existe antes de tudo "na cabeça" dos adultos.

Uma outra zona-intermediária crucial, no vão da qual se desdobram devires autônomos e toda uma produção do comum, é a que separa o surgimento de novas tecnologias de comunicação e o fenômeno de uniformização, de expropriação, que em pouco tempo ameaça tais devires em prol das mídias dominantes. O que o poeta anarquista californiano Hakim Bey nomeou com uma famosa expressão: Zona de Autonomia Temporária (que ele comparava ao *samizdat* para a difusão dos livros). Aqui Guattari a considera menos de modo transitório, ou histórico, e mais como um horizonte aberto de subjetivação e singularização. Ele que, ao longo desses anos cínicos e desencantados, não para de desprezar o prefixo *pós-*, das posturas "pós-moderna" e "pós-política", refere-se constantemente, em contrapartida, às promessas de uma "era *pós*-mídias" ou "*pós*-midiática" julgada iminente. Com as novas máquinas que autorizam a "expandir a percepção", [a] recriar o mundo" – que as vejamos, então, em sua dimensão de primeira informática pessoal do gênero, dos microprocessadores, dos dispositivos de conexão sonora ou visual, ou até mesmo do Minitel em pouco tempo instalado na maioria dos lares franceses –, trata-se de toda uma "economia do desejo" que foi entrevista pelo autor de *O inconsciente maquínico*, a possibilidade para cada um de "recuperar sua singularidade" e para todos de reconquistar a democracia "em todos os níveis". Pois, segundo Guattari, as experimentações em questão permitem não apenas liberar "a subjetividade coletiva de sua pré-fabricação e [de] seu controle a distância por parte das instituições e equipamentos coletivos de normalização", mas também aprender a "aceitar a alteridade sem reservas". Aqui será levantada a objeção de que as promessas políticas e antropológicas feitas por Guattari se revelaram um tanto quiméricas desde esses anos entre o fortalecimento das potências uniformizantes da diversão e a arregimentação mais recente em comunidades virtuais por afinidades. Ainda assim, o que ele sugere em algumas palavras sobre as conexões entre essas novas máquinas e nossas "esquizes subjetivas", o que ele diz sobre o estágio "pós-pessoal" da afetividade coletiva que tais conexões permitem alcançar é frequentemente mais convincente dos que as elaborações de seu amigo e leitor Antonio Negri e de seus rivais atuais acerca do "capitalismo cognitivo" e da "inteligência coletiva" em rede (ela própria livremente adaptada do *general intellect* evocado por Marx nos *Grundrisse*). Guattari constata isso ao seu redor: ele dá como exemplo das "possibilidades fabulosas de liberação" ligadas a esses novos dispositivos técnicos o caso de seu próprio filho, que "faz política não tanto com discursos mas com sua soldadora", montando rádios livres com seus amigos, meios técnicos a serviço de um gesto político direto que não precisa de justificações tagarelas. Claro, aqui também essa curiosa tecnofilia dissidente do último Guattari seria mera utopia retórica ou tecno-fetichismo se não tivesse como motivo profundo, no pano de fundo, a teorização radicalmente nova dos conceitos de "máquina" e de "maquinismo" proposta por Guattari e Deleuze a partir do *Anti-Édipo* (1972). O fundo da questão é, em uma palavra, esse inconsciente esquizoide, ou "maquínico", a partir do qual se desdobra toda a obra de Guattari, seu trajeto de militante e de terapeuta, assim como seu trabalho filosófico. Como ele o lembra aqui numa conferência na Cidade do México e numa entrevista para a revista *Psychologies*, o que está em jogo não é tanto contornar ou eliminar a psicanálise, correndo o risco de fazer o jogo do behaviorismo e do cognitivismo já em plena expansão nessa época, mas principalmente "reformá-la radicalmente". Contra o inconsciente-destino, familiarista e assombrado pelas origens, que é o inconsciente dos "processos primários" freudianos, mas também contra o inconsciente-linguagem lacaniano e suas derivas logocêntricas, o inconsciente *maquínico* remete a toda uma "proliferação de máquinas desejantes", a uma interpenetração de fluxos, entidades e universos variados na confluência do individual e do social, dos escapes e dos devires. Esse inconsciente-fábrica, contra o teatrinho freudiano com seus bastidores e significados ocultos, permite entrar num "mundo mental em que as oposições categóricas nunca são óbvias", em que sempre se é ao mesmo tempo "eu e outro, homem e mulher, adulto e criança". E ele desemboca na questão política dos modos de produção do comum e dos "agenciamentos coletivos de *enunciação*", contra a impotência à qual o sujeito é submetido, segundo Deleuze e Guattari, ao se insistir sobretudo nos enunciados e nos jogos do significante. Hoje mais preciosa do que nunca, na era da biopolítica generalizada e da individuação obrigatória, a ponte lançada por essa aproximação entre psicanálise e política, entre singular e coletivo, é realmente aquilo que Guattari nunca deixou de arquitetar contra a terapia burguesa do "romance familiar" e do desejo definido como falta originária – aquele cujos impedimentos, ou limites estritos, moldariam sozinhos a subjetividade dentro da ortodoxia freudiana. Pois o que está em jogo é a descompartimentação entre as escalas, entre o conjuntinho miserável de segredos da história individual e sua sobredeterminação operada pelas coordenadas mutantes da grande história, ou entre a macropolítica molar das normas e instituições e a micropolítica molecular dos devires e afetos. Para o Guattari resistente dos anos 1980, não é anódino voltar a esse ponto nodal no âmago desse inverno, na época de uma despolitização assumida e de um superinvestimento imaginário compensatório – em outras palavras, na época da esquerda gestionária e dos novos segmentos do consumo cultural, a época que viu nascer a mentira do "fim das ideologias" e os efeitos projetivos do Top 50.

Mas a *transversalidade* que resume o inconsciente maquínico e toda a abordagem de Guattari, essa transversalidade da qual ele se diz "especialista" sem dar importância ao paradoxo, não deixa de ser problemática, naquela época assim como hoje em dia – como ele próprio admite mais de uma vez nas páginas que se seguem, esse praticante da teoria hostil a todos os dogmatismos. Primeiramente, ela tem o efeito de um contexto particular, do qual nos distanciam as três décadas que nos separam dessas intervenções. Pois, na virada dos anos 1980, o transversalismo não é apenas esse gesto militante que consiste em articular as resistências individuais e a invenção coletiva. Ele é também, sob outras penas, em outros lugares, a saída encontrada por toda uma geração intelectual fora das lógicas disciplinares e dos conflitos ideológicos de 1968. Com os nomes de "cibernética", "sistêmico" ou até mesmo "complexidade", um outro transversalismo é promovido na mesma época, da Escola Politécnica às páginas do *Nouvel Observateur*, pelo biólogo Henri Atlan, o epistemólogo Jean-Pierre Dupuy ou o sociólogo Edgar Morin, mediante uma estratégia de cruzamento dos saberes e algumas temáticas recorrentes que não estão ausentes do discurso guattariano: descompartimentação das disciplinas, paradigma da interdependência, metáforas da diagonal e dos efeitos-retornos, insistência no *continuum* e as hibridações, problematização do acontecimento ou da catástrofe (como com o físico René Thom) contra o racionalismo causalista ordinário. Não que Guattari possa ser aproximado destes últimos, promotores de uma nova tecnocracia pós-disciplinar (e, de fato, solicitados pelos poderes em vigor, sob Giscard e depois sob Mitterrand); mas, desde então, o uso indevido dessas noções a serviço de uma improvável superação da política, na direção de uma política "reconciliada", em uma palavra, às custas do proletariado, antigo ou novo, ensinou-nos a considerar com cautela a panaceia transversalista independentemente de suas formas.

E, sobretudo no mundo desrealizado das mídias onipotentes, no mundo mutilado das distâncias infinitas da vida, permanece intacta a questão daquilo que pode realmente atravessar, daquilo que pode efetivamente conectar, daquilo que, nessa transversal, pode realmente fortalecer as potências de agir menores, a força dos fracos. Eis a prova do caráter dificilmente operatório das propostas guattarianas, apesar dos novos militantismos "desejantes" e dos institutos de esquizoanálise criados em homenagem a Deleuze e Guattari no coração de certas favelas brasileiras. Eis a prova também da dificuldade, reconhecida por Guattari, de conectar as lutas micropolíticas entre si, de produzir algo comum perene no desvio dos combates mais determinados. Uma dificuldade que não resolve a forçação teórica às vezes imposta pelo autor de *Caosmose*: ao lê-lo, duvidamos que seja possível, como ele sugere, dissociar o processo de decisão e a fantasia do poder a fim de estabelecer alianças sem recorrer à síntese ou à federação autoritárias – nem que seja apenas porque a decisão, mesmo tática, nunca é puramente funcional, nunca é pura da fantasia demiúrgica de dominação. O fracasso momentâneo das novas estratégias federativas à esquerda da esquerda, dos círculos intelectuais da esquerda crítica até as aberturas minoritárias do Novo Partido Anticapitalista (NPA), fornece hoje, como se fosse necessário, uma ilustração exemplar disso.

Longe tanto das estratégias partidárias quanto das sínteses neotecnocráticas, o caráter problemático da transversalidade guattariana, tal como resulta destas páginas, reside sobretudo em uma certa solidão histórica, de uma minoria *dentro da minoria*. Pois Félix Guattari está realmente, visivelmente sozinho, se entendermos que as ferramentas da esquizoanálise e das práticas transversais bastarão para nos fornecer algo para passar o inverno, algo para sobreviver a ele e para nos reapropriarmos um pouco de nossa autonomia política. Mesmo respaldado por vários epígonos, mesmo em diálogo com inúmeros cúmplices, como Guattari sempre esteve, ele está sozinho no sentido de um crepúsculo, sozinho na medida em que uma sequência intelectual e política chega ao fim no momento em que ele está escrevendo estes textos. Tudo se passa como se as mutações históricas em curso durante esses poucos anos de inverno nos afastassem *ao mesmo tempo* dessa sequência, febril e criativa, até apagar seus vestígios (no mínimo os vestígios contextuais) e requisitar mais do que nunca sua exigência e rigor. Invalidação contextual e, apesar disso, nova necessidade histórica, ou ainda: já fazendo parte do passado mas atual, segundo a definição nietzschiana do *intempestivo*. Esse é de fato o paradoxo das ferramentas guattarianas (mas também deleuzianas) em plena década de 1980, sobre a qual se pergunta ainda hoje se nunca veremos seu fim. De qualquer modo, é isso que transparece na conferência luminosa feita por Guattari, em junho de 1985 em Milão, em homenagem a Michel Foucault – cuja obra também se situa entre o distanciamento contextual e a perenidade analítica. Saudando em Foucault toda uma "micropolítica da existência e do desejo", Guattari insiste na necessidade crescente, *depois* de Foucault, em meio ao inverno reacionário, da oscilação foucaultiana: substituir, como ele fez, a velha "estação vertical do pensamento" pela exploração horizontal das formas de "contiguidade-descontinuidade", substituir a velha mania dialética de englobamento (quem tudo quer nada tem) pelo esforço para apreender o raro e o não totalizável, e substituir essa "referência ao fundo das coisas" que obceca a filosofia de Platão a Hegel pela pesquisa rigorosa das "formações discursivas" – os discursos não como linguagem mas como enunciação, não como racionalidade ideal mas como esse "grande burburinho incessante e desordenado" (*A ordem do discurso*), os discursos não tanto como superestrutura retórica, mas como conjunto de "práticas que constituem os objetos dos quais eles falam".

Tanto o poder quanto a eventual resistência a ele são "discursivos" no sentido de que com eles circulam injunções, modos de controle, energias difusas, racionalidades construídas para fazer e desfazer mundos. No sentido de que eles intervêm precisamente no ponto de convergência do molar e do molecular, dos modos subjetivos de percepção e das instituições formais de dominação. E, por fim, no sentido de que o discurso que eles sustentam remete tanto ao sentido quanto ao não sentido. Pois não deveríamos esquecer, com mais razão ainda no momento que soam, hoje em dia, os trompetes de uma política "real" que reivindica a eficácia da "ação" contra a inépcia das tagarelices, de modo que aquilo que escapa da significação ainda é da ordem do discurso na acepção foucaultiana. "O que conta é se desfazer dessa porcaria de significação", lança Guattari em 1985: não para parodiar os excessos do *linguistic turn*, mas para aprender a apreender os efeitos de todo discurso, não para a poesia do significante ou a irresponsabilidade da palavra vazia mas para captar as experiências, apreender as intensidades, ver os jogos do poder em ação. De fato, é mais urgente do que nunca se desfazer dessa porcaria se quisermos alargar a passagem estreita, apontada por Guattari e alguns de seus contemporâneos, entre a impotência coletiva e a reação comunitária, entre a subjetividade manufaturada e o refúgio regionalista. Nem resignação pós-moderna, nem messianismo mágico, a política guattariana remete a um *aquém* da significação, lá onde o irracional do discurso ajuda a "desmantelar o ideal identitário", lá onde a esquize assumida, reapropriada, permite manter o olho bem aberto diante da "assignificância ativa dos processos de singularização existencial". Só então o inverno aparece por aquilo que é: estação das intimidades resistentes, das potências adormecidas, das políticas sombrias que preparam a primavera.

Introdução*

Sou daqueles que viveram os anos 1960 como uma primavera que prometia ser interminável; tenho, aliás, certa dificuldade para me acostumar com este longo inverno dos anos 1980! A história às vezes nos dá umas colheres de chá, mas nunca para os sentimentos. Ela faz seu jogo sem se preocupar com as nossas esperanças e as nossas decepções. Já que é assim, melhor tomar partido logo e não apostar muito na volta obrigatória de suas estações. Mesmo porque, na verdade, nada garante que a este inverno não sucederá um novo outono ou até um inverno ainda mais rude!

E, no entanto, não consigo deixar de pensar que estão se preparando, em surdina, outros encontros com novas ondas de generosidade e de invenção coletivas, com a vontade inédita dos oprimidos de sair de si mesmos, para deter as políticas mortíferas dos poderes vigentes e para reorientar as finalidades da atividade econômica e social, em direção a vias mais humanas, menos absurdas. Óbvio! Não precisam me dizer! Esse tipo de linguagem, a essa altura dos acontecimentos, soa, no mínimo, um tanto estranho para os ouvidos "advertidos": "é retrô", "é saudosismo meia-oito"... Dá para notar, no entanto, que eu não prego fidelidade alguma aos fantasmas das esquerdas tradicionais – por exemplo, o fantasma de uma classe operária motor da história, portadora, apesar dela, de exaustões dialéticas, ou ainda o fantasma dos cultos esquerdistas de uma espontaneidade intrínseca das massas, para quem bastaria abrir as comportas e elas despertariam como por encanto e, imediatamente, começariam a reinventar um mundo! A virada reacionária, que tivemos que engolir

*. Tradução de Suely Rolnik, publicada no jornal *Folha de S. Paulo* de 15 de setembro de 1985. [N. T.]

nestes últimos anos, terá nos ao menos trazido uma coisa: um desencanto radical em relação ao *socius*, como em outros tempos o desencanto em relação ao cosmos, pelo advento das ciências e das técnicas. Apesar de tudo, não renego o período das grandes ilusões da contracultura, pois, pensando bem, suas profissões de fé desarmantes de tão ingênuas me parecem valer mais do que o cinismo dos paladinos contemporâneos do pós-modernismo! Pois então, eu confirmo e assino: recuso-me a deixar de lado minhas posições anteriores para adaptá-las ao sabor da moda. No entanto, parece-me necessário ressituá-las no contexto atual, fazer uma triagem, separando aquilo que deve ser reafirmado com mais força do que nunca de umas tantas velharias ideológicas, as quais devem ser urgentemente relegadas ao museu dos mitos decrépitos. O fracasso – em pleno andamento – da experiência socialista francesa, nos incita aliás a operar tal reexame. O que terá levado a esquerda a desperdiçar uma oportunidade dessas, oportunidade talvez única na história dos últimos cinquenta anos de reformar em profundidade uma sociedade capitalista desenvolvida – renovar as formas de expressão democrática, experimentar, em grande escala, práticas sociais emancipadoras, ampliar consideravelmente os espaços de liberdade? Por que os socialistas foram se afundando aos poucos, numa gestão cotidiana da sociedade francesa? O que os impediu de solicitar a todas as camadas vivas que compõem essa sociedade uma reflexão coletiva sobre as modalidades da produção, sobre as mudanças a serem efetuadas na vida urbana, na comunicação etc.? Eles preferiram gerir de cima, controlar tudo a partir de seus aparelhos partidários, reconvertidos para a ocasião nas engrenagens da máquina do Estado! Por quê? Por falta de ideia, de imaginação, de determinação? Por causa de uma resistência indomável da adversidade conservadora? Mas eles não estavam com tudo na mão, pelo menos durante o período do famoso "estado de graça"? Não. Creio que, no fundo, eles não tinham mais confiança alguma na capacidade de um sistema democrático gerir os problemas complexos de uma sociedade tecnologicamente avançada, sobretudo em tempos de crise.

A crise... a crise... É daí que tudo advém, sempre! É verdade que os socialistas provavelmente não teriam chegado ao poder sem ela! Mas, mesmo assim, a tal da crise tem costas largas! Pois, afinal, nessa história, costuma-se tomar o efeito pela causa, esquecendo, um tanto rapidamente, que ela é, em grande parte, o resultado de um desequilíbrio excepcional das relações de força entre os explorados e os exploradores. O que se esquece é que tal desequilíbrio induziu, em escala planetária, a um crescimento de poder espetacular do conjunto das formações capitalísticas – tanto privadas, quanto estatais, paraestatais ou transnacionais – e provocou uma acumulação colossal de capital, a qual escapa aos equilíbrios políticos anteriores, aos compromissos com a economia social dos países desenvolvidos, afetando dramaticamente as possibilidades de sobrevivência dos países mais pobres. Quanto às dimensões tecnológicas da questão – particularmente aquelas que dizem respeito aos setores de ponta –, para mim, bastaria salientar que, certamente, não é macaqueando os métodos japoneses de organização que se fará avançar a única questão importante que eles colocam, ou seja: a natureza e as modalidades da inserção dessas dimensões no tecido social. Ao invés de continuar a colocá-las a serviço das hierarquias e das segregações opressivas – das quais o desemprego é apenas um dos aspectos –, os socialistas teriam sido mais espertos se tivessem explorado as possibilidades que tais dimensões oferecem em matéria de desenvolvimento de meios de expressão, de discussão coletiva e de multiplicação das instâncias de decisão. Mas, também nesse ponto, eles puseram tudo a perder! Eles se moldaram, como que naturalmente, ao modelo, instaurado por De Gaulle, de personalização e de *mass*-mediatização do poder. E assim perderam uma oportunidade ímpar de entrar, inesperadamente, numa via pós-mídia de libertação da subjetividade coletiva de sua pré-fabricação e de seu controle a distância por parte das instituições e equipamentos coletivos de normalização. Os líderes socialistas se acostumaram tanto a tratar o povo de um modo infantilizante – em tudo comparável aos líderes de direita –, que talvez nem tenham percebido o quanto se afastaram dele. De fato, a única coisa que eles esperam do povo é uma sustentação global, de caráter excessivamente eleitoral, sem participação em *feedback*. Uma vez que todos os intermediários sociais tradicionais foram gravemente degenerados, é verdade que acaba havendo um problema; embarcamos num círculo vicioso: por estar entregue, sem defesa, às centrífugas da subjetivação capitalística, o "bravo povo" tende a ficar, realmente, cada vez mais irresponsável, alguns de seus componentes tornando-se francamente estúpidos e odiosos em suas relações com tudo aquilo que escapa ao consenso. Mas o tal do povo não é uma massa amorfa, indiferenciada, trabalhada pelos baixos instintos (aliás quem foi que disse que os instintos são tão baixos assim?). Na verdade, repito, é a subjetivação capitalística que trabalha no sentido da indiferenciação, da equivalência generalizada – apesar, ou por causa, da exacerbação das especializações e das hierarquias – e que nos conduz, assim, para bem aquém do "luxo comportamental" que a antropologia nos revela. Recriar o povo; desserializá-lo; reunir as condições favoráveis para a sua ressingularização em todos os níveis de sua cotidianidade, de seu trabalho, de sua cultura; reinventar a democracia e a responsabilização coletiva; experimentar as novas práticas sociais que as ciências e as técnicas autorizam... Reinventar a democracia... Romper, consequentemente, tanto com o conjunto das políticas dos capitalismos de estilo ocidental, quanto com as dos socialismos de Estado. Taí algo que pode parecer utópico, louco... Trata-se, no entanto, a meu ver, da única via de emancipação que ainda continua aberta.

POLÍTICA

1980 – Por que Coluche

Com Coluche, a política francesa encontrou sua medida, sua unidade de valor. Hoje em dia sabemos que um Chirac vale quase um Coluche, que um Marchais não vale muito mais do que um Coluche, que um Mitterrand vale dois Coluches e que, por enquanto, um Giscard vale três. O próprio Coluche não para de subir na bolsa das pesquisas de intenção de voto e paralelamente aparece um início de despertar da opinião pública.

Mas as pessoas *in loco* não estão contentes. A candidatura de Coluche provocou um curioso reflexo nelas, ao mesmo tempo antipopular e anti-intelectual. Todo mundo deu sua contribuição nos ministérios, nas prefeituras, nos altos comandos de partido, os jornais, as televisões. Começaram com os sarcasmos, os insultos; continuaram por meio da intimidação, as instruções de censura; agora estamos nas ameaças de morte.

Coluche virou o novo inimigo público número um, uma espécie de desertor, de traidor, de sabotador. Ao expressar na língua mais popular – língua que nunca se ouve na televisão – uma recusa compartilhada por milhares de pessoas, ele conseguiu voltar a arma das mídias contra aqueles que estimam ser seus donos por direito divino. Bastou colar a cara de Coluche entre os candidatos para que todo o edifício tremesse. Isso se deve ao fato de que essas pessoas pretendem ser não apenas obedecidas mas também respeitadas, virar objeto de amor, de fascinação. Temos de acreditar que chegamos num ponto em que o riso e o humor se tornaram mais perigosos do que uma insurreição popular.

As castas no poder toleram mal que um personagem de origem tão baixa venha meter o bedelho em seus assuntos. Mas, para elas, a gota d'água é quando intelectuais o apoiam. Depois de ter tentado minimizar nosso chamado – do qual apenas trechos curtos foram publicados na grande imprensa –, reduzindo-o a um mero movimento de humor do tipo "*élection piège à cons*",[1] descobrimos abruptamente que se tratava de uma "perigosa propaganda demagógica que prepara a chegada de um novo poujadismo ou até mesmo de um antiparlamentarismo de tipo fascista".

Então, para dar um basta nas interpretações, que fique claro que o que visamos com nosso apoio a Coluche é antes de tudo a *função presidencial*. Hoje em dia, é ela que encarna, aos nossos olhos, a pior das ameaças contra as instituições democráticas na França – ou o que sobrou delas – e contra as liberdades fundamentais. Hoje em dia, os campeões do antiparlamentarismo são Giscard d'Estaing, Barre, Peyrefitte, Bonnet... De modo imperceptível mas implacável, eles estão nos levando a um novo tipo de totalitarismo. A inquietação profunda que atravessa todas as camadas da população francesa é diretamente produzida por esse regime de desemprego, inflação, autoritarismo e brutalidade. Portanto, não se trata, para nós, unicamente de fazer uma convocação para barrar um candidato em particular – nesse caso Giscard d'Estaing, o mais reacionário dos dirigentes que a França aturou desde Pétain –, mas, fundamentalmente, de pôr um fim num sistema constitucional que entrega o país a esse tipo de figura, que lhe confere plenos poderes sobre as engrenagens da sociedade e da economia como um todo (bomba atômica, polícia, justiça, confecção das leis, mídias, universidade etc.), sem nenhum controle, sem nenhum contrapeso verdadeiro. Independentemente do descaso dos "homens do presidente" dentro da crise atual. Independentemente da corrupção, dos escândalos e das liquidações que estão associados ao nome deles.

Digamos claramente, os meios propostos pela esquerda para remediar essa situação não apenas nos parecem ridiculamente ineficazes, mas nos parecem ir no sentido oposto do objetivo almejado. É inaceitável que os líderes da esquerda continuem

---

1. Slogan que circulava em Maio de 68 na França, cuja tradução literal é "eleição, armadilha para idiotas". Pelo fato de ser um slogan e com rima, talvez fosse possível traduzi-lo assim: "eleição pega-trouxa" ou "eleição, sai dessa, vacilão". [N. T.]

aprovando o jogo de cartas marcadas das eleições presidenciais, servindo-lhe de biombo democrático. É inadmissível que ousem aspirar à função presidencial em seu estado atual, sem denunciar o fato de que ela torna impossível toda vida democrática na França. A próxima eleição presidencial será, talvez, nossa última chance de bloquear o processo atual em direção a um novo totalitarismo. A campanha do cidadão Coluche é um dos meios que pode levar a uma mobilização popular contra esse regime. É por isso que a apoiamos.

1981 – Contra o racismo ao estilo francês

Aonde queremos chegar? Em que tipo de sociedade de merda estão nos jogando? O destino atual dos jovens magrebinos da segunda geração é exemplar a esse respeito. Nascidos na França ou vivendo nela desde a infância, hoje em dia eles são 1,5 milhão a serem considerados como alvos, não apenas pelos policiais de uniforme mas também pelos policiais miniaturas implantados na cabeça de todo um bom povo carente de segurança. De nada adianta colocar neles estrelas amarelas, eles são detectados à primeira vista, no *feeling*. Objetos de ódio e fascinação, o inconsciente coletivo os relegou a essas zonas obscuras mais preocupantes. Eles encarnam todos os malefícios da nossa sociedade, todas as incertezas da situação atual. Enquanto que, no melhor dos casos, os trabalhadores imigrantes da primeira geração – sabem, aqueles que são vistos nos canteiros de obras com suas pás, britadeiras, capas amarelas e marmitas – diziam respeito a uma espécie de "complexo do Tio Tom" feito de compaixão e desprezo, esses jovens são vividos como uma nova raça de feras urbanas, que correm o risco de contaminar, com seu exemplo, nossa juventude branca e sã mais vulnerável. A vitalidade provocante deles é subversiva enquanto tal; o bronzeado permanente é sentido como uma provocação. E, além disso, é irritante, parece que estão o tempo todo de férias! Eles parecem ir e vir a seu bel-prazer. É óbvio que não se trata de perceber que a aparente "disponibilidade" deles e, para alguns, a delinquência são principalmente o resultado de sua exclusão social, do desemprego e da necessidade, frequente para muitos deles, de escapar do policiamento territorial. É sempre mais fácil criminalizar as vítimas e fantasiar pelas suas costas do que encarar as realidades!

Para exorcizar esse fenômeno, para expulsar essa juventude de suas ruas e de seu imaginário, a sociedade francesa recorre a todo um leque de rituais de exorcização, de comportamentos sacrificiais e também de medidas discriminatórias de ordem policial e administrativa. Tem as fantasias do *pogrom*, paralelas ao discurso manifesto das mídias. Bem no alto, falam de cotas, de "verdadeiros problemas" que seriam mal colocados pelos candidatos comunistas eleitos, ao passo que, bem embaixo, sonham com a caça ao homem: "Deveríamos cortar o saco de todos esses caras, para que finalmente deixem em paz nossas mulheres e filhas." Os atos "falhos" cada vez mais frequentes, os abusos policiais e as proezas dos defensores da autodefesa quase sempre atingem, como que por acaso, os imigrantes. Tem a realidade penitenciária: 75% dos detentos menores têm sobrenome árabe. E tem a solução final ou que é imaginada como tal: a expulsão em massa.

Sob o primeiro pretexto que aparece, os jovens magrebinos – muito mais os rapazes do que as moças, que talvez se espere recuperar e assimilar – são despachados para o outro lado do Mediterrâneo, onde vão parar em países que eles praticamente não conhecem, nos quais não têm laços verdadeiros e que, aliás, não desejam de modo algum a vinda deles. Nessas condições, 90% deles voltam para a França o mais rápido possível e de qualquer jeito. A França é o território deles, para não dizer a pátria; seus amigos, seu modo de vida bastante particular estão aqui. Eles sabem que mais cedo ou mais tarde serão pegos de novo pela polícia, colocados na prisão e novamente expulsos, mas não têm outra alternativa.

Sem a lucidez e a determinação de um punhado de padres, pastores e velhos militantes anticolonialistas, a opinião pública teria continuado a ignorar totalmente a existência desse mecanismo absurdo e monstruoso. Para ser ouvidos, alguns deles não encontraram outro meio a não ser começar uma greve de fome ilimitada – isto é, até a morte. Seu objetivo, formulado por Christian Delorme, padre de Lyon, é obter a alteração do texto de lei atual relativo aos imigrantes, através da adoção de uma circular que estipula que *os jovens nascidos na França ou que viveram nela mais da metade de suas vidas não poderão mais ser expulsos de agora em diante*. Isso é claro, simples e até mesmo modesto.

Além de trazer um pouco de luz ao futuro dos interessados, uma vitória nesse ponto seria muito útil por demonstrar que é possível hoje em dia dar início a lutas na contracorrente em campos desse tipo, por demonstrar que nada está decidido, que tudo é possível ainda. Para ser eficaz, para estar à altura daquilo que está em jogo, a campanha atual de apoio aos grevistas de fome está se esforçando para encontrar meios de expressão de uma natureza diferente das formas tradicionais de ação humanitária. Por exemplo, os signatários do chamado contra "A França do *apartheid*" se declararam dispostos a lutar contra as expulsões, inclusive com meios ilegais. Portanto, não se trata apenas de se comover com o destino dos imigrantes, trata-se de transformar um modo de segregação racial profundamente ancorado na subjetividade coletiva. A nova guerra colonial interna que nesse momento está atingindo por dentro as antigas potências imperialistas (na Inglaterra, na França, na Bélgica...) não diz respeito unicamente a um problema setorial; o que está em questão nesses países é o futuro das lutas sociais como um todo. Está claro que não deixaremos o novo tipo de poder autoritário inaugurado por Giscard d'Estaing se exercer impunemente sobre as camadas mais vulneráveis da sociedade. Depois da lei Peyrefitte, depois da tutela fortalecida pelas mídias, pelas universidades, pelas administrações, é um fortalecimento sistemático do controle social que está programado. Eles pretendem fazer da França uma das potências-chave do novo capitalismo mundial. Para tanto, convém submeter, por bem ou por mal, o conjunto das populações que vivem nesse país. Os franceses devem viver a si mesmos como uma raça dominada pelos novos modelos capitalistas e como uma raça dominante em relação a todos aqueles que escapam desses mesmos modelos. Eles devem se acostumar a sacrificar suas próprias diferenças, a particularidade de seus gostos, a singularidade de seus desejos e, simetricamente, as dos outros. A renovação das lutas sociais e a redefinição de um projeto autêntico de liberação social passam inelutavelmente por uma assunção plena da multissociabilidade em todos os planos e campos.

1981 – Mitterrand e o Terceiro Estado

Há espaço para o reformismo na França pós 10 de maio? E será que o atual presidente da República, diante de aspirações tão diversas daqueles que o elegeram, vai ser capaz de improvisar uma social-democracia emancipada de suas velhas ilusões? O que é o PS no poder? Uma droga pesada ou uma droga leve! Em todo caso, algo que funciona muito forte dentro da cabeça. As lembranças do Antigo Regime estão se apagando e a gente se pega sonhando com o que poderia ser sua continuação no prolongamento dos primeiros resultados (já marcantes no campo das liberdades). Enquanto a fase de "degiscardização" prosseguir, enquanto o governo estiver em condição de mascarar as injustiças mais gritantes, estará tudo bem com a opinião. Mas o que acontecerá se as dimensões internacionais da crise paralisarem sua ação? Podemos conceber dois cenários possíveis:

- um *status quo* com o capitalismo mundial, acompanhado por uma inflexão social-democrata do regime que tentará paralisar a evolução das relações sociais, correndo o risco de assim se arrebatar no mesmo tipo de obstáculo que seu antecessor;
- uma intensificação dos movimentos sociais que o governo socialista não apenas se recusará a reprimir, mas nos quais se apoiará para transformar irreversivelmente a sociedade francesa. Em outros termos, uma nova espécie de revolução, miraculosamente liberada das hipotecas jacobinas, sociais-democratas e stalinistas que obliteraram as tentativas anteriores.

Claro, muitos outros cenários são concebíveis: uma falência econômica, o retorno forçado da direita, o assassinato de Mitterrand, um compromisso centrista em torno de Rocard ou de um outro... Tantos fatores podem interferir que seria absurdo arriscar o menor prognóstico; mas isso não deve nos impedir de refletir sobre aqueles que poderiam pesar mais na balança dos acontecimentos. Gostaria de destacar três.

1. A capacidade do governo socialista de estabelecer uma relação de força internacional que lhe seja favorável

Diante da crise internacional, dois tipos de política se confrontam hoje em dia: aquela que faz com que a economia venha antes da sociedade, que em nome da defesa da moeda aceita o desemprego, a marginalização de milhões de jovens e cujo verdadeiro objetivo é o fortalecimento das hierarquias e segregações existentes; aquela que faz, ao contrário, que a sociedade venha antes dos pretensos imperativos da economia, e que está disposta, portanto, a aceitar uma forte inflação e as desordens monetárias e financeiras que ela pode provocar para lutar contra o desemprego, considerado como um mal absoluto, capaz de gerar uma nova guerra social amanhã. Em poucas semanas, o "mitteranismo" virou o testa de ferro dessa segunda opção, e o futuro da experiência socialista, uma questão internacional de primeira grandeza. Mas o capitalismo mundial absolutamente não parece disposto a se converter a esse *New Deal* socialista, e podemos esperar que ele faça de tudo na prática para exorcizar o "mau exemplo" francês. A saída desse teste dependerá em grande parte da relação de força que se instituirá na opinião internacional a seu respeito. Se o mitterranismo não conseguir romper seu isolamento, e em particular alastrar-se em outros países da Europa, provavelmente acabará sendo neutralizado.

2. A capacidade do Partido Socialista de se transformar

A sacada genial do PS é ter conseguido fazer com que três elementos até então separados se sustentassem juntos: sua clientela de notáveis locais e sindicais, uma parte importante do pântano centrista que está desertando o campo da grande burguesia giscardiana e a massa dos abandonados-à-própria-sorte da sociedade atual. O que fez a força de Mitterrand até agora foi se apresentar ao mesmo tempo como o continuador pacífico do reformismo francês – no qual, como todo mundo sabe, ele sempre foi o melhor gestor do capitalismo em tempos de crise aguda – e como um autêntico reformador, desejoso de transformar profundamente a sociedade. Mas essa ambivalência, para não dizer ambiguidade, corre o risco de ser sua fraqueza amanhã. De fato, nem todas as políticas poderão ser indefinidamente realizadas em paralelo e será necessária uma verdadeira mobilização popular para criar condições para uma saída não reacionária da crise. Mauroy não se sairá melhor dessa do que Barre se a sociedade francesa continuar esperando que lhe deem de mão beijada soluções tecnocráticas milagrosas totalmente prontas. Mas será que o PS está em condições de desencadear uma mobilização dessas e, principalmente, de torná-la eficiente, favorecendo a eclosão de uma transferência geral dos poderes para o tecido social de base? Será que ele não é um aparato clássico demais, ao mesmo tempo um agregado de tendências de grupelhos e uma máquina hipercentralizada? Suficientemente bem-preparado para a gestão do poder do Estado, ele parece pouco apto a catalisar um processo efetivo de democratização, descentralização e autogestão. E se não tiver nenhum outro interlocutor constituído além de uma direita (como de costume, "a mais burra do mundo") e de uma esquerda comunista (variante igualmente tão estúpida do conservadorismo social), ele acabará pegando no sono em cima de seus louros, deixando que seu pluralismo interno se empobreça e se constituindo como Estado dentro do Estado. Depois de perder seu crédito e suas possibilidades de ação, esse será, então, o retorno do chicote reacionário no longo prazo. Em compensação, se uma pluralidade de polos de propostas, orquestrações e contestações vier substituí-lo e apoiá-lo de fora, podemos esperar que ele se renove e consiga encarar suas responsabilidades históricas.

3. O desenvolvimento de novas formas de organização social

Foi-se o tempo dos partidos tradicionais. (O exemplo polonês nos fornece uma ilustração impressionante disso.) Eles estão cada vez mais mal adaptados ao contexto atual de revoluções tecnológicas em cascata e de redistribuição mundial das cartas econômicas. As antigas lutas de classes com frentes bem delimitadas também estão sendo pegas no contrapé por essas transformações. Ao lado das classes operárias "garantidas", bem integradas às relações de produção, desenvolve-se um imenso terceiro Estado, múltiplo e heterogêneo, composto por todos aqueles que são marginalizados pela sociedade e também por aqueles, cada vez mais numerosos, que recusam o modo de vida e de produção que lhes é imposto, que aspiram à promoção de novas relações sociais, de novas relações com o meio ambiente, e à instauração de sistemas menos absurdos de valorização do trabalho e de distribuição dos bens. É óbvio que nenhum "programa comum", nenhuma formação política organizada de modo clássico nunca poderá representar esse conjunto de segmentos sociais em que se entrelaçam todas as fronteiras de classes, raças, sexos e culturas. No entanto, apesar de sua diversidade e de suas contradições, ele não deixa de constituir a única força de transformação verdadeira, o único "caldo" de criatividade social de onde poderão nascer soluções efetivas para os problemas atuais, e talvez a única alavanca para tirar as velhas classes operárias de sua apatia. Apesar de seu apoio a Mitterrand, essa massa heteróclita continua na expectativa, e continuará assim enquanto não tiver conseguido criar formas originais de reagrupamento adaptadas às sensibilidades e às aspirações múltiplas daqueles que a compõem. Uma corrida de velocidade se apresenta: ou esse novo terceiro Estado criará para si meios de se afirmar em todos os níveis, "o mais pé no chão" assim como no nível político mais elevado, ou podemos esperar que os horticultores socialistas nos leguem um dia um belo lamaçal.

1983 – E a crise levou

Uma doença de aparência benigna, mas que pode tornar-se perniciosa ao se instalar de modo duradouro, ameaça aqueles que abusam das mídias – na redação, microfone ou câmera. Trata-se de uma espécie particular de delírio que consiste em dirigir-se a públicos imaginários e que geralmente é associado a um inflamento crônico do ego, que cria a sensação de estar investido, por exemplo, de uma missão excepcional de redenção de uma categoria da população. Nós nos lembramos, há alguns meses, do extraordinário: "E a coragem, porra!" de Jean Daniel, em *Le Nouvel Observateur*. Hoje, é Max Gallo, o porta-voz do governo, que nos presenteia, no *Le Monde*, com um sermão sobre o amolecimento cerebral dos intelectuais de esquerda e que os convida a voltar a ser donos de si, a sair de sua apatia e a ser, como no passado, "grandes intelectuais", e de esquerda, tanto quanto possível.

Na sequência, Philippe Boggio nos entrega uma dissertação entomológica sobre a degeneração da raça dos "mestres do pensamento" e sobre a extinção progressiva das diversas espécies constitutivas da *intelligentsia* de esquerda. E agora, segundo a fórmula consagrada, está aberto o debate! Que falem aqueles que ainda ousam ter a pretensão de ser "intelectuais de esquerda"! Que falem então! Que abram a boca, como dizia Maurice Thorez. Que cem flores desabrochem, como exigia Mao Tsé-Tung!

Mas, primeiro, o que é um "grande intelectual de esquerda"? Não parece que nossos autores tenham realmente colocado a questão. Na França, é uma tradição que um certo número de escritores, filósofos, mais raramente artistas, vejam-se promovidos ao cargo de porta-voz 1. de sua especialidade, 2. de uma pretensa *intelligentsia*, 3. do gênio próprio à nação e 4., por extensão suprema, da cultura universal.

Observemos que esses deputados ou demagogos da inteligência, do saber e da arte não dispõem de nenhum mandato representativo, não participam de nenhuma instância deliberativa. Não constituem nem uma academia, nem uma casta delimitada, nem mesmo um grupo facilmente enumerável tal como o conjunto dos primeiros da classe, camisas amarelas[1] da filosofia ou medalhas de ouro e de prata da ciência.

Trata-se muito mais de um conjunto vago, cujo contorno é modelado ao gosto dos redatores-chefe da imprensa escrita e dos donos de editoras. Por isso a frequência da intervenção desses "eleitos" e os temas sobre os quais são convidados intervir nunca são diretamente da alçada deles. Eles dizem respeito ao espírito da época, tal como os meteorologistas do gosto público devem entendê-los.

Seja por acaso ou por necessidade, o que acontece é que a chegada da esquerda ao poder coincidiu com um esgotamento das operações de promoção coletiva do tipo "novos filósofos". O "intelectual-*star-system*" está num marasmo total, favorecido pela crise. Parece que está cada vez mais difícil alimentar os "blocos de nota" e as "opiniões livres", suportes essenciais, pelo que dizem, da imprensa de esquerda.

Os gurus estão cansados. O *gulag*, a Polônia, o Irã, tudo isso já não fornece mais uma receita. Então, um último recurso foi imaginado. Algo do tipo "última festa" de uma vedete em declínio.

Depois do romance centrado na dificuldade de escrever – o filme sobre o fim do cinema depois do pós-moderno e a morte da filosofia –, é lançado o tema do profeta intelectual chafurdando em sua própria decadência. Mas, senhor Gallo, senhor Boggio, receio que vocês tenham chegado tarde demais! Já não existem, ou praticamente não existem, assinantes dos números que vocês estão pedindo. Todos aqueles que hoje em dia professam pensar,

---

1. A camisa amarela (*maillot jaune*) é um símbolo distintivo usado pelo ciclista que ocupa o primeiro lugar na famosa competição *Tour de France*. [N. T.]

pesquisar, criar e produzir outros possíveis, não se reconhecem mais em nenhum porta-voz. E, fiquem tranquilos quanto à saúde deles, eles não pioraram por causa disso!

Portanto, sem citar nomes, e por eu mesmo ter evoluído um pouco nas águas dos peticionários e outros "signatários da guerra", acho que está na hora de nos posicionarmos, todos juntos, diante dessa nova situação, irreversível e... promissora. Será que isso significa que, de agora em diante, está proibido qualquer diálogo entre as "forças vivas" desse país e o governo de esquerda? Sinceramente, acho que não. Mas acredito que o método do senhor Gallo não é o certo. Se ele faz mesmo questão de se comunicar com as novas gerações de pensadores e criadores, eu me permitiria sugerir que procedesse de outro modo, que adotasse um outro tom, que escolhesse outros temas. Que ele organize, por exemplo, um debate entre o poder e a *intelligentsia* real – não apenas a da *rive gauche* e do xvi° *arrondissement*[2] – no qual poderiam ser colocados em questão:

- o estilo neogaulista do sr. Mitterrand, sua aceitação tranquila das instituições do "golpe de Estado permanente", a renúncia a todo projeto de reforma constitucional (em particular o abandono da ideia de referendo de iniciativa popular);
- o funcionamento dos partidos de esquerda e seu jeito de ficar dando voltas sem sair do lugar, sem intermediário social consistente;
- as perspectivas de evolução rumo a uma sociedade multirracial e transcultural onde os milhões de imigrantes que vivem e trabalham na França como franceses gozariam dos mesmos direitos civis e políticos que estes, segundo as promessas que foram feitas;
- a divisão do trabalho como meio de dar a esse país "um suplemento de alma" e de lhe restituir, talvez, sua "competitividade" no mercado da inteligência, do saber e da criação;

2. *Rive Gauche* designa a margem esquerda do rio Sena, em Paris. Evoca um estilo de vida boêmio, intelectual e burguês, em oposição aos bairros nobres clássicos e conservadores situados na margem direita (*arrondissements* xvi e xvii).

- uma política de transformação radical do habitat, do urbanismo, dos equipamentos coletivos (problematização do funcionamento atual da educação nacional, das prisões, dos hospícios etc.);
- a oportunidade de utilizar os créditos públicos em empreendimentos tais como a bomba de nêutrons e os submarinos nucleares;
- as iniciativas concretas que a França poderia tomar para lutar contra a fome no mundo e favorecer a emancipação econômica e social do terceiro mundo.

Feito em grande escala e em todo o país, esse debate seria capaz, a meu ver, de "reconstituir" os interlocutores coletivos de esquerda que parecem estar faltando ao governo atual. Porém, com a condição de que não se trate de uma troca formal, acadêmica, mas que seja acompanhada pela implementação de meios capazes de dar início a mudanças reais. Em outras palavras, que deixemos de adiar as perspectivas de transformação e inovação nesse país para os dias seguintes hipotéticos do pós-crise.

1983 - A guerra, a crise ou a vida

A sociedade mundial ficou mole, sem contorno, sem energia para impulsionar um projeto de envergadura. Os continentes do terceiro mundo vegetam na fermentação atroz da miséria; os óleos cheios de alcatrão do reaganismo e do thatcherismo se espalham conforme as marés econômicas; a marca de escória das ditaduras do leste se incrusta de modo cada vez mais profundo na vida de centenas de milhões de seres humanos; vapores deletérios começam a emanar das experiências "sulistas" do socialismo europeu e, mais uma vez, a miséria fascista extrema e sórdida está procurando seu caminho em meio à fauna da lúmpemburguesia...

Aos solavancos, como se estivéssemos saindo de um coma, tentamos dissipar todas essas névoas de *déjà-vu*.

Primeiro, a guerra. Primeiro, a afirmação de que suas dimensões de superespetáculo planetário, seu estilo de balé mecânico da morte, suas jogadas técnico-estratégicas cada vez mais descoladas e discordantes das realidades geopolíticas e até mesmo as cadeias processadoras do pacifismo que ela ressuscita, tudo isso, no final das contas, não nos interessa mais. As ilusões de antes da guerra, os "Grandes Cemitérios sob a lua", a "Chamada de Amsterdã-Pleyel": nós recalcamos tudo isso... E, além disso, não somos inocentes a ponto de acreditar que as grandes potências consideram seriamente resolver seus litígios lançando foguetes intercontinentais. É tão óbvio que sua cumplicidade cada vez mais marcada as leva a se integrarem ao *mesmo sistema mundial capitalístico e segregacionista*. É por isso que a guerra simulada que elas não param de impulsionar no mercado das mídias de massa parece ter como principal função, tocando a fundo os grandes órgãos apocalípticos, ocupar o terreno da subjetividade coletiva, desviá-la de qualquer consideração pelas urgências sociais que a atormentam e de lhe proibir qualquer impulsão de desejo, qualquer tomada de consciência transcultural e transnacional. A guerra deles não é a nossa! A única verdadeira guerra mundial que não nos deixa em paz é a guerra dispersa, cancerígena, insustentável para o olhar civilizado, que está varrendo o planeta há meio século em ondas sucessivas: "Ainda El Salvador, a Nicarágua, a Polônia, os *boat-people*, o Afeganistão, a África do Sul, isso é cansativo no final, olhe antes aquilo que há em outras cadeias..." Nessas condições, e, aliás, independentemente de nossas "solidariedades" de esquerda, nós absolutamente não deixaremos de recusar as escolhas nucleares no campo militar dos socialistas franceses. O jogo de equilíbrio das forças estratégicas é constitutivo da vontade das grandes potências de sujeitar as periferias oprimidas e não teria como se curvar à sua lógica sem trair a emancipação dos povos, pela qual pretendemos trabalhar, aliás.

Em seguida, a crise. Aqui também a imensa maquinação para apertar com força cada vez maior, no limite do estrangulamento, os graus de sujeitamento e "disciplinarização". Tudo é feito para que ela nos seja apresentada como uma evidência apodítica. O desemprego e a miséria desabam sobre a humanidade como catástrofes bíblicas. Nessas condições, não se pode mais conceber, com exceção de algumas variantes, uma única política econômica possível em resposta à única descrição concebível da economia política. Mas está claro, no entanto, que os ares de suficiência que a econometria atribui a si mesma hoje em dia estão à altura da perda de credibilidade de seus modelos de referência! Claro, é inegável que muitos de seus índices e previsões se afinaram. Mas a que tipo de realidade eles se referem? Na verdade, a setores de atividade e da vida social cada vez mais encolhidos, separados e alienados de suas potencialidades globais. O corpo mole e autorreferenciado das escritas econômicas e monetárias virou um instrumento descerebrado e tirânico de pseudodecisionabilidade, de pseudoguia coletivo. (Exemplo recente: os bancos centrais socorrem o México unicamente para lhe permitir reembolsar em curto prazo os juros das dívidas que ele contraiu junto a eles!) E se a crise fosse, em última instância, apenas uma crise dos modelos, expressão de um capitalismo psicótico que está levando a divisão social do trabalho, as finalidades produtivas e o conjunto dos modos de semiotização da troca e da distribuição, todos de uma só vez, ao desastre? A esperança da "luz no fim do túnel", o mito da "grande retomada" – mas a retomada de quê, e para quem? – mascaram o caráter irreversível da situação produzida pela aceleração contínua das revoluções técnico-científicas. Nada nunca mais será como antes! E é melhor assim! Mas, das duas, uma! Ou essas revoluções serão acompanhadas por mutações da subjetividade social capazes de guiá-las para "longe dos equilíbrios" existentes em direção aos caminhos emancipadores e criadores, ou oscilarão de crise em crise em torno de um ponto de conservadorismo, de um estado de estratificação e estagnação, com efeitos cada vez mais mutiladores e paralisantes. Outros sistemas de inscrição e regulação dos fluxos sociais são concebíveis nesse planeta! Em todos os campos da criação estética e científica se impuseram modelos (não arborescentes, "rizomáticos", "transversalistas") que rompem com as hierarquias opressivas. Por que não no campo social?

Retorno às zonas do político e do micropolítico, embora em certos meios intelectuais tenha se tornado de bom tom assumir poses desiludidas, considerar-se fora do tempo, além da história, afirmando-se uma pessoa do pós-moderno e do pós-político, mas infelizmente nunca do pós-mídia... Será que os intelectuais de nossa espécie, que nunca renegaram seu engajamento anterior nas lutas de emancipação, devem, de agora em diante, ser considerados como supranumerários da nossa época? Nosso ideal continua nos levando lá onde se operam as rupturas. Nem antes, nem depois! Justo no ponto limite em que novas línguas se elaboram, novos coeficientes de liberdade são procurados, em que formas diferentes de ver, sentir, pensar e criar são experimentadas para além dos messianismos, dos credos espontaneístas ou dialéticos... Mas por que negar isso? Algumas questões políticas nos interessam profundamente e sobretudo certas recusas que nos levam, correndo nossos próprios riscos e perigos, a nos "molharmos" em certas provações mais ou menos aleatórias. Nossa experiência das formas dogmáticas de engajamento e nossa inclinação irreprimível para os processos de singularização nos previnem – pelo menos nós acreditamos nisso – contra toda supercodificação das intensidades estéticas e dos agenciamentos de desejo imposta por um programa político fechado em si mesmo, ainda que ele tenha a melhor das intenções. Aliás, é só seguir a tendência. Todos os dias se abrem sob nossos olhos novas passagens entre os campos outrora compartimentados da arte, da técnica, da ética, da política etc. Objetos inclassificáveis, "atratores estranhos" – para parafrasear mais uma vez os físicos – incitam-nos a pôr fogo nas velhas línguas cheias de eufemismos e nas palavras difíceis para enganar o público, a acelerar as partículas de sentido de alta energia, para fazer com que outras verdades apareçam. Na mesma semana, três séries de acontecimentos, uma depois da outra, acabam de se entrechocar: estão pedindo a cabeça do papa em vez da cabeça de Walesa, Arafat é expulso de Damas, Toni Negri entra no Parlamento italiano. Quem está falando com quem, e em nome de quê? A gente se pega sonhando que muitas coisas seriam possíveis. Nos dois sentidos!

1983 – A gente tem o racismo que merece

As questões de racismo são inseparáveis do conjunto de determinações sociais e políticas que observamos na sociedade. Em outras palavras e de modo lapidar, a gente tem o racismo que merece. Depois de 10 de maio, não era óbvio que o estado de coisas se mantivesse.

Assim, a incapacidade do governo socialista de transformar a natureza do tecido social provocou imperceptivelmente uma nova ascensão do racismo. Devido à perda dos pontos de referência social anteriores, os indivíduos estão assistindo à desagregação de todos os seus quadros mentais, de todas as suas referências, de todas as suas coordenadas de referência.

Eles contam com equipamentos coletivos, com as mídias de massa, com a imensa máquina social que diz qual deve ser o lugar de um, o que deve fazer o outro, o que ele deve pensar, sentir. Isso nos leva a uma aflição geral que faz as pessoas se retraírem e refugiarem em ficções ou arcaísmos. Essa é a fonte das atitudes e exasperações racistas.

Desse ponto de vista, temos de considerar que é a camada mais desfavorecida da população que é relativamente a mais vulnerável. Se devemos ter pena das pessoas que são objeto de racismo, também devemos ter pena do conjunto da população francesa com tendências racistas. Ela expressa uma espécie de incapacidade de encarar as exigências da nossa época.

Todos os povos têm necessidade de imigrantes e da relação de alteridade instaurada pela vinda deles. Eu afirmo até mesmo que a vitalidade de um povo corresponde à sua capacidade de estar ele próprio engajado num devir imigrante em todos os seus componentes. Temos todos de entrar num devir imigrante, de recusar uma uniformização geradora de angústia e impotências generalizadas. Na França, temos muito a aprender com o modo como os imigrantes reconstituem a cultura deles, como eles a reinventam. A esquerda quis muito rapidamente tornar-se a boa gestora da França. Isso só tinha sentido se ela favorecesse paralelamente as mutações da sociedade. Ora, a única coisa que ela fez foi sufocá-las. Estamos assistindo a uma espécie de abatimento geral de todas as veleidades inovadoras.

Através desse novo realismo, os governantes atuais estimam que seu novo realismo os ajudará a consolidar seu poder político. Eles estão enganados porque a política econômica deles será julgada por seus resultados, é claro, mas também por suas consequências para aqueles que estão esperando que os socialistas facilitem as transformações sociais: desse ponto de vista, ainda estamos esperando.

Na luta contra o racismo, as prioridades devem ser concedidas hoje em dia à vida associativa, ao "terceiro setor", a tudo que permite vislumbrar o desenvolvimento da vida social e econômica fora do par catastrófico constituído pelo capitalismo privado e o poder do Estado.

As formas de subjetividade capazes de agir positivamente no sentido de uma sociedade multinacional, transcultural devem ser encontradas nas novas formas de expressão e modos de vida que constituem os lugares em que essas questões podem ser apreendidas, analisadas, dominadas. A onda de retrocesso social que estamos registrando é paga com atitudes racistas, antijovens e falocráticas. E, fenômeno inseparável, ela também é paga com uma rejeição da esquerda.

Inventar novos modos de gestão da vida cotidiana não é uma utopia, mas uma necessidade imposta pela transformação da produção, pela revolução informática, telemática e robótica... Em todos os países do oeste europeu, procura-se um novo tipo de sensibilidade através das questões do desarmamento, das lutas antinucleares e do racismo. Na França, nada se cristalizou de verdade ainda. As formas de organização não foram encontradas. Mas tudo pode acontecer bem rápido. A marcha pela igualdade que se desenrola atualmente pode ajudar nisso. Diante do fim das ilusões, estamos na grande hora de nos recompormos.

1983 – A propósito de Dreux

A democracia francesa está sem fôlego. É lamentável dizer, pode parecer paradoxal, para certos ouvidos amigos com certeza é desagradável ouvir isso: mas é assim! E os socialistas franceses devem ser considerados os primeiros responsáveis pelo enfraquecimento da democracia. Por quê? Porque estão há dois anos no poder! Porque eram os únicos em condições de ressuscitá-la e de trabalhar para renová-la! E, além do mais, quem mais poderíamos atacar? Os comunistas? Faz muito tempo que não se espera mais nada deles. Sobretudo nesse campo! Quanto à direita, é inútil insistir: faz vinte anos que ela vem fazendo de tudo para manter um clima de repressão e regressão sociais. Nada a declarar também a respeito dela. Portanto, são primeiramente os socialistas que temos vontade de chacoalhar, acordar, como um amigo que está se desencaminhando.

A ascensão racista-fascista deste verão, a caça aos imigrantes, a eleição de Dreux e muitos outros sintomas são o resultado de um longo processo de decomposição e infantilização da opinião democrática. Deveríamos pôr na cabeça de uma vez por todas que a democracia não é uma virtude transcendental, uma ideia platônica, pairando fora das realidades. Ela é muito mais como a "boa forma" dos esportistas. Ela precisa de manutenção, ela é desenvolvida; pode se enriquecer ou definhar de acordo com o *treino* que lhe é dedicado. Na França, ela ficou sem ar, míope; ela está com enfisema, celulite. Vocês vão me dizer que não foi preciso esperar os socialistas para chegar a esse ponto! Com certeza! Mas talvez a situação nunca tenha sido tão grave: todas as engrenagens da representação popular estão engripadas. Os sindicatos ficam dando voltas sem sair do lugar (tirando a CFDT, mas ainda seria preciso vê-la mais de perto!). A vida associativa ronrona em seu canto. No Antigo Regime, pelo menos os partidos de esquerda e os grupelhos extraparlamentares conservavam minimamente a função de problematização. Ah! eu sei, muito fraca e com frequência francamente débil! Mas enfim, eles ocupavam o terreno; encarnavam outras esperanças. Tudo isso acabou hoje em dia! François Mitterrand e seus companheiros deram seu aval e legitimaram o sistema profundamente perverso e antidemocrático do presidencialismo gaulista. Depois, não vamos ficar surpresos se o "bom povo" por vezes manifestar uma tendência a entregar-se ao nacionalismo e à xenofobia!

Os partidos de esquerda não apenas estagnaram e afundaram no corporativismo político, mas o próprio parlamentarismo começou a se degradar. Os parlamentares se tornaram o equivalente a meros funcionários públicos. Será que as pessoas sabem que os "deputados da base" são dirigidos por seu líder como os alunos por seus professores? Será que as pessoas sabem que eles não têm nenhum acesso direto à pauta de seus trabalhos? É verdade que as instituições representativas tradicionais estão obsoletas em seu funcionamento atual, correndo o risco de ficarem cada vez mais defasadas no futuro em relação às forças vivas das sociedades com alto desenvolvimento comunicacional! Será que essa é uma razão para nadar a favor da maré, para reforçar até a náusea essa infantilização crônica da opinião por meio do sistema de pesquisa de intenção de voto e do vedetismo dos líderes políticos e sindicais? Será que vamos acabar entendendo que esse sistema não expressa em nada as "tendências profundas da opinião"? Ele só capta e amplifica as opiniões que consegue manipular ou que ele próprio manufaturou de antemão.

O que convém reexaminar aqui é a própria noção de "tendência profunda". Ela não é de modo algum científica; está fundada meramente numa concepção conservadora da sociedade. Na verdade, essa opinião que se pretende extrair das pesquisas de intenção de voto e dos jogos eleitorais na televisão só é emitida por indivíduos isolados, "serializados", que foram confrontados de surpresa com uma "matéria de opção" pré-fabricada. A escolha que lhes é proposta – como os cachorros de Pavlov – é sempre passiva, não elaborada, não problemática e, portanto, sempre tendenciosa. "Qual dos dois você prefere?" (Ou qual dos quatro, na época da famosa turma com o mesmo nome.) "São apresentados a você dois pacotes de superdetergente etc." Mas quando poderemos finalmente impor um outro tipo de escolha?

Um socialismo contra Stálin, contra a burocracia, a favor da auto-organização, o que só poderá ter sentido se ele assumir como sua essa nova problemática da democracia. E é lamentável constatar que, desse ponto de vista, os socialistas têm poucas ideias ou, no mínimo, pouca vontade. Seu projeto de descentralização não marca nenhum progresso verdadeiro no sentido da promoção de uma *democracia social*. Na ausência de um projeto coerente que tende a conferir à vida associativa o peso econômico que deveria lhe caber, deixamos vegetar e se degradar todas as tentativas de inovação social. O resultado mais desolador foi o desperdício das rádios livres, que foram entregues com os pés e punhos atados ao pequeno *business* comercial e político. As administrações e os corpos do Estado permanecem, por sua vez, incapazes de se adaptar às novas situações, ao ponto de comprometer o futuro do país em certos campos. (Nesse sentido, o troféu vai incontestavelmente para a Educação nacional.) E, apesar disso, houve aí algumas propostas, alguns avanços tímidos! Por falar nisso, em que armadilha, em que espiral dos sindicatos de professores caiu o relatório Legrand relativo ao secundário? O que esse relatório tinha de tão incômodo, de tão revolucionário? Ele comportava apenas uma investigação aprofundada e propostas de bom senso.

A democracia, porra!, não é um luxo do qual deveríamos abrir mão nos tempos de vacas magras! Primeiro, porque o fascismo – mas claro, o fascismo existe de verdade, apesar dos "novos economistas" – engorda e prolifera, vampiriza a subjetividade popular quando ela se enfraquece. E depois, porque ela é um dos remédios essenciais para a crise. Aviso aos tecnocratas socialistas: a vitalidade social, a inteligência, a sensibilidade, a criatividade coletiva, em suma, a democracia pode trazer muito dinheiro, isso é importante para o equilíbrio das contas, tão importante no longo prazo quanto o petróleo! E reparem que ela também pode ser exportada! A democracia e a paz: esse mercado tem futuro!

1984 – Um caso Dreyfus para a Europa

Cinco anos se passaram desde a prisão, na Itália, dos intelectuais que lutavam contra o "compromisso histórico" – isto é, uma espécie de aliança conservadora entre a democracia cristã e o partido comunista de Berlinguer. Desde 7 de abril de 1979, muitas coisas evoluíram nesse país: o terrorismo, esse monstro cego de dogmatismo e desconhecimento das forças vivas do "movimento" de então, ficou isolado e foi desfeito; agora, os socialistas italianos estão na liderança do governo; o país está começando a se recuperar da crise econômica que o sacode há anos... Só uma coisa não mudou: a vontade de punição, e até mesmo de vingança, em relação aos intelectuais do 7 de abril. Uma vontade que parece ter se avivado ao longo do tempo e que, para atingir seus fins, não hesitou em transformar as acusações feitas contra a vida de homens e mulheres que, em sua maioria, ficaram em prisão preventiva durante mais de quatro anos.

Primeiro, começaram com o assassinato de Aldo Moro: os acusados do 7 de abril eram os autores do assassinato; havia provas irrefutáveis; gravações de áudio passaram por perícia em Chicago etc.; até que esse monte de absurdos desmoronasse e caísse no ridículo. Em seguida, descobriram que eles eram os verdadeiros chefes, os chefes secretos, das Brigadas Vermelhas – embora difamados e alguns deles até ameaçados de morte publicamente por elas! Durante um ano, sem interrupção, os acusados foram submetidos a pressões inacreditáveis para confessar seus crimes! As mídias bombardearam a opinião pública italiana e internacional com essa "verdade", revelada a um juiz, cuja saúde mental hoje em dia pode ser questionada, pois ele continuou agarrado como um condenado ao seu "teorema" delirante, embora este também tenha desmoronado totalmente com o passar do tempo. A magistratura italiana então mudou de direção. Ela forjou do nada uma "insurreição armada contra os poderes do Estado" – cujo valor penal é a prisão perpétua – a partir das acusações mais heteróclitas. Foi assim que só a Toni Negri foram generosamente atribuídos dezessete homicídios políticos! Mas essas acusações também foram caindo e, mais uma vez, outras foram encontradas, dizendo respeito, de agora em diante, ao mero direito comum... E ainda não saímos disso! E permanecemos estupefatos e consternados diante dessa atitude da magistratura da Itália – país, apesar disso, da velha tradição do direito, mas cujo enraizamento democrático continua precário, é verdade. Por que essa última reviravolta na atitude dos juízes? Para quem acompanhou de perto o processo "7 de abril", infelizmente a resposta é muito simples. Ao longo dos debates, todas as acusações políticas foram caindo, uma atrás da outra. A atitude autoritária dos juízes, os obstáculos erguidos artificialmente diante da defesa, o caráter infame da utilização da delação por meio dos "arrependimentos", as calúnias repetidas à exaustão pelas mídias... nada pode ser feito! Mas como a justiça italiana tinha se engajado muito nesses processos diante das forças políticas, como um papel essencial que lhe havia sido atribuído, a saber, a eliminação radical de toda oposição ao famoso "compromisso histórico", como ela não queria voltar atrás no plano internacional, ela tinha que demonstrar a qualquer custo que os longos anos de prisão preventiva infligidos aos acusados do 7 de abril não tinham sido em vão, que os pedidos de extradição permaneciam fundamentados (a existência de uma importante emigração política em diversos países começou a levantar sérias dúvidas a esse respeito). Portanto, a solução de fato tinha sido encontrada: era conveniente limitar-se a uma redefinição do direito comum dos pretensos delitos. Isso apresentava duas vantagens: a eliminação política de toda uma geração de intelectuais contestadores, aos quais, de qualquer modo, seriam atribuídas penas pesadas; a facilitação de sua eventual extradição. Só que, no final das contas, a dificuldade continua sendo a mesma, inflexível, irrevogável, ao menos diante do tribunal da história: no fundo, esses delitos do direito comum *não existem*, não têm nenhum fundamento, não estão baseados em nenhuma prova material. As declarações de arrependimento sempre recaem na mesma ladainha: esses intelectuais seriam *moralmente* responsáveis pelo terrorismo devido às suas declarações e escritos. Que curiosa delegação de justiça, na verdade! E para quem? Para assassinos, para dizer as coisas como são, que, para serem colocados de volta em liberdade, não tinham outra escolha a não ser depor contra os acusados do 7 de abril!

Não estou dizendo que a Itália tenha caído no totalitarismo. Mas o fato de um país ser "globalmente" democrático absolutamente não impede que uma parte de suas instituições não seja mais democrática! E, evidentemente, as leis de exceção que permitiram acusar e perseguir, ao longo desses últimos anos, milhares de inocentes por causa de suas ideias políticas não têm nada a ver com a democracia. Parece que o atual governo italiano, de orientação socialista, quer acabar com essas leis de exceção. Mas não é inútil que a opinião europeia, e em particular os franceses preocupados com a defesa das liberdades, acompanhe de perto esse caso dito do "7 de abril". Ela poderia se tornar um teste decisivo, um verdadeiro Caso Dreyfus europeu no contexto da construção de um espaço europeu das liberdades civis e políticas. Desde a sentença pronunciada contra os intelectuais do 7 de abril, com certeza teremos que organizar uma campanha para a revisão desse processo. Repito, o que está em jogo é toda uma concepção da liberdade e da justiça dentro da Europa ocidental. É preciso acrescentar que não se trata, obviamente, de aceitar passivamente que a França se curve a uma chantagem qualquer relativa aos pedidos de extradição das autoridades italianas. A Europa das liberdades, por que não? A Europa da repressão, não, obrigado, essa nós já tivemos!

1984 - A esquerda como paixão processual

No dia seguinte às eleições europeias de 17 de junho, pela primeira vez depois de meio século o fascismo dispõe de uma base de massa real na França. É urgente avaliar a importância desse acontecimento. Claro que há medidas a serem tomadas, ações conjuntas, alianças a serem estabelecidas. Mas tudo isso só pode ter sentido no cenário de um debate aprofundado sobre o que levou a esquerda a um fracasso tão doloroso e sobre a responsabilidade particular de seus componentes intelectuais nesse caso.

Durante o último período, muitos deles encheram de fato nossos ouvidos com proclamações sobre o caráter vazio da clivagem esquerda-direita: "Porque o socialismo é o *gulag*; porque os foguetes franceses e a proteção americana são um mal necessário; porque a crise impõe o abandono de toda utopia libertadora..." Um novo "estilo *Libé*",[1] feito de renúncia, de apatia e frequentemente de cinismo, não parou de ganhar espaço. Todo um caldo de pretensa "nova filosofia", de "pós-modernismo", de "implosão social" e por aí vai acabou empesteando a atmosfera do pensamento e contribuindo para desmotivar as tentativas de engajamento político dentro dos meios intelectuais. Sem que se tenha prestado atenção, uma restauração dos valores tradicionais se instaurou. Ela preparou o terreno para a revolução de direita em processo de consolidação. E todo esse caso – ao qual não falta pimenta – desenvolveu-se no contexto edulcorado de um poder socialista burguês, ele próprio muito preocupado em assegurar sua imagem de marca junto aos meios financeiros e às oligarquias tradicionais. O resultado está aí: uma massa considerável de

---

[1]. Forma abreviada do nome do jornal francês *Libération*. [N. T.]

abstenções dia 17 de junho, uma força fascista em processo de constituição, a dispersão da capacidade coletiva de resistência ao conservadorismo, a ascensão do racismo e da entropia mortífera. Tudo se decidiu, ou melhor, se repetiu em 1981, pois, ao que parece, houve nessa época um retorno das circunstâncias que provocaram os acontecimentos de 68. Nessa época, o episódio Coluche revelou aos olhos de todos o abismo que só cresceu entre a representação política profissional e uma parte considerável da opinião. Depois de sua vitória eleitoral quase acidental, os quadros socialistas se instalaram nos buracos do poder, sem nenhuma problematização das instituições existentes, sem uma sombra de proposta para reconstruir uma sociedade humana dentro do desastre atual. Cada vez mais identificado com de Gaulle, Mitterrand, num primeiro momento, permitiu que as diferentes tendências dogmáticas de seu governo tomassem direções opostas, depois ele se resignou a instalar uma equipe de gestão caso a caso, cujas diferenças de linguagem em relação aos *Chicago Boys* de Reagan não devem mascarar o fato de que ela nos conduz aos mesmos tipos de aberração.

Somos obrigados a constatar que os socialistas franceses perderam a memória do povo. A maior parte deles dá à polaridade esquerda-direita um sentido meramente circunstancial. Quem dentre eles ainda pensa que os oprimidos, na França assim como no resto do mundo, carregam em si o futuro, as potencialidades criadoras? Quem aposta ainda na democracia como alavanca de transformação (na medida em que ela tem um poder de influência sobre as realidades contemporâneas)? Por não ter trabalhado a tempo para a concretização de novos modos de sociabilidade articulados às "revoluções moleculares" que atravessam as ciências, as técnicas, a comunicação e a sensibilidade coletiva, a esquerda deixou passar a oportunidade histórica que lhe havia sido dada. Ela se envolveu numa rivalidade absurda com a direita no campo da segurança, da austeridade e do conservadorismo. Enquanto poderia ter conseguido todos os sacrifícios necessários, no plano econômico, para enfrentar a crise e as reestruturações se tivesse contribuído efetivamente para o agenciamento de *novos modos coletivos de enunciação*, a esquerda deixou a esperança a cair de novo, os corporativismos se reafirmarem, as velhas perversões fascistoides recuperarem terreno.

O que separa a esquerda da direita? Em que está baseada essa polaridade ético-política essencial? No fundo, trata-se apenas de uma vocação, uma *paixão processual*. Não há nenhum maniqueísmo nessa divisão, pois ela não introduz recortes sociológicos claros e nítidos. (Existe um conservadorismo bem ancorado nos campos de esquerda, e às vezes um progressismo nos de direita.)

Aqui, a questão toda é a reapropriação coletiva das dinâmicas capazes de desestratificar as estruturas moribundas e de reorganizar a vida e a sociedade segundo outras formas de equilíbrio, outros universos.

Tudo se deduz disso: como acabar com certo tipo de função do Estado, com os velhos reflexos gregários e racistas, como reinventar uma cultura transnacional, um novo tipo de tecido social, outras cidades, outras alianças com o terceiro mundo, como contrabalancear o imperialismo bicéfalo EUA-URSS? Está tudo aí, ao alcance das mãos, o que poderia inverter a situação num piscar de olhos e dissipar as trevas e pesadelos.

1984 – Liberdades na Europa

Ainda que não o defendamos, estamos acostumados ao fato de que, nos países do Leste Europeu e na maioria dos países do terceiro mundo, os direitos e as liberdades estão submetidos aos poderes discricionários das forças políticas que controlam o Estado. Mas estamos mal preparados para o fato, que com frequência nos recusamos a encarar, de que tais direitos e liberdades também estão ameaçados no Ocidente, em países que se proclamam os campeões do "mundo livre". Trata-se de uma questão difícil, que não nos deixa em paz devido a implicações humanas dramáticas que não sofrem quase nenhuma mudança pelo fato de nos atermos a declarações de princípio. Ora, é impossível ignorar que, há uns dez anos, *todo um conjunto de direitos e liberdades, toda uma série de espaços de liberdades, não pararam de perder espaço* na Europa. Olhando para o destino imposto aos imigrantes ou para as distorções que o direito de asilo político acaba de sofrer na França, fica fácil constatá-lo. Mas tal fato é igualmente evidente se, tomando certa distância em relação a um juridismo estreito, considerarmos a evolução concreta do "direito" de dispor de um mínimo de meios materiais de vida e de trabalho, para uns dez milhões de pessoas na Europa (desempregados, jovens, pessoas idosas, "não garantidos" etc.); do "direito" à diferença para minorias de todas os tipos; do "direito" a uma expressão democrática efetiva para a grande maioria das populações.

Um reflexo militante, que, é verdade, talvez date de outra época, poderia levantar a objeção de que não podemos colocar no mesmo plano conflitos relativos às *liberdades jurídicas formais* e à *conquista de novos espaços de liberdades* que dizem respeito a lutas concretas. A justiça nunca estando acima da luta social, a democracia sempre sendo mais ou menos manipulada, não haveria nada, ou não grande coisa, a esperar do primeiro campo e, pelo contrário, tudo a empreender no segundo. No que me diz respeito, os casos de extradição e os processos políticos pelos quais me interessei nesses últimos anos (casos "Bifo", Klaus Croissant, Piperno e Pache, François Pain, Toni Negri...) me levaram a revisar meu julgamento sobre a importância que convinha conceder a essas liberdades pretensamente formais e que, hoje em dia, aparecem para mim como totalmente inseparáveis das outras liberdades de "campo", para falar como os etnólogos. Deveríamos nos ater menos do que nunca a uma denúncia global – e realmente formal – da justiça burguesa. O fato de que com muita frequência a independência da magistratura seja apenas um engodo, longe de nos levar a renunciar a ela e a nos levar de volta à mitologia espontaneísta dos pretensos "tribunais populares", deveria nos levar a refletir sobre os meios de torná-la efetiva. Por outro lado, a especialização das funções sociais e a divisão do trabalho sendo o que são, nada nos permite esperar, nem no curto nem no longo prazo, uma transformação profunda das mentalidades, há muito pouco motivo para esperar que as sociedades organizadas consigam tão cedo abrir mão de um aparato de justiça! O que não significa que ele deva ser aceito tal como é, mas, pelo contrário, que é essencial redefinir seu modo de formação, suas competências, seus meios, suas articulações possíveis com um ambiente democrático... Para realizar esses objetivos, as lutas pelas liberdades deveriam dispor de novos instrumentos, que lhe permitam realizar ao mesmo tempo:

- intervenções caso a caso nas questões concretas de atentados aos direitos e às liberdades;
- uma atividade de maior fôlego, ligada a grupos de advogados, magistrados, trabalhadores sociais, detentos etc., tendo em vista a elaboração das formas alternativas do aparato de justiça.

As lutas defensivas pelo respeito ao direito e as lutas ofensivas pela conquista de novos espaços de liberdade são complementares. Ambas serão chamadas a adquirir uma importância no mínimo igual à das lutas sindicais ou políticas e a influenciá-las cada vez mais. Isso é o que parece estar começando na França com o papel crescente de organizações tais como a Anistia Internacional, a Liga dos Direitos Humanos, a França Terra de Asilo, a Cimade etc.

Posta essa preliminar, ainda temos que considerar que não teria como tratar a evolução das liberdades na Europa como uma coisa em si, separada de seu contexto de tensão internacional e de crise econômica mundial. Porém, mal acabei de enunciar esses dois títulos de capítulo e uma multidão começa a fazer um burburinho nos meus ouvidos. Será que essa tensão e essa crise devem ser consideradas como *causas* do enfraquecimento das liberdades ou, pelo contrário, como *consequências* da ascensão conservadora e reacionária que veio depois das ondas de luta pelas liberdades dos anos 1960? Gostaria de tentar mostrar que a análise da tensão Leste-Oeste e da crise mundial tem tudo a ganhar se for reconsiderada sob o ângulo dessa questão das liberdades.

Às vezes acabo me perguntando se as liberdades, em nossas sociedades chamadas de "pós-industriais" (não sem imprudência, aliás), não estão fadadas a sofrer uma erosão irreversível devido a uma espécie de aumento global da entropia do controle social. Mas esse sociologismo sombrio só me ganha nos dias de depressão! Pensando nisso de um modo mais sereno, não vejo nenhuma razão para associar tal destino repressivo à proliferação das máquinas de informação e comunicação dentro das engrenagens da produção e da vida social. Não! O que falsifica tudo é outra coisa! Não é o "progresso" tecnocientífico, mas a inércia das relações sociais ultrapassadas. Começando pelas relações internacionais entre os dois blocos! Começando por essa corrida armamentista permanente que vampiriza as economias e anestesia as mentes! Então fico pensando que talvez a tensão internacional não seja tanto o resultado de um antagonismo de base entre as duas superpotências, como gostariam de nos fazer acreditar, mas principalmente um meio para elas, precisamente, de "disciplinar" o planeta. Em suma, os dois policiais chefes dividiriam papéis complementares – não exatamente como no teatro de marionetes porque as pancadas doem bastante aqui! – para aumentar a tensão dentro do sistema a fim de exacerbar os fatores de hierarquização do conjunto de seus componentes militares, econômicos, sociais e culturais. Em suma, lá em cima, no Olimpo dos deuses da guerra, muito barulho, muitas ameaças (e também muitas coisas realmente perigosas, infelizmente!) para que embaixo, em todos os níveis, a criadagem continue tranquila!

Nesse contexto, é significativo que a defesa das liberdades individuais e coletivas nunca tenha constituído uma questão séria dentro das relações conflituosas Leste-Oeste. Uma vez colocadas de lado as proclamações e a exposição dos grandes princípios, vemos muito bem o peso que ela tem nos grandes *deals* internacionais. (O presidente Carter chegou a ser ridicularizado junto à classe política americana ao insistir mais do que de costume nesse assunto!) Na verdade, os dirigentes ocidentais aceitam muito bem o fato de que os povos do Leste sejam firmemente mantidos sob o controle das burocracias totalitárias. E, para além das aparências, por trás de seu barulho ideológico e estratégico, eles parecem realmente colocar em prática políticas similares, visando o mesmo tipo de objetivo, a saber: controlar os indivíduos e os grupos sociais cada vez mais de perto; normalizá-los, integrá-los, se possível sem resistência da parte deles, sem que elem nem mesmo se deem conta disso (por meio dos equipamentos coletivos no que diz respeito ao seu desenvolvimento e à sua "manutenção", por meio das mídias para modelar seu pensamento e seu imaginário, e sem dúvida, no futuro, por meio de uma espécie de controle remoto informático permanente para lhes designar uma residência territorial e uma trajetória econômica). O resultado? Ele já está aí, visível! Cada vez mais segregação geradora de racismo étnico, sexual e etário; cada vez mais liberdade de ação para a casta dos patrões e *managers*; e cada vez mais submissão para os peões de base do grande jogo capitalista. Portanto, o enfraquecimento das liberdades a que estamos assistindo um pouco por toda parte dependeria primeiramente da reascensão das concepções de mundo conservadoras, funcionalistas e reacionárias, mas sempre prontas para se apropriar dos "progressos" das ciências e das técnicas, para colocá-los a seu serviço. Um contexto repressivo como esse só pôde ganhar consistência devido à conjunção política das burguesias ocidentais, das burocracias "socialistas" e das "elites" corruptas do terceiro mundo dentro de uma nova figura do capitalismo que, em outro lugar, chamei de "capitalismo mundial integrado".[1]

A crise e as liberdades... É muito evidente que elas têm alguma relação! Por si só, a preocupação econômica pesa muito sobre as mentes; inibe até as veleidades de contestação; ela pode até mesmo favorecer efeitos paradoxais, como a passagem de uma fração do eleitorado comunista para o *front* nacional de Le Pen na França. Mas será que aqui a apresentação de mídia de massa ordinária também não corre o risco de falsificar o problema? Será que é a crise que pesa sobre as liberdades ou será que, pelo contrário, é a passividade coletiva, a desmoralização, a desorientação, a desorganização das forças inovadoras potenciais que deixam o campo livre para o novo "capitalismo selvagem" operar reconversões de lucro com efeitos sociais devastadores? Por um lado, o termo *crise* é particularmente indesejável quando se trata de expressar o tipo de catástrofe em cadeia que está sacudindo o mundo, principalmente o terceiro mundo, há dez anos. Por outro lado, é óbvio que a circunscrição desses fenômenos unicamente à esfera da economia é totalmente ilegítima. Centenas de milhões de seres humanos estão morrendo de fome nesse momento, todos os anos bilhões de indivíduos se afundam um pouco mais na miséria e no desespero, daí nos explicam tranquilamente que

---

1. *A revolução molecular*. Paris: 10/18, 1980. A mundialização do capitalismo, operada pela incorporação em seu sistema de países do Leste e do terceiro mundo, segundo modalidades particulares, é descrita como sendo correlativa de uma integração "molecular" incessantemente reforçada das faculdades humanas e dos afetos, por meio das mídias, dos equipamentos coletivos, dos aparelhos de Estado etc.

se trata de questões econômicas cujo avanço só pode ser entrevisto na saída da crise! Não é possível fazer nada! A crise cai do céu, ela vai, ela vem, é como o granizo ou o ciclone Hortense! Só os videntes – os famosos economistas distintos – teriam uma palavra para dizer a esse respeito. Mas se existe um campo em que o absurdo beira a infâmia certamente é esse! Pois, afinal, que necessidade haveria de que reorientações industriais e econômicas – sejam elas planetárias, introduzam elas os remanejamentos mais profundos dos meios de produção e do *socius* – devam ser acompanhadas por esse lamaceiro! De novo se desenha a urgência de um giro de 180 graus dos modos de pensar esses problemas. *É o político que prima sobre o econômico*. Não o inverso! Mesmo que no estado atual das coisas seja difícil afirmar que é ele que produz a crise do nada – porque existem efeitos em cadeia, interações desastrosas que ninguém controla, por exemplo, entre as devastações econômicas e os desastres ecológicos, ou, numa outra ordem de ideias, entre as moedas e o mercado do petróleo –, não se pode esquecer que o aspecto político deve ser considerado responsável por seus efeitos sociais mais perniciosos. E a saída da crise ou, se preferirmos, da série negra será política e social. Ou não será! E a humanidade continuará, então, indo na direção de sabe-se lá que implosão última.

E a Europa nisso tudo? Com frequência se vangloriam dela como uma zona de liberdade e cultura, cuja vocação seria equilibrar as relações Leste-Oeste e trabalhar a favor da promoção de uma nova ordem internacional entre o Norte e o Sul. É verdade que, no último período, sua vertente alemã começou a descobrir todo o interesse que haveria para ela em acalmar o jogo. Mas ainda estamos muito longe de uma política europeia autônoma e coerente. Visto que a França está se afundando em seu papel tradicional de Dom Quixote da defesa avançada do Ocidente! Na verdade, a liberdade de ação da Europa se reduz como que inexoravelmente à medida que se revela que ela não sairá ilesa do grande teste de reestruturação do capitalismo mundial. Ela permanece com os pés e punhos atados à axiomática estratégica, econômica e monetária dos Estados Unidos. Em vez de de desenvolver uma dinâmica unitária entre os povos que ela deve supostamente reunir, a comunidade econômica europeia exumou e exacerbou entre eles ódios que acreditávamos extintos há muito tempo. E, o que não é feito para dar um jeito nas coisas, todo seu lado mediterrâneo está caindo pouco a pouco numa forma intermediária de terceiro-mundialização.

A liberdade é um direito! É até mesmo do primeiro de todos. Mas o mínimo que se pode dizer é que não se trata de um direito conquistado. As liberdades concretas não param de flutuar segundo as relações de força e em função das renúncias ou das vontades de reafirmá-las. Nesse campo, para evitar as generalidades e as abstrações, deveríamos falar de *grau de liberdade*, ou melhor, de *coeficientes diferenciais de liberdade*. A liberdade humana nunca é de um único detentor. Mesmo no caso limite de uma solidão de torre de marfim, ela só se instaura através da relação com os outros – começando pelos blocos de alteridade introjetados no ego. Na prática, as liberdades só se desfazem em relação ao direito costumeiro que se instaurou com meus parentes e minha vizinhança, em relação à submissão daqueles que estão sob meu poder, aos efeitos de intimidação e sugestão das instâncias que me dominam e, em último lugar, em relação às regulamentações, aos códigos e às leis que dizem respeito a diversos domínios públicos. Assim como o status de cidadão livre só foi instituído com o pano de fundo de uma escravidão generalizada na Antiguidade, hoje em dia, as liberdades dos adultos brancos que dispõem de um mínimo de renda só puderam se instaurar, só encontraram seu *standing* com o pano de fundo da submissão dos terceiros mundos internos e externos. O que quer dizer que na França, por exemplo, a vontade mais elementar de defender os direitos dos imigrantes ou de salvaguardar o direito de asilo político, por mais desprovida que seja de segundas intenções políticas, mesmo vinda da mera caridade, poderia acabar levando longe demais. Pois o que ela coloca em questão não é apenas o respeito pelos direitos formais, mas toda uma concepção de mundo, dos axiomas cruciais de segregação, racismo, fechamento em si, ideologia securitária e a perspectiva, no curto prazo, de uma Europa das polícias ao invés de uma Europa das liberdades... Aliás, no clima reacionário atual, é realmente por isso que poucas pessoas saem de sua apatia para se mobilizar em torno de tais objetivos! O respeito pelos direitos humanos, tanto ao leste quanto ao oeste, ao norte como ao sul; a paz e o desarmamento, impostos aos Estados pelas ondas, sempre renovadas, de "desmoralização pacifista";[2] a instauração, entre os países ricos e o terceiro mundo, de relações que visem a expansão dos potenciais humanos: eis o que poderiam ser os principais eixos internacionais de uma nova prática social de emancipação e de conquista de espaços de liberdade. Mas essas temáticas só poderão encarnar em lutas significativas na medida em que aqueles que terão a vontade de colocá-las em prática forem concretamente capazes de apreciar a dupla natureza dos obstáculos que o capitalismo mundial integrado opõe a tal projeto, a saber:

- uma adversidade objetiva em constante renovação devido às transformações aceleradas dos meios de produção e das relações sociais;
- uma obnubilação subjetiva, uma verdadeira produção industrial de subjetividade individual e coletiva, cuja consequência mais temível incida sobre suas próprias fileiras, o não é de espantar.

Sem me estender além da conta, gostaria de evocar agora as condições às quais deveriam corresponder, a meu ver, os agenciamentos militantes por vir, as futuras máquinas de luta pela paz e pela liberdade em todas as suas formas. Não pretendo de modo algum ser o detentor de uma definição exaustiva delas e propor seu modelo "certo para o serviço"! Trata-se apenas de tirar alguns ensinamentos do período feliz dos anos 1960 e da debandada que

---

2. Alusão ao tema da "desmoralização do exército" desenvolvido pelos socialistas no início desse século.

veio a seguir. Nós éramos ao mesmo tempo ingênuos, atrapalhados, cegos e esclarecidos, por vezes sectários e limitados, mas frequentemente visionários e depositários de futuro. É muito óbvio que nosso futuro, pelo menos o mais próximo, não será à imagem de nossos sonhos! Mas estou convencido de que ele tem um encontro – e que, por isso, muitos de nós têm um encontro – com certos dados de métodos dos quais é possível extrair formas de lutas e modos de organização dessa época sem esquecer as lições tiradas de provações em que alguns sacrificaram seus mais belos anos. Eu vejo três dessas condições.

1. As novas práticas sociais de liberação não estabelecerão relações de hierarquização entre si; seu desenvolvimento corresponderá a um princípio de *transversalidade* que lhes permitirá se instaurar "de ambos os lados", em "rizoma", entre grupos sociais e interesses heterogêneos. Os obstáculos a serem contornados aqui são:

    a) a reconstituição de partidos "de vanguarda" e de altos comandos que ditam sua lei e que modelam os desejos coletivos de modo paralelo – embora formalmente antagonista – ao do sistema dominante. A ineficácia e o caráter pernicioso desse tipo de dispositivo não precisam mais ser demonstrados;

    b) a compartimentação das práticas militantes, de acordo com o que visam: objetivos políticos de envergadura ou a defesa de interesses setoriais, ou uma transformação da vida cotidiana... e a separação entre a reflexão programática por um lado e teórica por outro, uma análise – a ser totalmente inventada – da subjetividade dos grupos e de indivíduos concretamente engajados na ação.

Esse caráter transversalista das novas práticas sociais – recusa das disciplinas autoritárias, das hierarquias formais, das ordens de prioridades decretadas de cima para baixo, das referências ideológicas obrigatórias etc. – não deve ser considerado contraditório em relação à implementação, obviamente inevitável, necessária e até mesmo desejável, de *centros de decisão* que recorrem, caso necessário, às tecnologias mais sofisticadas de comunicação e que visam uma eficácia máxima. Toda a questão aqui é promover procedimentos analíticos coletivos que permitam dissociar o trabalho de decisão dos investimentos imaginários de poder, os quais só coincidem, na subjetividade capitalística, porque esta última perdeu suas dimensões de singularidade, convertendo-se massivamente naquilo que poderia ser chamado de eros da equivalência ("pouco importa a natureza do meu poder a partir do momento em que disponho de um certo capital desse poder abstrato").

2. Uma das principais finalidades das novas práticas sociais de libertação consistirá em desenvolver, mais do que apenas salvaguardar, processos coletivos e/ou individuais de singularização. Refiro-me aqui a tudo que confere a essas iniciativas um caráter de subjetivação viva, de experiência insubstituível que "vale a pena ser vivida", que "dá um sentido à vida" etc. Depois das décadas de chumbo do stalinismo, depois das múltiplas idas e vindas dos sociais-democratas ao poder – sempre o mesmo cenário de comprometimento, frouxidão, impotência e fracasso –, depois do *boy-scoutism* o limitado e igualmente desonesto dos grupelhos, o militantismo acabou ficando impregnado com um cheiro rançoso de igreja que suscita um movimento legítimo de rejeição daqui para frente. Só a sua reinvenção em torno de novos temas, a partir de uma subjetividade dissidente, sustentada por grupos sujeitos, permitirá reconquistar o terreno abandonado às subjetividades pré-fabricadas pelas mídias e pelos equipamentos do capitalismo *new-look*. E eis que somos levados de volta a essa necessidade de inventar uma analítica coletiva das diversas formas de subjetividades "engajadas". Nesse sentido, não estamos recomeçando tudo

do zero. Teríamos muito a aprender com o modo como os *Ecologistas na Alemanha* ou *o Solidarnosc na Polônia* renovaram as formas de vida militante. Também dispomos de exemplos negativos com o sectarismo do ETA militar basco ou com os monstruosos desvios terroristas e dogmáticos das Brigadas Vermelhas na Itália, que levaram inexoravelmente à decapitação dos movimentos de libertação que eram sem dúvidas os mais ricos e promissores da Europa.

Repito, me parece que o único jeito de escapar desse tipo de fatalidade mortífera é criar os meios de uma gestão analítica dos processos de singularização ou de tornar a subjetividade "dissidente".

3. Essas máquinas militantes mutantes, para espaços transversais e singularizados de liberdade, não terão nenhuma pretensão à perenidade. Assim resguardarão ainda melhor sua precaridade profunda e sua necessidade de renovação constante, de modo a serem sustentadas por um movimento social de grande amplidão, este sim de longa duração. É isso que os levará a estabelecer *alianças novas e amplas* que permitirão sair de sua doença infantil mais grave, a saber, uma propensão tenaz a viver como minorias dentro de um cerco. Trata-se aqui de sair das lógicas políticas tradicionais: aquela, dúbia, das combinações de poder e aquela, purista e sectária, dos movimentos dos anos 1960, e que os levaram a se desligar definitivamente da grande massa. Sua abertura transversalista deveria ser suficiente para colocá--los em condições de se articular com grupos sociais cujas preocupações, estilos e jeitos de ver estão bem distantes dos seus. Isso só será possível na medida em que assumirem precisamente sua finitude e singularidade, e em que souberem se livrar para sempre, sem segundas intenções, do mito perverso da *tomada do poder do Estado* pelo partido da vanguarda. Ninguém mais tomará o poder em nome dos oprimidos! Nem pensar em confiscar as liberdades em

nome da Liberdade. De agora em diante, o único objetivo aceitável é a tomada da sociedade pela própria sociedade. O Estado! Esse é um outro problema. Não se trata nem de se opor frontalmente a ele, nem de ficar flertando suavemente com sua degeneração para os dias seguintes do socialismo! De certo modo, a gente tem o Estado que merece! Quero dizer que o Estado é o que resta como forma mais abjeta do poder quando a sociedade se livrou do peso de suas responsabilidades coletivas. E não é apenas o tempo que irá superar práticas organizadas que levam a sociedade a se livrar do infantilismo coletivo ao qual as mídias e os equipamentos capitalísticos a condenam. O Estado não é um monstro exterior do qual se deve fugir ou o qual se deve domar. Ele está por toda parte, começando por nós mesmos, na raiz do nosso inconsciente. Temos de "lidar" com ele. Trata-se de um dado incontornável da nossa vida e da nossa luta.

A transversalidade, a singularização e as novas alianças são os três ingredientes que gostaria de ver despejados em abundância na panela das liberdades. Só então veríamos mudar de cor o famoso "atraso" da Europa e seus "arcaísmos" tão conhecidos. Sonho com o dia em que os bascos e os clandestinos da Ulster, os ecologistas alemães e as minorias escocesas e galesas, os imigrantes, os pseudocatólicos poloneses, os italianos do sul e o bando sem nome de todos aqueles que não querem ouvir nada, saber de nada daquilo que lhes é proposto, comecem a gritar todos juntos: "Sim, somos todos arcaicos e vocês podem enfiar a modernidade de vocês onde quiserem!" A passividade e a desmoralização se transformarão, então, em vontade de liberdade, e a liberdade em força material capaz de desviar o curso de uma história sórdida.

1985 – O quinto mundo nacionalitário

Marginal, residual, arcaico... é assim que é percebido na maioria das vezes o fato nacionalitário [*nationalitaire*] – mas seria melhor dizer: como as mídias fazem que ele seja percebido pela opinião pública. Os palestinos, os armênios, os bascos, os irlandeses, os corsos, os lituanos, os uigures, os ciganos, os índios, os aborígenes da Austrália... cada um ao seu modo, e em contextos bem diferentes, eles aparecem como tantos outros deixados de lado da história. Perseguidos nos continentes do terceiro mundo, presos nas malhas dos dois grandes conjuntos que pretendem reger o planeta, eles são enviados ao quarto mundo da miséria e da inadaptação crônica e, de acordo com as circunstâncias, tolerados ou ajudados, ou vítimas de etnocídio ou de exterminação pura e simples.

Na verdade, essa nebulosa de contornos indefiníveis é chamada a desempenhar um papel cada vez maior dentro das relações internacionais que ela já "parasita" de modo notável. E, de nossa parte, consideramos que, no futuro, esse papel de quinto mundo nacionalitário não será mais unicamente passivo e defensivo, mas trará uma renovação decisiva para os valores culturais, para as práticas sociais e para os modelos de sociedade de nossa época. André Malraux pôde dizer do século xix que ele foi o século do internacionalismo; o século xx o dos nacionalismos; e o século xxi será talvez, ao menos o esperamos, o da conquista de territorialidades nacionalitárias capazes de conjurar as maiores catástrofes que ameaçam a humanidade hoje, a saber, sua uniformização capitalística e estatal e seu extermínio pela da fome e pelas guerras.

Não seria possível avaliar a dimensão do fato nacionalitário contemporâneo sem desfazer dois engodos ideológicos com uma vida particularmente tenaz.

O primeiro é relativo às concepções lineares da gênese histórica das entidades étnico-nacionais. Sua forma mais corriqueira consiste em postular uma continuidade quase necessária, para não dizer natural, entre as *etnias primitivas não organizadas* (as tribos gaulesas, por exemplo), *os Estados étnico-nacionais* (durante a passagem do antigo Egito da época pré-dinastia ao período faraônico, por exemplo), depois os *impérios* organizados em torno de uma etnia dominante ou de uma comunidade religiosa universalista, para chegar, por fim, aos *Estados territoriais*, que são o resultado, no fim do Feudalismo, da afirmação dos poderes da realeza sobre as antigas relações de fidelidade personalizada. Ao longo desse caminho da realeza em direção dos Estados-nação modernos vegetariam subconjuntos residuais, tais como os burakumin no Japão, os ferreiros na África, os pársis nas Índias e uma multidão de regionalismos em processo de assimilação. Mas os historiadores de hoje começaram se distanciar desse tipo de ordenamento genealógico. Primeiro, porque todos os grupos minimamente consistentes nunca deixam de recompor sua própria trajetória de modo a legitimar sua existência ou suas prerrogativas, o que faz com que seja no mínimo arriscado esperar impor, sobreposta a essas histórias assumidas frequentemente em paixões antagônicas, uma História objetiva, com H maiúsculo, garantia de pura ciência! (Afinal, será que essas histórias que se autolegitimam também não fazem parte da história?) E segundo, porque as evoluções geopolíticas atuais não param de re-ativar nacionalidades oprimidas, questões étnicas, de clãs, até mesmo tribais, que abalam as divisões territoriais mais ou menos artificiais, tais como as que foram constituídas como herança do colonialismo ou até mesmo dos Estados-nação de linhagem mais velha.

As abordagens reducionistas dos fatos nacionalitários constituem o segundo engodo do qual convém se livrar. Não seria possível apreendê-los em seu movimento considerando-os sob o ângulo de uma circunscrição unívoca de ordem racial, linguística ou cultural, por exemplo. Na verdade, trata-se de formações subjetivas complexas, com componentes heterogêneos, até mesmo discordantes. Sempre estamos na presença de cruzamentos, de derivas, de misturas mais ou menos reapropriadas por uma memória e uma vontade coletivas. Tais grupos-sujeitos podem ser, é claro, sujeitados, reificados, devido a um cerco hostil acompanhado por um movimento interno de novo fechamento emblemático ou de uma clausura estreitamente nacionalista! Mas tal inversão centrípeta não seria capaz de caracterizar a revolução nacionalitária que atravessa nossa época; ela diz respeito até mesmo a uma reação conservadora-arcaizante que é profundamente antagônica a ela. O que importa aqui, nunca é demais enfatizar, não é uma fusão comunitária, fonte tão frequente de consensos opressivos, mas o recurso a processos de singularização, a libertação dos espaços de liberdade, desejo e criação que uma recomposição nacionalitária torna possível.

Depois de suprimir essas duas preliminares genealógicas e reducionistas, deveríamos estar em melhores condições de trazer à tona a dimensão política fundamental das lutas do quinto mundo, que também deve ser diferenciada das lutas nacionais de libertação que sublevaram o terceiro mundo, no dia seguinte da Segunda Guerra Mundial, porque elas ainda se situavam apenas dentro de uma perspectiva essencialmente de Estado-nação.

Durante o último período, o capitalismo mundial operou uma importante reorientação, que lhe permitiu associar de modo cada vez mais íntimo as economias capitalistas ditas liberais a um novo capitalismo "periférico", implantado no terceiro mundo, e a uma parcela notável das economias capitalísticas-estatais dos países do Leste. Essa associação, instaurada apesar das tensões internacionais e conflitos locais, só pôde ser realizada através da transformação dos instrumentos de poder do capitalismo que de agora em diante estão baseados:

1. numa desterritorialização acentuada dos domínios de produção, troca e capitalização do saber;

2. na implementação de uma enorme máquina de produção de subjetividade coletiva.

A liquidação sistemática dos antigos modos territorializados de vida social e de divisão do trabalho através de meios cada vez mais mecanizados e informatizados é bem conhecida e não exige comentários particulares aqui. Em compensação, a implementação de uma produção em massa de subjetividade "de reserva", por meio da mídia de massa, de equipamentos coletivos, de meios acelerados de comunicação e deslocamento que substituíram os modos tradicionais de reprodução da sociabilidade e do saber (através da maternagem, da vida doméstica, da vizinhança, da faixa etária, das corporações etc.), diz respeito diretamente ao nosso problema.

A subjetividade, com a qual cada indivíduo está de certo modo "equipado" ao longo de toda sua vida, é concebida para torná-lo o mais maleável e adaptável possível às exigências do sistema em matéria de disciplina do trabalho, de hierarquização e segregação sociais, e de agora em diante ela é regulada em escala planetária (em particular desde a grande crise de 1974) por processos de precarização sistemática. Esteja "garantido" ou não por um status de assalariado, cada indivíduo que não faz parte da minúscula minoria das novas aristocracias do capital pode se ver expulso a qualquer momento de suas funções, expropriado de sua posição em função das exigências capitalísticas de produção e comando. Essa é a finalidade última das políticas de inflação diferencial e de desemprego que se tornaram instrumentos permanentes de "normalização". Assim, os fluxos impessoais da força social de trabalho evoluem numa escala monstruosa, sobrepondo-se às massas tiranizadas do terceiro mundo até os abastados do sistema (aliás, tão alienados uns quanto os outros, embora de formas diferentes). Creio que boa parte dos novos movimentos nacionalitários se desenvolveu em reação a esse "encurralamento" animalesco da subjetividade. Parece que, para seus iniciadores, tratou-se sobretudo de tentar reconstituir as coordenadas de solidariedade humana mais elementares. Mas, evidentemente, esses movimentos não se reduzem a essa única "reapropriação" coletiva. Eles também introduzem dimensões construtivas e até mesmo imensas mais-valias de possíveis que gostaria de evocar agora.

Se é verdade que é a pressão do capitalismo mundial sob todas as suas formas que tornou mais urgente do que nunca, para muitas coletividades humanas, uma recomposição de territórios existenciais de sobrevivência e, para além disso, uma reinvenção da vida social, então temos motivos para esperar que esse tipo de empreitada não deixe de ter afinidade com outras tentativas, vindas também como resposta a outras devastações da integração capitalística. Aqui estamos pensando, é claro, nos movimentos de imigrantes e mais particularmente nessas "culturas migrantes" trazidas pelas "segundas gerações", que poderiam constituir uma verdadeira sorte para um país como a França, com a condição, no entanto, de que ela consiga neutralizar as pulsões racistas e xenófobas que a atormentam! Aqui também estamos pensando num movimento como o dos *Grünen*, na Alemanha, que conseguiu articular a defesa do meio ambiente e a contestação da militarização com a experimentação de novas formas de democracia, mais bem articuladas do que as antigas com as realidades cotidianas e as condições modernas de existência. E, pouco a pouco, é todo o cortejo das lutas minoritárias que se apresenta ao espírito, em particular os movimentos de liberação da mulher – aliás, não tão minoritárias assim! –, que, por si sós, trabalharam mais para a evolução da trama molecular das relações entre os sexos do que um século de reivindicação das esquerdas tradicionais.

Assim sendo, está claro que não seria possível reunir em torno de um "programa comum" qualquer ou de uma organização única os imigrantes, as feministas, os ecologistas e os nacionalitários (cujos métodos em geral são tudo menos pacifistas!). Isso não seria nem possível, nem desejável. Trata-se de grupos cujos objetivos, métodos, sensibilidades e até mesmo a lógica diferem radicalmente. E, no entanto, apesar de sua pluralidade e de seus contrastes, pressentimos que eles têm algo a fazer juntos porque participam, cada um ao seu modo, de uma mesma tentativa de recomposição de um tecido social mutilado pelo capitalismo e pelos aparelhos do Estado. Sem dúvida a apreensão desse tipo de "afinidades eletivas" diz respeito mais a uma abordagem estética do que a uma análise política clássica, preocupada apenas com a representatividade e as relações de força ou com uma dialética histórico-econômica com aspirações científicas! Mas se é verdade que, como estou convencido, estamos realmente na presença de uma revolução sem precedentes por sua amplidão e sobretudo pelo fato de operar a partir de uma sucessão paradoxal de crises, sem resultados no curto prazo, mas que não deixam de trabalhar no registro que Fernand Braudel definiu como o das "longas durações", então não há por que se espantar com o fato de que nos seja colocada a questão de uma renovação de nossos instrumentos conceituais e práticos para torná-la inteligível e apreendê-la concretamente! Sem uma exploração teórico-prática desse tipo, essa "revolução molecular" não influenciará em grande escala as transformações sociais e políticas que lhe confeririam todo seu alcance; ela permanecerá marginalizada; ficará dando voltas sem sair do lugar ou, pior ainda, implodirá de um jeito catastrófico, como foi o caso na Itália no final dos anos 1970, no final de uma década de lutas inovadoras que naufragaram sob os ataques conjugados de um terrorismo estúpido e repugnante e de uma repressão do Estado cujo pretexto foi dado por esse terrorismo.

Portanto, parece-me que foi especialmente atribuída às lutas nacionalitárias a tarefa de tornar compatíveis duas perspectivas aparentemente inconciliáveis à época:

1. criar as condições de uma expansão das lutas moleculares de libertação, sem intromissão de aparelhos políticos externos em respeito à autonomia de cada componente;

2. implementar, no entanto, aparelhos de luta capazes de neutralizar de modo eficaz a repressão – e, para tanto, concentrar informações e instrumentos de decisão – , mas sem instituir um núcleo central e hegemônico de poder.

A saída da crise que estamos atravessando, e sobretudo seu sentido histórico, dependerá em grande parte do fato de essas lutas minoritárias conseguirem ou não escapar das perversões nacionalistas-estatais que as espreitam, do fato de estarem aptas ou não a prefigurar dispositivos sociais não capitalísticos – tanto no plano econômico quanto no plano das formações de poder –, do fato de conseguirem ou não fazer aliança com os novos proletariados das metrópoles e com a imensa massa de oprimidos do terceiro mundo.

1985 – Entrevista com Michel Butel

Michel Butel   Tem a infância, a adolescência. Depois a guerra, tem Lucien Sebag, tem *A Via Comunista*, tem o fim da Guerra da Argélia, a dissolução da *Via*, tem Maio... nomes próprios e depois o último nome... Deleuze. Deleuze correspondia a algo que você tinha vontade, trabalhar, criar com alguém. Você falava de Sebag como se vocês pudessem ter trabalhado juntos a certa altura. Você esperava não continuar sozinho; não estou falando unicamente de não continuar a psicanálise...

Félix Guattari   Eu participei de um mito, o mito de um projeto, de um agenciamento coletivo de expressão, de uma oficina de produção, no plano teórico, no plano analítico, no plano militante etc. Teve um momento de felicidade com essas reuniões que a gente fazia na FGERI (Federação dos grupos de estudo e pesquisa institucionais), nas quais estavam Fourquet, Médam... Tinha umas coisas curiosas... a gente não falava com frequência das histórias pessoais, mas, enfim, mesmo assim isso aflorava, depois a gente delirava, depois passava para coisas hipersérias...

Num período anterior, as reuniões com Oury também eram algo que ia no sentido de um agenciamento coletivo de expressão.

Agora, hesito muito para formar um juízo sobre tudo isso. Acho que tinha aspectos positivos e aspectos negativos. O que estava em jogo era a exploração de um modo de trabalho completamente diferente daquilo que existe geralmente nas universidades, a pesquisa. E a possibilidade de fazer germinar ideias que, sem isso, teriam permanecido fechadas em si mesmas, que talvez não tivessem nem mesmo aparecido, lampejos e também projetos, instituições, através dos debates, das brincadeiras, e também dos conflitos, das desavenças etc.

Mesmo assim a FGERI era bastante extraordinária: nenhum dinheiro, nenhuma subvenção e mesmo assim mais de cem pessoas, de origens bem diferentes, que se encontravam para aprofundar a temática de uma ampliação da análise, fora dos quadros do divã de um lado e, do outro, do estruturalismo psicanalítico tal como começava a se instaurar de modo despótico em torno do lacanismo.

O aspecto negativo é que, no fundo, essa técnica de *brainstorming* podia virar um álibi para não fazer nada... Algumas reflexões assim do nada, frases que acionavam o alarme: Philippe Girard dizendo no momento em que eu tinha começado meu trabalho com Deleuze: "Olha só, o Félix está lendo agora..."

O pré-projeto de trabalho com Deleuze ainda fazia muito parte dessa fantasia... A ideia era discutir juntos, fazer coisas juntos – isso foi em 1969, um período ainda marcado pela efervescência de 68. Fazer alguma coisa juntos significava jogar Deleuze dentro dessa panela toda. Para dizer a verdade, ele já estava dentro dela; ele via pessoas, estava fazendo um monte de coisas... Isso foi na época do GIP (Grupo de Informação sobre as Prisões)... Eu coloquei ele e o Foucault naquilo que tinha se tornado o CERFI (Centro de Estudo, Pesquisa e Formação Institucional), obtendo um contrato de estudo para cada um deles e seus colaboradores. Portanto, de um certo modo havia realmente um "embarque" nesse trabalho coletivo. Mas depois de fazermos um acordo para trabalhar a dois, Deleuze fechou imediatamente as portas de novo. Produziu-se um recuo que eu não tinha previsto. E o CERFI seguiu seu caminho, independente de mim. Mas tem algumas pessoas, justamente como Fourquet, Médam etc., para as quais isso foi um problema.

Butel É como nos romances de formação; teve a família, depois os anos de trabalho, depois a política – ou seja, as histórias familiares que se defrontam com o dinheiro, o sexo... Fico pensando que teve, a certa altura, um enorme desencanto; mesmo não sendo imaginado por você, não havia desejo político, não havia mais o desejo da guerra da Argélia e ainda não havia o desejo de Maio de 68, uma época de não obra... "Será que vou continuar fazendo política? Será que vou continuar trabalhando? Será que vou continuar sendo analista? Será que vou me suicidar?..."

Resolver problemas estando supostamente num estado de distração inacreditável. Mas não se trata de modo algum de um estado de distração, e sim de um estado de gestão... como se estivéssemos acertando nossas contas, apurando nossas contas. Como os últimos momentos de treino de um esportista. Ou seja, antes de encarar esse trabalho com Deleuze, era necessário, vocês tinham, mesmo assim, que estar preparados porque frequentemente acontecem fracassos inacreditáveis na vida: estávamos prestes a fazer algo com alguém, e pum!, isso escapa das mãos; ou então a época não se presta a isso... É preciso estar em forma num dado momento. E me parece que os anos imediatamente antes do encontro com Deleuze são um pouco isso, como se você estivesse se preparando para algo. Nesse sentido, para você Maio de 68 também podia recair numa coisa extraordinariamente monótona, que ia fazer com que você ressurgisse repetidamente das coisas que você tinha conhecido, em relação às quais você tinha antecipado 68 e que finalmente não eram de modo algum produtivas. E como frequentemente era preciso fingir: "Ah! tem o amor livre... extraordinário! Ah! Os imbecis têm tanta inteligência quanto os inteligentes... genial! Ah! As antigas formas de organização são podres e não vão dar em nada... maravilha! Essa simulação não pode durar muito tempo.

Então, depois de 1968... você diz às vezes que Deleuze via de modo mais claro que você, que ele era melhor estrategista, que ele via aonde vocês iam chegar... Mas era realmente necessário "chegar"! Sob a forma de um trabalho com Deleuze ou de outro modo, era realmente necessário pôr um fim nisso. Já que isso já tinha acabado! Já que o sobressalto de 68, os acontecimentos de 68, foram quase um atraso do motor de arranque... Não creio que seja a sua história pessoal que está em jogo. Creio que, na França, 68 desempenhou um papel incrível de beleza e ao mesmo tempo um pouco artístico demais... Sempre se diz "ensaio geral" no sentido de que isso se antecipa a algo que aconteceria depois. Eu, pelo contrário, acredito no "ensaio geral" no sentido de recomeçar durante um mês tudo o que já aconteceu em Maio de 68; um monte de gente expôs, mostrou ao mundo, aos franceses, ao poder, a de Gaulle etc.: eis aí em que pé estamos nós, eis aí em que pé estão os trotskistas, eis aí em que pé estão os "situacionistas" etc.

Guattari Na véspera de 68, eu tinha o sentimento de estar numa onda promissora, de estar surfando, articulando todos os tipos de vetores de inteligência coletiva. Ruptura com *A Via Comunista*, com um estilo militante um pouco dogmático, um pouco idiota... Problematização progressiva do lacanismo, aliás, menos no plano teórico do que no plano das práticas. Problematização de um certo estilo de conjugalidade, ligado à minha situação na La Borde... Realmente, tudo isso era muito promissor!

Sessenta e oito foi um movimento ambíguo... É verdade que houve um nível de entropia bastante elevado da inteligência coletiva, uma espécie de mediocridade e de demagogia... Eu tinha tentado criar instrumentos de expressão, sempre com a mesma turma... mas isso era pesado e os jogos de poder retomaram rapidamente o controle com pessoas como July e Geismar, e o início dessa coisa desastrosa que foi a Esquerda Proletária – da qual nunca se falará mal o suficiente, a meu ver.

Para mim, o pós-68 eram os comitês de ação, a alternativa à psiquiatria, os movimentos feministas, o movimento homossexual... Eu estava esperando que fôssemos dar continuidade a uma elaboração coletiva, mas começou a reinar uma espécie de proibição do pensamento. Agora, é difícil imaginar a demagogia que reinava em Vincennes e em todos esses meios: "O quê, o que você está falando?... Não estamos entendendo nada! O que significa empregar palavras complicadas assim?..." Deleuze era interrompido sem parar, durante sua aula, por inúmeros cretinos. Um folclore inacreditável! Essas são as despesas extras da História...

Para mim, o milagre naquela época foi o encontro com Deleuze. Isso resolvia toda uma série de coisas. Como aconteceu? Eu tinha explicado para ele minhas concepções relativas à subjetividade de grupo, todas essas histórias de transversalidade etc.; eu fiquei muito feliz; ele me aprovava de modo caloroso. E depois dizia: "Por que você não escreve tudo isso?" Para dizer a verdade, a escrita sempre me irrita um pouco, conversar com as pessoas, falar, tudo bem; mas escrever... Então ele me disse: "A gente pode fazer isso juntos." Na minha cabeça houve uma ambiguidade durante certo tempo. Ingenuamente, esse "juntos" queria dizer: com meus amigos, com a minha turma; mas isso não durou muito tempo! Entendi rapidamente que estava fora de questão sermos mais do que dois. Foi uma loucura de trabalho que até então nunca tinha conhecido. Foi um projeto erudito e prudente, mas também radical e sistemático, de demolição do lacanismo e de todas as minhas referências anteriores, e um trabalho de depuração de conceitos que eu tinha "experimentado" em diferentes campos, mas que não conseguiam adquirir sua plena extensão porque permaneciam presos demais a eles. Era preciso que houvesse uma certa "desterritorialização" da minha relação com o social, com La Borde, com a conjugalidade, com a psicanálise, com a FGERI, para que pudéssemos conferir todo o alcance a conceitos como o de "máquina", por exemplo... Senão eles ficavam girando em áreas restritas demais.

O respaldo filosófico e sobretudo o trabalho de longo prazo com Deleuze conferiam uma eficácia totalmente nova aos meus primeiros esboços de teorização. Trata-se da diferença entre J.-J. Rousseau, que escreve as pequenas melodias do *Adivinho de vilarejo*, e J.-S. Bach, que, a partir de alguns ritornelos, escreve *O cravo bem temperado*!

Butel Será que um dos erros de antes não era a esperança de que, se houver pensamento, e se houver conceito, ele pode ser imediatamente verificado dentro das instituições? Durante toda uma época de reuniões e discussões, um jeito de sondar, praticamente todos os dias, destinos particulares, aventuras particulares, e depois o devir-grupo. E pensar: "Bom, agora vemos quem é x, quem é y, o que estão fazendo agora; vemos o grupo... espera aí, não esquecemos nada antes de apagar as luzes do laboratório?" E depois pensávamos: "Oh sim, esquecemos nosso trabalho intelectual, conceitual, nossas frases, o que isso pode dar em reação com o grupo, com as pessoas?" Então ficamos trabalhando mais uma ou duas horas para ver, e esperamos por algo que nunca acontece. Estamos esperando um efeito que não pode ser produzido quando estamos aqui o tempo todo... Ora, temos de construir momentos de distração fantástica para que as pessoas adquiram uma nova dinâmica. Você diz, por exemplo, que Deleuze tomou uma precaução essencial ao não submeter isso, fisicamente, e portanto no dia a dia, a uma experimentação coletiva... Sempre fiquei com a impressão, com você, de que esse relaxamento em relação à trivialidade dos acontecimentos existia quase fisicamente, o que fazia com que esperassem de você algo que fosse da ordem da decolagem. E, ao mesmo tempo, sempre vi uma espécie de vigilância, que eu diria stalinista, que é de remeter as coisas a uma instituição.

Guattari Realmente, com jeitinho, sem parecer tocar demais nisso, Deleuze desfez um certo mito dos grupelhos. O bando é algo que se arrasta no meu imaginário desde minha infância; que os bandos tenham se formado novamente de outro modo faz parte da física social, nada se perde, tudo se reencontra, em todos os cruzamentos...
    Obrigado pela decolagem e o início de voo – o que outros chamaram de minha disponibilidade. Acho que consegui preservá-la por razões quase que de caráter. Aliás, isso também tem seus lados negativos. Todo processo construtivo é duplicado, em mim, por um: "Tudo bem, está bom, beleza, isso é formidável, mas se a gente quebrar a cara, também não seria nada mal, talvez

fosse ainda melhor!" Com um pano de fundo, o ritornelo da purificação: "Beba, elimine." Tenho a impressão de que você coloca ênfase demais numa faceta minha de recuperação para projetos positivos, para uma "boa causa", e que você desconhece uma outra dimensão de sabotagem inconsciente, uma espécie de paixão pelo retorno ao ponto zero.

Butel Não, não é no sentido de "recuperação"... Mas sabemos exatamente em que pé anda fulano, em que pé anda o grupo e em que pé estamos em relação àquilo que instilamos no campo teórico. "Tem uma coruja no apartamento; a gente sabe muito bem, já que fomos nós que a criamos; a gente fecha todas as portas e todas as janelas e vai encontrá-la, ela está aqui..." Se há realmente um pássaro que voa, a meu ver, ele não será encontrado...

Eu fico imaginando você na história com Deleuze, dizendo a ele: "A gente vai ficar aqui para trabalhar"; você vê que ele não está satisfeito, daí: "A gente vai para a sala ao lado"; tem algo que não está dando certo: "A gente vai para a sala do fundo"; e de repente você finalmente entende que é melhor deixar o apartamento fechado, e dentro dele todas as pessoas, todas as instituições etc. Vai, para fora! Não "para fora" no sentido do grande espaço, mas "para fora" no sentido de que aqui ninguém está escutando, aqui ninguém faz um balanço da situação... A certa altura, todo mundo tinha esperado falar e trabalhar com você como se nada tivesse acontecido. Se trabalharmos como se nada tivesse acontecido, trabalhamos de modo muito mais sério. Na medida em que havia uma flexibilidade institucional, um recreio perpétuo extraordinário que colocava em alerta diante das estruturas habituais de trabalho, mas que, ao mesmo tempo, não produzia o trabalho que só essa fala pode produzir: "Acabou o recreio, agora vamos trabalhar!" Ora, você queria colocar o trabalho no recreio. Nisso você enriqueceu consideravelmente a esfera do recreio, mas é preciso parar, voltar para a classe etc. Deleuze conseguiu lidar com essa coisa mínima, talvez até mesmo astúcias organizacionais, histórias que não parecem dizer respeito a isso, e sem alerta confraternal. Ora, num recreio tão rico quanto esse à sua volta, durante anos, há necessariamente uma decepção quando você diz: "A gente vai voltar para a classe" – sobretudo quando você diz: "Vou voltar para a classe, com o novo, aqui, e você fica lá fora brincando...!!" É verdade, isso é deprimente; só que, nesses casos, muita gente dirá: "Também vou procurar uma sala, vou começar a trabalhar..." Se você trabalhou realmente durante anos, você não consegue fazer o balanço da situação...

Guattari   Existe em mim uma potência do desapego, da qual sou o espectador. Para mim, tem gente que acende, pisca, e depois apaga, às vezes, e apaga a tal ponto que esqueço até mesmo o nome da pessoa em questão... E depois, em outros momentos, tudo está de volta, nada mudou...

Butel   Nessa história há dois lados. No plano positivo, isso corresponde a um estado de devaneio. Por exemplo, podemos pensar que as pessoas, se rompemos relações com elas, podem estar de volta aqui. Na realidade, não se trata daquilo que a espécie humana chama de rupturas (o escândalo habitual do divórcio etc.); elas podem estar de volta aqui, cinco, dez anos depois... Que importância tem não sermos mais amados? Recomeçamos tudo de novo. Trata-se de algo que vai exatamente contra o horror habitual, poder começar tudo de novo.

Ninguém nunca diz: "É mesmo, você matou a sua primeira mulher, daí matou a segunda, daí..."; essa é a própria lei da vida, não podemos ficar aterrados; nós pensamos que é normal, que temos de progredir, temos de continuar vivendo...

Portanto, algo legítimo. Mas o sentimento desempenha na vida, aliás, um papel mais inteligente do que esse... como se fosse preciso continuar nesse mundo hostil, então continuamos, com as forças que temos; é a selva... quem me ama que me siga; ou quem é capaz de me seguir que me siga... no entanto, são os tiranos que fazem isso, o rei Lear ou Stálin, esse lado pioneiro pavoroso.

Fico me perguntando se isso também não é desconhecer, no longo prazo, as faculdades do adormecimento, as panes inacreditáveis que ocorrem na vida, com as pessoas, essas panes que fazem com que as pessoas deixem abruptamente de se expressar, deixem de ficar acesas...

Guattari Não tinha percebido muito bem a importância, dentro das relações de trabalho, dos efeitos de transferência e a merda que isso podia desencadear. Eu tinha a liberdade de me distanciar, mas eles nem sempre a tinham. A gente entende isso nas relações amorosas... Acho que o problema não é, portanto, que as pessoas deixem de ficar acesas, mas que fiquem acesas demais...

Butel Não são as pessoas que ficam acesas, a princípio, nenhuma delas fica, mas... um projeto circula, por exemplo, e daí ele deixa aceso. Você está aí, tem os grupos, os indivíduos, tem também momentos históricos... você passa ao lado de alguém e... isso se acende. Se você continuar circulando, se o processo continuasse, se o fluido continuasse, será que essas pessoas ou essas instituições não voltariam a se expressar de um jeito extremamente indireto, inesperado? De modo geral, aquilo que você diz sobre o luto mostra que essa é uma chance extraordinária. Ao mesmo tempo, será que não há uma perda incrível que poderia ser remediada, agora ou nos anos futuros, por uma nova inteligência... Será que isso não tem que circular em lugares completamente mortos? Será que basta que circule lá onde isso funciona? Será que não temos necessidade de pessoas completamente mortas, sem reação...?

Guattari Meu funcionamento permanece muito mais próximo do das crianças, quando Freud diz que elas não podem formar uma representação da morte de alguém. É assim, isso vai morrendo aos poucos. Para mim, a maioria das pessoas está morta; elas não estão mortas, elas não existem, nunca existiram. Eu estou na posição de elo intermediário, nunca na posição de definir uma finalidade, uma expectativa, uma demanda. Uma posição muito passiva.

Butel Fico me perguntando como Coluche – que acho realmente genial – esmoreceu, tirando o fato de que Mitterrand venceu.

Guattari Coluche é um autodidata. Por um lado, totalmente autoconfiante, uma confiança extraordinária, uma rapidez na compreensão das situações, um virtuosismo excepcional na expressão; ele é como os dançarinos japoneses de butô, ele saca as coisas antes mesmo que elas tenham tido tempo de ganhar corpo na cabeça das pessoas; ele está em todos os lugares ao mesmo tempo, em todas as possibilidades da linguagem. E ele é ao mesmo tempo de uma fragilidade total, quer dizer, está desarmado diante da adversidade intelectual, diante do jornalismo... O que faz com que o reforço intelectual que trouxemos para ele em 1981 seja ao mesmo tempo muito precioso e muito incômodo para ele... De repente houve toda a periculosidade do olhar público focalizado num indivíduo, como se concentrassem um raio de sol para queimar tudo. Acho que é isso que aconteceu com Coluche. Enquanto expunha apenas sua máscara de palhaço, ele conseguia lidar com isso com grande virtuosismo; essa máscara era como um chamariz. Só que, quando não era mais essa máscara que ele oferecia, mas sua fragilidade, sua precariedade, talvez até uma personalidade um pouco psicótica, aí... E é formidável que ele tenha se recomposto com seus filmes...

Sempre volto a essa ideia das irrupções inesperadas de probabilidades raras. A propulsão da singularidade sempre é o resultado de um pequeno milagre de encontros que pode acabar em transformações que não são mais singulares porque podem revirar o planeta inteiro de cabeça para baixo... Estatisticamente, certos acontecimentos, os mais idiotas assim como os mais geniais, devem acontecer. Sessenta e oito diz respeito a uma irrupção inesperada dessa ordem. É idiota pensar que 68 aconteceu porque havia pressão de algo... pressão das massas, que piada! Pressão de absolutamente nada... Houve uma construção semiótica de uma grande raridade que desencadeou uma extraordinária reação em cadeia. Mas nenhuma imagem energética, termodinâmica, permite explicar isso. Com Coluche é a mesma coisa, trata-se de uma irrupção inesperada excepcional. Nos dois casos, de 68 e de Coluche, o efeito implodiu, os componentes se dissociaram, depois, em reação, todo o contexto se organizou para evitar o retorno de algo parecido. Atualmente, estão tentando estabelecer uma conjunção: "Alternativa 86", entre os ecologistas, a extrema esquerda, os alternativos etc. Precisaríamos encontrar uma sigla milagre, um traço, um truque para conjurar as doenças dos grupelhos, a desconfiança, toda uma tradição do fracasso. Na França, 10% a 12% das pessoas não querem mais o sistema político atual, não querem mais a turma dos quatro, agora a turma dos cinco, elas aspiram instaurar um outro modo de democracia local, um outro modo de orquestração, um outro modo de articulação entre a vida cotidiana, os problemas sindicais, os problemas do terceiro mundo, os problemas do meio ambiente, elas gostariam, por fim, que conseguíssemos trazer à tona grandes perspectivas para transformar o planeta...

Butel Eu sempre fiz o elogio daquilo que se chama de a maioria silenciosa. Acho que estamos em pé de igualdade com o poder nas chances de atingir essa maioria silenciosa; isso quer dizer que de Gaulle pode atingi-la e Coluche pode impulsioná-la... o que o sucesso de Duras agora dá a pensar: somos supersofisticados, somos superliterários, inacreditavelmente complexos, fora do alcance da inteligência comum, e estamos totalmente no popular.

Estou convencido de que, no caso de Coluche, há pessoas da altíssima burguesia que estavam totalmente de acordo, gaulistas de tradição, diplomatas que nada mais divertia... e, além disso, o choque das culturas, o choque da grosseria. De Gaulle também era grosseiro, e isso agradava... Tenho a impressão de que existe um enorme túnel de *non-sense*. É como num conto infantil que me marcou muito: toda uma série de provações e depois, a certa altura, abrimos a porta e vemos duzentos crocodilos que estão dormindo e que separam a criança da porta seguinte; ela pisa em cima do primeiro crocodilo e, nessa hora, o que está do outro lado abre um olho... Você diz: temos que conseguir encontrar o catalisador. Da minha parte, eu diria: é preciso conseguir encontrar o tipo de túnel incrível que causa um mal-estar em todo mundo ao mesmo tempo. Temos de encontrar essa passagem pelo obsceno, na escuridão, quando chegarmos do outro lado, quando a luz se acender novamente, haverá desconhecidos perto de nós...

Então, fico me perguntando se não é preciso ir bem longe. Se a Alternativa 68 caísse como uma luva, tenho certeza de que haveria gaulistas...

Guattari   Pessoas da escola livre.

Butel   Existe uma geografia absolutamente nova que está se estabelecendo. Mas a infelicidade é que, se ela for dita em voz alta, as pessoas vão embora da sala. Krivine diz: "Escutem, voltarei daqui a cinco anos..."; e se você disser aos ecologistas: "Tem muita gente que conheço que é muito legal, mas que está envolvida com o nuclear", elas te dirão: "Tchau"...

Guattari   Tem gente assim no Partido Socialista (os), no Centro de Pesquisa Social (Ceres), tem uns que são radicais de esquerda, sim, com certeza...

Butel Então, justamente, qual é o fator treino se isso escapa do programático?

Guattari Se isso escapa do programático é porque produz aquilo que chamo de endorreferência e que implica uma produção de subjetividade antes que essa subjetividade tenha consciência de si mesma. É o que vivemos em 1968: uma subjetividade se produzindo antes que tenhamos tido tempo de nos dar conta do que quer que seja.
    Gosto muito dessa imagem da fera adormecida... uma massa está totalmente adormecida, totalmente infantilizada pelas mídias. Mas quando há emergência de uma singularidade que a desperta, ela se transforma num meio altamente receptivo. E os políticos, os intelectuais, são os últimos a terem acesso a essa receptividade. Esses traços de singularidade, essa arbitrariedade dos signos, dos sons, é imediatamente percebida, recebida como algo que está produzindo uma outra subjetividade, que ela aprecia particularmente porque fica entediada, simplesmente... É assim que o rock está começando a fazer estragos sérios na URSS ou na China!

Butel Da minha parte, acho que essa expectativa fantástica das pessoas é a mesma na política e na arte...
    A expectativa... sempre tiram sarro das multidões em delírio, multidões que estão na expectativa... Em Maio de 68, todo mundo tinha expectativas; mas acho tosco tirar sarro quando há um desejo extraordinário. Por exemplo, por que as pessoas continuam dando ouvidos a Godard?
    Existe uma expectativa extática... existe uma qualidade da atenção, da expectativa em relação a Godard ou àquilo que diz tal e tal filósofo e os Rolling Stones; porque o que é consumido não é arte, é uma problematização política incrível... Estou convencido de que a atenção que é dada ao pensamento e à arte excede, de algum modo, as possibilidades atuais do pensamento ou da arte. Exigem demais deles. Porque existe uma decepção fantástica no

103

plano político, no plano de tudo o que é trama da vida. Por exemplo, nada é do mínimo auxílio no que diz respeito às relações familiares, sentimentais, sexuais etc. A gente nunca pode pedir ajuda para uma instituição, seja ela qual for, uma organização política, ninguém acredita mais nela, não há mais nada... os analistas caíram em descrédito... mas ouvi pessoas me falarem de Deleuze ou de Foucault de um jeito que era totalmente anormal... você fica pensando: "O que estão esperando deles?" Estão esperando uma solução política... não há mais o risco de haver uma solução política que não seja sentimental, que não esteja ligada à arte. Não acredito que a expectativa possa ser plenamente satisfeita no Ocidente... fazer política é isso: não se deve estar na demanda normal, na demanda anterior; é preciso responder a um investimento que é de uma natureza pavorosa... não se deve ser a Liga Comunista ou os ecologistas, eles são tão esperados que ninguém está esperando por eles, é preciso algo mágico. E no Ocidente também existe... uma tal exigência de ser fisicamente feliz, uma tal sensualidade não satisfeita. Seria preciso uma espécie de euforia, de certeza de que isso é suportável, acredito que isso estará ligado a algo estético, da ordem da beleza. Não há mais nenhuma chance para a política, mais nenhuma chance... fora da beleza.

Guattari A crise também está ligada à devastação dos antigos setores de produção. Vinte milhões de desempregados na Europa ou mais, mas na realidade, centenas de milhões no planeta. Os do terceiro mundo não estão nem mesmo registrados, eles não são nem mesmo desempregados? O problema de saber se eles poderiam trabalhar não é nem colocado; eles não existem, não estão registrados dentro dos esquemas econômicos.

As economias do terceiro mundo estão devastadas, uma grande parte das economias dos países desenvolvidos também está. O que devemos fazer? Só a produção de um novo tipo de relações sociais será capaz de reconstituir territórios coletivos viáveis. Esse não é de modo algum um problema marginal, utópico etc. Fico surpreso que isso não salte aos olhos... Mitterrand está aí há quatro anos, mas o que ele fez, não digo para resolver essas questões, mas para ir pensando nelas, para falar delas? O que estamos fazendo no planeta quando somos etíopes? Problemas sobre a educação são levantados, muito bem... esse cretino do Chevènement proclama que as crianças devem aprender *A Marselhesa*... a educação cívica... Isso é o Ministério da Educação do governo socialista!

Butel   Existe um jeito de impedir a surpresa, é o humor. O tratamento das notícias de caráter geral tinha me impressionado no *Libé*...[1] Tudo o que é minoritário é tratado como minoritário e deve permanecer assim para todo o sempre, justamente sob a forma do humor. A pobreza ainda suscita críticas desfavoráveis na imprensa: e no final das contas, tudo é risível. Não são os incidentes que são risíveis, é o fato de ser minoritário. De qualquer modo, vocês são minoritários... Vocês são afegãos... E depois se divertem com os desempregados que se suicidam... Há uma espécie de ironia, que não percebemos, que não percebemos nem mesmo no texto porque estamos cansados. Há uma ironia que intima: deixem os profissionais fazerem, de qualquer modo isso não vai mudar... Quando chegar o dia, dirão a vocês se é melhor Barre ou Chirac – porque eles nem falam mais da esquerda, o que se fala é: quem é o menos canalha à direita... Quanto mais o humor é algo salvador numa perspectiva de sobrevivência, tanto mais reina a censura graças a ele.

Como eu pensava que é preciso fazer um movimento contra a modernidade, fico pensando que deveríamos fazer um movimento para dizer: "Essa notícia aí, sinto muito, é algo sério..." Duras estava me contando que ela tinha encontrado com Badinter... Uma história que aconteceu um ano e meio atrás: funcionários cortam a água de um casal com dois filhos; a mulher vai ao bistrô para pedir água, ninguém quis lhe dar, nem o ge-

---

1. Forma abreviada do nome do jornal francês *Libération*. [N. T.]

rente, nem os clientes. Ela volta para casa, pega uma criança, seu marido pega a outra e eles vão se deitar nos trilhos do TGV:[2] quatro mortos... O que acho admirável da parte de Duras é que ela foi ver Badinter; e ele disse a ela: "Para mim existe um dever de desobediência civil... Você não vai me dizer que, na época do nazismo, os alemães deveriam ter desobedecido e que aqui não há uma lei mais forte do que a lei... Os funcionários que vêm cortar a água têm um dever de desobediência civil; o Código deve ser refeito e deve ser admitido." O que acho uma ideia totalmente subversiva e maravilhosa. Fico pensando que deveríamos lançar uma campanha a esse respeito, muitas pessoas teriam coisas a dizer... e politicamente é muito importante dizer: "Agora é sério." Justamente, dizer de repente: levemos as coisas a sério.

* * *

Guattari Se pensarmos: mas o que esse cara aí está fazendo? Que ecletismo é esse: psicanálise, filosofia, política, tudo isso... Se leio essa questão em certos olhares irritados, é isso que tenho vontade de responder partindo daquilo que foi toda minha vida.

Quando era criança, eu estava, se puder dizer assim, em pedaços, na verdade, um pouco esquizo pelas beiradas. Daí passei anos e anos tentando colar meus pedaços novamente. Só que, ao colar os pedaços novamente, o que acontecia é que eu arrastava pedaços de realidade diferentes. Vivi numa espécie de sonho a minha relação com a minha família – uma pequena burguesia não muito má, mas mesmo assim... –, meus estudos solitários, tirando os fenômenos de bando, destruídos pela autoridade. E depois me interessei pela poesia, pela filosofia, me investi em atividades sociais e políticas. Mudei frequentemente meu estilo, minhas preocupações e meu personagem. Ao ponto de me chamarem de Pierre na minha família e de Félix nos meus outros mundos.

---

2. Sigla de *Train à Grande Vitesse*, ou trem de alta velocidade. [N. T.]

Acabei – "acabei" é meio exagerado –, só comecei a colar um pouco meus pedaços novamente por volta dos quarenta anos, através de um trabalho com um amigo que teve a capacidade de levar em conta todas as minhas dimensões.

Desde muito novo me lembro disso, sempre tive a preocupação de articular esses diferentes planos que me fascinavam: filosofia da ciência, lógica, biologia, primeiros trabalhos cibernéticos, militantismo. Com, ainda por cima, uma outra dimensão que pulou literalmente no meu pescoço: crises de angústia horríveis, um sentimento de perdição existencial irremediável.

E depois tive momentos de sorte, fiz encontros felizes. O encontro com Jean Oury, que fez com que me fixasse num local de trabalho e de vida, na clínica de La Borde, experiência inovadora no cruzamento da psiquiatria e da psicanálise. O encontro com Lacan, que teve, durante os primeiros anos em que o conheci, uma relação atenciosa e até mesmo amistosa comigo. Até o dia em que ela azedou, em particular com a irrupção dessa figura que prefiro não qualificar, Jacques-Alain Miller, e de seu grupo da rua d'Ulm, que estabeleceram uma espécie de simbiose monstruosa entre o maoismo e o lacanismo.

Muita sorte portanto, o que me poupou de todos os tipos de beco sem saída. Primeiro, a neurose ou a psicose, talvez. A profissionalização psi, da qual tantos tipos inteligentes nunca se recuperaram. A via militante em seguida. E por fim, isso pode parecer bizarro, a periferia: esse universo da minha infância, que adoro, mas que com frequência é, ainda assim, culturalmente um beco sem saída.

Esse é o primeiro nível descritivo. O outro diz respeito a uma escolha. Toda uma concepção da cultura, e não apenas da cultura burguesa, implica assumir uma espécie de castração relativa aos sonhos loucos de infância e da adolescência, e aceitar se limitar a um campo de competências para desenvolvê-lo ao máximo. Eu entendo tudo isso muito bem; mas isso não é para mim. A tal ponto que cheguei a me definir como especialista, segundo um termo que forjei, da transversalidade, isto é, de elementos inconscientes que trabalham secretamente especialidades por vezes bastante heterogêneas.

Atualmente, por exemplo, passo muito do meu tempo com ecologistas, alternativos, o PSU, ex-maoistas e sei lá mais quem, para tentar fazer um reagrupamento em vista das eleições de 1986. E, além disso, continuo minhas histórias de esquizoanálise. E, no intervalo, ainda viajo muito.

Um sujeito constituído normalmente não resistiria a essa espécie de projeto de desorganização sistemática. E apesar disso, eu o reivindico. Para mim, não para os outros! Pelo fato de que só consigo aprovar uma ideia – mais do que uma ideia, aquilo que chamo de máquina concreta – se ela puder atravessar ordens diferentes. Minhas ideias sobre a psicanálise não me interessam se não me servirem para entender que tipo de merda a gente encontra não apenas na vida pessoal mas também nas instituições e grupelhos, quero dizer, nas relações de poder e todos esses troços aí.

E, ao contrário, considero que, se não formos capazes de apreender as dificuldades pessoais de alguém à luz desses investimentos sociais e da subjetividade coletiva da qual essa pessoa faz parte, não tem como isso dar certo.

Dito de outro modo, meu problema é extrair elementos de um campo para transferi-los para outros campos de aplicação. Com o risco, é claro, de que isso dê errado nove vezes a cada dez, que isso acabe numa confusão teórica. Isso parece pouca coisa, mas as transferências conceituais, da filosofia para a psicanálise, não são de modo algum fáceis. Nesse campo, Lacan aparece como uma espécie de virtuose mas, apesar das aparências, ele teve muitas insuficiências no plano filosófico e isso nos valeu uma visão reducionista a mais do campo psicanalítico.

Sem fazer disso uma receita, foi um pouco a partir do meu próprio modo de funcionamento que tentei reorientar minha prática analítica. Para mim, a interpretação não é o manejo de uma chave significante que resolveria sabe-se lá qual "matema" do inconsciente. Ela é primeiramente o trabalho de identificação dos diversos sistemas de referência próprios à pessoa que se tem diante de si, com seu problema familiar, conjugal, profissional ou estético, pouco importa! Digo trabalho porque esses sistemas estão aí, na sua frente, mas não como coleção ordenada. A eles faltam essas articulações funcionais que chamo de "componentes de passagem", que fazem emergir subitamente outras coordenadas de existência, permitindo encontrar uma saída. Os lapsos, os atos falhos, os sintomas são como pássaros que batem na janela com o bico. Não se trata de "interpretá-los". Trata-se mais precisamente de rastrear sua trajetória para ver se podem servir de indicadores de novos universos de referência capazes de adquirir uma consistência suficiente para reverter uma situação.

Vou pegar um exemplo pessoal. Eu considero a poesia um dos componentes mais importantes da existência humana, menos como valor e mais como elemento funcional. Deveríamos prescrever a poesia como as vitaminas: "Cuidado, meu velho, na sua idade, se você não tomar poesia, as coisas não vão melhorar...". E, apesar disso, por mais importante que a poesia seja para mim, muito raramente acontece de eu ler ou escrever um poema. Não é porque não vejo as oportunidades para fazê-lo, mas elas me escapam pelos dedos e fico pensando: aqui deu errado. A mesma coisa com a música: ela é tão fundamental, mas às vezes esqueço durante semanas que ela existe.

É um pouco em função disso que adoto minhas estratégias. Como fazer em tal contexto, com tal tipo ou tal grupo, para que as pessoas tenham com a situação em questão uma relação tão criadora quanto um músico com sua música ou um pintor com sua pintura. Um tratamento seria como construir uma obra de arte, só que sempre seria preciso reinventar a forma de arte, de acordo com a própria ocasião.

Preciso voltar atrás. A minha análise com Lacan durou cerca de sete anos, e quando virei analista, membro da Escola Freudiana, em 1969, pouco a pouco descobri o outro lado do mito analítico. Eu me vi com uns trinta pacientes que não largavam do meu pé e devo confessar que guardo uma lembrança de pesadelo dessa época. Todo esse monte de gente com suas solicitações permanentes, seus problemas misturados com dramas diante dos quais eu ficava perplexo. E, além disso, as questões de dinheiro, de férias, de congestionamento dos horários marcados... Sempre que eu não me pronunciava sobre algo, certeza de que isso queria dizer que eu sabia muito a respeito! Fala sério! Onde eu fui me meter? O guru contra sua vontade, tema de vaudevile. Eu tinha vontade de berrar: me deixem em paz. E um dia larguei todo mundo e desapareci durante um ano.

E depois fiquei pensando: não é porque escrevo livros para criticar a psicanálise que isso vai resolver os problemas dos tipos perdidos. Mesmo assim valia a pena salvaguardar uma prática analítica, refundá-la. Então recomecei tudo do zero para chegar à minha posição de hoje, muito mais relaxada, uma facilidade maior, uma espécie de graça.

Hoje em dia, quando alguém quer fazer uma análise comigo, eu explico que é primordial que isso funcione. A regra de ambas as partes é que podemos parar a qualquer momento. Cada encontro coloca em questão o próximo. Portanto, recuso totalmente o sistema do guru condenado a realizar façanhas terapêuticas. O que me interessa é o agenciamento coletivo de semiotização. E é nesse sentido que posso dizer que isso funciona, pois, se não funciona, vamos parar imediatamente...

E a angústia nisso tudo, a angústia que tanto pesou nos meus anos de juventude? Pois então, agora percebo que eu a domino mais ou menos como os outros adultos, usando e abusando de todos os tipos de técnicas de infantilização ainda mais pueris que as das crianças. Os adultos estão tão tomados por suas questões que quanto mais se aproximam da morte, menos a veem chegando. Ao passo que as crianças, menos armadas com todos esses sistemas de defesa, mantêm às vezes uma relação de extrema lucidez com ela.

Por vezes tenho essa imagem: me vejo andando em cima de uma prancha, acima de um abismo absoluto, e fico pensando: mas o que está acontecendo, o que significa toda essa coisa aí, como é possível que isso ainda continue?

Quem de nós não se deparou com tais evidências? Mas somos imediatamente tragados, jogados em dispositivos de comportamento de controle a distância, tomados pelas urgências, as questões, o jogo. Como na roleta ou no pôquer: mesmo mortos de cansaço, continuamos vidrados com uma vitalidade surpreendente. É o infantilismo, a puerilidade dos políticos que os mantêm vivos, e que também os mantêm numa certa idiotice em relação à vida. E isso não deve parar de jeito nenhum! As férias podem ser perigosas, ou uma crise amorosa, ou uma dor de dente terrível.

É óbvio que estamos todos suspensos sobre esse mesmo abismo, mesmo dispondo de meios diferentes para nos recusarmos a vê-lo. Sempre estamos todos à mercê desse estupor que pula no pescoço e literalmente nos sufoca. Portanto, somos todos parecidos com Swann, meio louco depois de se separar de Odette e que fugia como da peste de todas as palavras capazes de evocar, mesmo indiretamente, a existência dela.

É por isso que todo mundo continua preso a suas construções semióticas; para poder continuar andando na rua, se levantar, fazer aquilo que se espera. Se não, tudo para, ficamos com vontade de bater a cabeça na parede. Não é fácil ter o gosto de viver, de se engajar, de se esquecer. Existe uma potência extraordinária do "para quê?". Isso é muito mais forte do que Luís xv e seu "depois de mim, o dilúvio"! Será que vale a pena continuar tudo isso, retomar o legado das gerações anteriores, fazer a máquina girar, ter filhos, produzir ciência, literatura, arte? Por que não morrer, largar tudo de uma hora para outra? Essa é uma questão! Ela sempre está no limite de entrar em colapso...

É claro que a resposta é ao mesmo tempo pessoal e coletiva. Na vida só é possível se manter na velocidade adquirida. A subjetividade tem necessidade de movimentos, de vetores de transporte, ritmos, ritornelos que pulsam o tempo para arrastá-la. Os fatores mais singulares, mais pessoais são obrigados a compor com dimensões sociais e coletivas. Que estupidez imaginar uma psicogênese independente das determinações contextuais. E, no entanto, é isso que os psicólogos, os psicanalistas fazem.

Um parêntese para uma pequena receita. Um sujeito que me deixou perplexo, quando eu tinha vinte anos e estava bastante perdido, é Oury. Várias vezes tinha explicado longamente para ele minhas crises de angústia, sem que isso parecesse comovê-lo muito. Até o dia em que ele me deu essa resposta de estilo zen: "Ela te pega de noite na cama, antes de pegar no sono? De que lado você dorme? Do direito? Pois então, é só você virar para o outro lado!"

Às vezes é isso a análise: basta virar de lado. Seria preciso reencontrar a humildade dos primeiros tempos da Igreja e dizer para si: "Tanto faz, não faz mal. *Inch Allah*..." Isso é um pouco elementar! Claro, isso não pode ser dito de qualquer jeito. Também é preciso ter ao alcance das mãos as pastilhas semióticas adequadas. Exatamente esses pequenos indícios que fazem as significações oscilarem, que lhes conferem um alcance assignificante e que permitem, ainda por cima, que isso aconteça no humor, na surpresa. O sujeito drogado com um revólver na mão, para quem você pergunta: "Você não teria fogo?"

O instante entra, então, em fusão com o mundo. É nesse registro que encontraríamos a categoria poética das performances, a música de John Cage, as rupturas zen, pouco importa que nome se dê. Mas isso nunca é definitivo e incontestável. É preciso aprender a fazer malabarismo. Praticar para aperfeiçoar. A gente conquista um controle relativo em certas situações, não em outras, e além do mais isso muda com a idade etc. Uma das maiores imbecilidades do mito psicanalítico é pensar que, pelo fato de você ter passado dez anos no divã, você é mais forte do que os outros. De modo algum, isso não tem nada a ver! Uma análise deveria lhe dar simplesmente um "a mais" de virtuosismo, como um pianista, para certas dificuldades. Ou seja, mais disponibilidade, mais humor, mais abertura para saltar de uma gama de referências à outra...

Então, como eu ia dizendo, para continuar a viver, é preciso gravitar em órbitas motivadoras. Não sabemos nada de Shakespeare, mas é óbvio que ele tinha um mundo ao redor "motivador": vai, é agora, precisamos do seu último ato, imediatamente. Você tá deprimido? A gente está pouco se lixando para isso, a gente está esperando...

Hoje em dia estamos, em relação a isso, à beira de um buraco negro da História. Você está pensando algo, você não está pensando nada, sobretudo se você estiver na França, isso não tem nenhuma importância, as pessoas não estão nem aí, ninguém está nem aí. O que é curioso mesmo é que, em vez de colar em seus interesses mais imediatos, ainda existem pessoas que querem mudar a sociedade. O social, todo mundo sabe, não interessa a mais ninguém, a política é um engodo. Claro que isso não está indo tão bem. Claro que estamos preparando para nós mesmos uma bela série negra. Porque não é possível uma tal acumulação de idiotice, de covardia, de má-fé, de maldade, sem que haja consequências. Uma hora ou outra isso vai se cristalizar de um modo heroico, é inevitável. A gente ainda pode fazer muito melhor do que Le Pen, vocês vão ver...

Porque, cuidado!, se você acreditar que Le Pen é um mero ressurgimento, um arcaísmo lamentável, você está redondamente enganado! Muito mais do que um poujadismo revisitado, Le Pen é também uma paixão coletiva que é procurada, uma máquina odiosa de gozo que fascina inclusive aqueles a quem ela causa vontade de vomitar. Contentar-se em falar de neofascismo pode causar confusão. De fato, pensamos imediatamente na imagética do Front Popular, esquecendo que Le Pen também é alimentado por todo um conservadorismo de esquerda, por todo um corporativismo sindical, por uma recusa feroz de assumir as questões da imigração, a desqualificação sistemática de toda uma parte da juventude etc. Não basta relacionar esse tipo de fascismo ao passado, porque na verdade ele deve ser procurado no futuro. Le Pen é apenas uma cabeça pesquisadora, um tubo de ensaio em direção a outras fórmulas que correm o risco de ser muito mais abomináveis.

Temos de tomar um partido, a economia do desejo coletivo funciona em dois sentidos: do lado dos processos de transformação e de libertação e do lado de vontades de poder paranoicas.

Desse ponto de vista está claro que a esquerda, socialista em primeiro lugar, não entendeu nada. Vejam como eles procedem com o movimento "sos Racismo", eles imaginam que mudaram alguma coisa com seu milhão de emblemas. Nem pensaram em pedir a opinião dos principais interessados. Será que no campo das práticas sociais, nos bairros, nas fábricas, algo mudou com essa campanha publicitária? Da minha parte, conheço alguns árabes que estão começando a ficar de saco cheio desse paternalismo-fraternalismo de um novo tipo: "Primeiro, não sou seu camarada!" E alguns acrescentam: "Não mexe... no meu pote de rosas." As coitadas das rosas tão murchas desde 1981. Não estou negando os aspectos positivos dessa campanha, mas estamos muito longe dos objetivos!

Estamos realmente vivendo um período em que a paixão pela existência está sofrendo um curto-circuito devido à imersão dos indivíduos numa rede de relações de dependência cada vez mais infantilizantes. Isso corresponde a um certo uso das máquinas de produção, dos instrumentos midiáticos, dos equipamentos da vida social e das instituições de assistência. Uso que consiste em capitalizar a subjetividade humana para que ela se discipline e se dedique a fazer perdurar uma velha ordem social, hierarquias por vezes herdadas da Idade Média. É idiota, mas é assim!

O que há de miraculoso com esse novo capitalismo, que também encontramos tanto no Oeste como no Leste, é que ele chegou ao ponto em que seus valores, seus sistemas de sensibilidade embotada, suas concepções de mundo completamente rasas são interiorizados, assumidos consciente e inconscientemente pelo máximo de pessoas. Isso cria todo esse ambiente desagradável que se expande um pouco por toda parte e esse novo crescimento massivo e repugnante da religiosidade.

Assim, esses mesmos sistemas maquínicos podem ser transformados, desviados. É isso que acontece quando surge uma linha de fuga criadora, que pode nascer num nível bem molecular e formar uma bola de neve. Podemos imaginar grandes recriações do mundo, não é mesmo?

Mas, enquanto esperamos, é o projeto de infantilização que está tomando proporções imensas. Ele se tornou realmente o projeto número 1, a indústria de ponta. De um modo que espero ser cômico, vejo a história da subjetividade humana como a de uma formidável sucessão de degringoladas. Em relação às nossas sociedades, as sociedades neolíticas eram certamente mais ricas, extraordinariamente capazes de perceber as coisas do cosmo, da poesia. O traço dos caras de Lascaux, as inscrições no corpo, a dança, fabuloso!...

Não estou pregando a favor do bom selvagem. Porém, me parece que a crueldade das relações nas sociedades ditas arcaicas ao menos impedia que se espalhasse essa espécie de caldo impossível e lamentável em que estamos atolados, essa perda de qualquer tema de exaltação criadora. Na França, o último grande herói é de Gaulle. Vejam só! Pois isso não deve realmente ser visto muito de perto. Tem um lado tão patife no personagem.

E agora está cada vez pior. Os novos heróis são pessoas como Raymond Barre, os supermiseráveis ou Reagan, um cretino. O imperador da China garantia a estabilidade do cosmo através de seus gestos rituais. Se ele fizesse um movimento em falso, isso desregularia os astros. Ao passo que Reagan pode cometer todos os deslizes que quiser, dizer as piores idiotices, que vai apertar o botão, eliminar os russos, desencadear o Apocalipse, isso no máximo nos faz rir...

Quando desviamos a cabeça por um instante das representações midiáticas da política para olhar o que está acontecendo no teatro dos afetos, que não querem saber de nada, que apenas seguem os gestos, o movimento dos lábios, as caretas, a ausência de graça dos corpos, descobrimos que na maior parte do tempo os campeões da liberdade são tão nulos quanto os outros, os defensores do conservadorismo. E quando essa patrulha é acionada no nível mais baixo, *grass root*, mais pé no chão, então entramos talvez num processo possível de validação das práticas sociais moleculares.

Como um pintor que se desconecta de sua visão "à primeira vista" para apreender os elementos de referência que constituirão a verdadeira trama de sua tela. Está escuro, está perto, está quente, está granulado, a lista vai longe... Com a política é a mesma coisa. Marchais, como ele é idiota! Le Pen é do mesmo tipo, mas mais bem trabalhado, mais bem-acabado. Mas não se trata do mesmo frisson de infâmia, de malvadeza, como se diria numa outra época. Quando os olhamos é a sensação de seu próprio cheiro que se afirma. No fundo, é assim que somos realmente; é assim que nos delimitamos. É realmente nossa essa idiotice. Com suas boinas ou bonés, seus pés sujos, percebemos que eles não desgrudam da gente. De onde foi que você tirou a ideia de que essas pessoas queriam fornos de crematório? Isso é wagneriano demais para elas! Não, elas desejam simplesmente limpar os caminhos de seus jardinzinhos. Que seja dado o pecúlio aos imigrantes e que eles deem o fora! Que vão morrer em outro lugar, isso não é problema nosso! O terceiro mundo, a fome, isso não nos diz respeito! O terceiro mundo, a fome, todas essas fotos da molecada, como bonecas de cera, tudo isso é propaganda no final das contas; isso nos incomoda, então a gente não tem tempo, já está complicado demais para nós, não é mesmo?

Esse é o "teatro da crueldade" em cima do qual deveríamos apreender tudo o que há de mais miserável aí, diante de nós, e também todo o entorno e mesmo dentro. É através da cartografia desse tipo de formação subjetiva que podemos esperar nos demarcarmos dos investimentos libidinais dominantes.

Eu fiquei muito impressionado com a inversão das imagens que ocorreu com a ascensão de Fabius. É verdade que o bom aluno, o primeiro da classe, o tecnocrata e grande burguês já estavam bem cotados nas apostas de intenção de voto. Giscard também não estava nada mal por lá! Mas ele exagerava um pouco com seu lado aristocrático. Sem falar da mulher dele! Rocard, sim, obviamente, só sua tiração de sarro que está começando a ficar um pouco datada. Como Fabius não tem grandes coisas a dizer, ele não abusa demais! Isso nos tranquiliza! Simone Veil, aí está alguém que poderia ter feito isso maravilhosamente. Mas ela é judia, então é um pouco complicado. Além disso, ela não deveria ter se comprometido com Chirac...

E, apesar disso, paralelamente a esse empobrecimento contínuo dos indivíduos enquanto produtores de subjetividade singular, estamos assistindo a uma expansão absolutamente fabulosa dos *phylums* maquínicos, isto é, a todos esses processos de seleção, eliminação e produção das máquinas umas pelas outras, e que possibilita o surgimento constante de novas potencialidades, tanto científicas e técnicas quanto artísticas. Portanto, de um lado tem a infantilização das produções de subjetividade, com a binarização reforçada por mensagens, uniformização, unidimensionalização das relações com o mundo, e, do outro, a expansão das outras funções, não denotativas, da linguagem: composições de ritmos, encenação inédita de relações com o mundo.

Desde sempre fico irritado quando ficam remoendo o tema da ciência sem consciência: "Como seria bom se conseguíssemos colocar um pequeno suplemento de alma na ciência e na técnica" e por aí vai... Bobagem, já que é a partir dessa mesma subjetividade que vai no sentido de uma degeneração irreversível, acelerada, que os sistemas maquínicos conseguiram se expandir. E, além disso, não é um pouco idiota esperar melhorar essa espécie humana, que é uma das mais vulgares, más e agressivas que existe? Da minha parte, as máquinas não me dão medo a partir do momento em que ampliam a percepção e multiplicam os comportamentos humanos. O que me preocupa é quando tentam reduzi-las ao nível da burrice humana.

Eu não sou pós-moderno. Não acho que os progressos científicos e tecnológicos devam necessariamente ser acompanhados por uma esquize fortalecida em relação aos valores de desejo, de criação. Acho, pelo contrário, que as máquinas devem ser utilizadas, todas as máquinas, concretas e abstratas, técnicas, científicas, artísticas, para fazer muito mais do que revolucionar o mundo, para recriá-lo dos pés à cabeça.

Não é verdade o que os estruturalistas dizem: não são os fatos de linguagem nem mesmo de comunicação que produzem a subjetividade. Num certo nível, ela é coletivamente manufaturada do mesmo modo que a energia, a eletricidade ou o alumínio. É claro que um indivíduo é o resultado de um metabolismo biológico do qual fazem parte seu pai e sua mãe. Mas não podemos nos ater a isso, pois, na realidade, sua produção também depende igualmente da indústria biológica e até mesmo da engenharia genética. E vemos muito bem que se essas últimas não tivessem se lançado numa corrida permanente para responder às ondas virais que atravessam regularmente o planeta, a vida humana seria rapidamente liquidada. A expansão da AIDS, por exemplo, leva a uma espécie de caça ao tesouro com um alcance enorme, a um teste de velocidade para encontrar a resposta adequada. De agora em diante, a produção industrial das respostas imunitárias faz parte da conservação da vida humana nesse planeta.

Com a subjetividade acontece o mesmo; ela é cada vez mais manufaturada em escala mundial. O que não quer dizer apenas que as representações, os modelos de sociabilidade, de hierarquia social tendam a uma unificação geral. Pois sua produção também diz respeito a modelos muito diferenciados de submissão aos processos produtivos, e a relações particulares com as abstrações de ordem econômica, por exemplo.

E isso vai realmente muito mais longe: já em sua mais tenra infância, a mente, a sensibilidade, os comportamentos e as fantasias das crianças são confeccionados de modo a torná-las compatíveis com os processos da vida social e produtiva. Não apenas, insisto, no nível das representações e afetos: um bebê de seis meses colocado diante da televisão estrutura sua percepção nesse estágio de seu desenvolvimento, fixando seus olhos na tela da televisão. A concentração de sua atenção num certo tipo de objeto também faz parte da produção da sua subjetividade.

Aqui saímos, portanto, do mero campo das ideologias, das submissões ideológicas. A subjetividade que está em jogo aqui não tem nada a ver com a temática dos aparelhos ideológicos de

Althusser, pois ela é realmente produzida em sua integralidade e, em particular, seus componentes se servem daquilo que chamo de elementos assignificantes, nos quais se sustentam as relações com o tempo, os ritmos, o espaço, o corpo, as cores, a sexualidade...

A partir daí, todos os tipos de atitude são possíveis. Aquela, por exemplo, que conhecemos muito bem depois de 1968, feita de nostalgia e saudosismo, com os temas de Illich sobre o retorno a unidades de produção menores, à convivência etc. Ou aquela dos neoliberais americanos, Milton Friedman e companhia, que se diferenciaram de modo muito cínico dessas posições ao declarar: vocês podem contar o que vocês quiserem, de qualquer modo, as transformações capitalísticas são irreversíveis. É verdade que o capitalismo faz estragos em todos os lugares do mundo mas, levando em conta a pressão demográfica, sem ele os estragos seriam dez vezes maiores...

Esses caras são com certeza canalhas, mas é verdade que não se pode ficar indefinidamente apegado ao passado! Sou totalmente a favor, é claro, da defesa do meio ambiente, não é essa a questão! Só que é preciso realmente admitir que a expansão técnico-científica tem um caráter irreversível. Toda a questão consiste em operar as revoluções moleculares e molares capazes de mudar radicalmente a direção de suas finalidades, pois, é preciso repeti-lo, essa mutação não vai obrigatoriamente no sentido catastrófico já iniciado. O caráter cada vez mais artificial dos processos de produção subjetiva poderia muito bem estar associado a novas formas de sociabilidade e criação. É aí que se situa esse índice das revoluções moleculares às quais sempre volto, correndo o risco de encher os ouvidos dos meus amigos.

Portanto, todo esse negócio de reconstituição cartográfica das referências da subjetividade individual e coletiva não diz respeito apenas aos psicólogos, aos analistas, aos educadores, às pessoas das mídias ou da publicidade e sei lá mais quem. Ela envolve problemas políticos fundamentais, ainda mais urgentes hoje em dia do que vinte anos atrás. Mas permanecemos na escuridão em relação a isso. A lucidez e toda a crítica social que marcaram o período da "nova cultura" parecem ter desmoronado completamente. De agora em diante, só contam os valores de competição na cultura, no esporte, nos negócios, na política.

Talvez eu seja um pouco ingênuo, um otimista incurável, mas tenho a convicção de que um dia haverá uma reviravolta do julgamento coletivo e que esses últimos anos serão julgados como os mais estúpidos e os mais bárbaros, como há muito não se via! Barbárie na cabeça, nas representações, mas também na realidade. Se examinarmos objetivamente o que acontece no terceiro mundo, no meio ambiente, é realmente monstruoso! E, apesar disso, continuamos considerando as coisas com o olhar sereno de Ockrent, de Montand, de July ou de Pivot. Não queremos saber demais. Está tudo mal, mas mesmo assim está avançando, progredindo. É só esperar: vai acabar dando certo!

A questão que me parece decisiva não é deixar as coisas avançarem rapidamente, mas justamente refundar urgentemente uma *prática social*. Uma prática – um militantismo, mesmo se isso fizer rir ou ranger os dentes – que não seja mais compartimentada, especializada, mas que estabeleça um *continuum* entre as questões políticas, sociais, econômicas, as transformações técnico-científicas, a criação artística etc., e uma gestão dos problemas da vida cotidiana, uma recomposição da existência singular. Dentro dessa perspectiva, a crise poderia ser repensada como desregulação da semiotização social. É óbvio que os mecanismos de gestão semiótica e institucional dos fluxos de produção e circulação correspondem cada vez menos à evolução das forças produtivas e dos investimentos coletivos. Mesmo os economistas mais limitados estão descobrindo com estupefação uma espécie de loucura desses sistemas e sentindo a urgência de soluções alternativas.

Mas o quê? Não é possível ter uma resposta para essa questão se nos limitarmos à análise desse nível de desregulação. Pois o que impede a elaboração de alternativas possíveis – essa velha ideia de uma "nova ordem internacional" – não é apenas o "egoísmo das oligarquias" – mesmo ele sendo real –, nem mesmo sua idiotice congênita. É porque nos deparamos com um outro fenômeno, justamente ligado a essa mundialização da produção de subjetividade e sua integração cada vez mais avançada de todas as funções humanas e maquínicas, o que chamei de Capitalismo Mundial Integrado (CMI).

Peguemos o caso do Irã. Esse antigo país do terceiro mundo tinha os meios para uma decolagem econômica fabulosa, para uma inserção de primeira ordem dentro das relações internacionais. Com base nisso se produziu uma mutação da subjetividade coletiva que abalou completamente o sistema, mergulhando-o numa situação bastante complexa, ao mesmo tempo revolucionária e reacionária, com o retorno do fundamentalismo xiita e seus valores arcaicos perigosos. O que se priorizou aí não foi o interesse dos operários, dos camponeses, dos intelectuais. Foi a paixão que se apoderou de uma grande parte do povo iraniano. Essa paixão que o levou a escolher existir através de um líder carismático, através de uma demarcação religiosa e étnica que beira o orgasmo coletivo.

Hoje em dia, todos os sistemas políticos se deparam, em diversos graus, com questões de identidade subjetiva. É isso que dá, às vezes, um aspecto absolutamente enlouquecido às relações internacionais. Na verdade, elas dependem menos da oposição Leste--Oeste, da corrida armamentista etc., do que de questões desse tipo, que parecem aberrantes, e que giram em torno do problema palestino, irlandês, das reivindicações nacionalitárias dos bascos, dos poloneses ou dos afegãos. Mas através delas se expressa a exigência das coletividades humanas de se reapropriarem de sua vida, de seu destino por meio daquilo que chamo de processo de singularização. Para ser apreciada em seu justo valor, essa expansão das subjetividades dissidentes exige uma nova teoria dos arcaísmos. Apenas uma observação a esse respeito. Retomemos a questão na escala mais baixa: será que uma regressão infantil no comportamento individual quer dizer que a pessoa a quem isso acontece retorna à infância? Não, o que está em jogo é muito mais uma utilização diferente de elementos preexistentes, de comportamento ou de representação, para construir *uma outra* superfície de vida ou um outro espaço afetivo, para dispor de um outro território existencial? Quando os bascos, os irlandeses, os corsos, ou quem quer que seja de diferente, lutam para reconstituir a pátria deles, eles estão convencidos de estar defendendo algo que se inscreve dentro de uma tradição, eles acreditam estar se apoiando numa legitimidade histórica. Da minha parte, penso muito mais que eles transformam representações, monumentos, emblemas históricos para produzir para si uma nova subjetividade coletiva. Claro, a luta deles é facilitada pela subsistência desses elementos tradicionais, a tal ponto que isso pode levá-los a paixões xenófobas! Mas, na realidade, eles estão mais ou menos no mesmo nível que as pessoas de Longwy ou de Seine-et-Oise, que também aspiram reconstituir para si uma vontade coletiva de viver.

Nem todo mundo tem a sorte ou o azar de ser irlandês, basco ou corso, mas o problema é parecido: trata-se de reinventar coordenadas existenciais e territórios aceitáveis de sociabilidade.

Então será que é necessário lançar uma frente de libertação de Seine-et-Oise, como Godard em *Week-end*, uma nova Picardia ou um novo território de Belfort e várias outras Disneylândias nas bacias siderúrgicas? O que pode impulsionar ainda nosso Sahel industrial? Digo, novos territórios de referência. Não apenas na cabeça mas também na vida do trabalho, na possibilidade de se virar em meio às engrenagens econômicas e sociais. Um território é o conjunto dos projetos ou representações nos quais vai desaguar pragmaticamente toda uma série de comportamentos, de investimentos, nos tempos e espaços sociais, culturais, estéticos e cognitivos.

Como conseguir produzir uma vontade de criar em massa, uma generosidade coletiva, com a tenacidade, a inteligência e a sensibilidade conhecidas nas artes e ciências? Se você quiser criar novas moléculas de química orgânica, criar novas músicas, isso não é óbvio, não cai do céu: você tem que trabalhar, pesquisar, experimentar... É a mesma coisa com a sociedade! Não podemos confiar na chuva e no bom tempo capitalistas, não mais do que nos determinismos marxistas ou no espontaneísmo anarquista: as antigas referências estão mortas. Melhor assim! É preciso inventar outras. Nas condições atuais, que não são mais as do século XIX, com seis ou sete bilhões de habitantes na Terra e toda a revolução técnico-científica, como as relações humanas poderiam ser ordenadas sem fortalecer, no entanto, as hierarquias, as segregações, o racismo, a extinção dos particularismos? Como desencadear uma paixão coletiva pela invenção, pela proliferação maquínica – como parece ser o caso no Japão – sem sobrecarregar as pessoas com disciplinas infernais? Sei que existem minorias oprimidas nesse país, que as mulheres continuam sendo tratadas como inferiores, que as crianças sofrem frequentemente o martírio. Mas é verdade que o coquetel hipermodernista – a corrente *high-tech* – e a atualização dos arcaísmos que têm acontecido nele são muito fascinantes! Talvez não tenhamos prestado atenção suficiente nas análises de um teórico como Akira Asada, a saber, que o capitalismo japonês não funciona de modo algum sobre as mesmas bases que o ocidental: as oligarquias não têm as mesmas prerrogativas lá, as classes não são delimitadas do mesmo modo, o contrato de trabalho não é vivido do mesmo modo...

Tudo isso para dizer que podemos imaginar outras fórmulas de organização da vida social, do trabalho e da cultura. Os modelos de economia política não são universais. Podemos mudar sua direção, inventar outros modelos. É a vida, o desejo coletivo que estão na base de tudo isso.

MOLECULAR

1977 – Os tempos maquínicos e a questão do inconsciente

Os comportamentos individuais e coletivos são regidos por múltiplos fatores. Alguns são – ou parecem ser – de ordem racional, por exemplo, aqueles que podemos tratar em termos de relação de força ou de relações econômicas. Outros, ao contrário, parecem depender principalmente de motivações passionais, cuja finalidade é difícil decifrar e que por vezes podem até levar os indivíduos e grupos envolvidos a agir contra seus interesses manifestos.

Existem muitos modos de abordar esse "avesso" da racionalidade humana. Podemos negar o problema ou procurar reduzi-lo ao campo da lógica habitual, da normalidade e da boa adaptação social. Consideraremos, então, que o mundo dos desejos e paixões se reduz, no final das contas, a uma mera perturbação do conhecimento objetivo, a um ruído, no sentido que a teoria da informação dá a esse termo. Dentro dessa perspectiva, só resta tentar corrigir tais defeitos, de modo a retornar às normas dominantes. Também podemos considerar que esses comportamentos dizem respeito a uma lógica diferente, que merece ser estudada enquanto tal. Em vez de abandoná-los à sua irracionalidade aparente, nós os trataremos, então, como uma espécie de matéria-prima, de minério do qual é possível extrair elementos essenciais para a vida da humanidade, em especial para sua vida de desejo e para suas potencialidades criadoras.

Para Freud, é a essa última tarefa a que a psicanálise devia se dedicar. Mas até que ponto ela cumpriu seu objetivo? Será que ela se tornou realmente uma nova "química" do psiquismo inconsciente ou será que permaneceu apenas uma espécie de "alquimia" cujos mistérios azedaram com o tempo, cujas simplificações e cujo "reducionismo" são cada vez mais mal tolerados (sejam eles o resultado de suas correntes ortodoxas ou de suas ramificações estruturalistas)?

Depois de muitos anos de formação e de prática, cheguei à conclusão de que a psicanálise devia reformar radicalmente seus métodos e suas referências teóricas, sem isso ela estaria condenada a perder toda a credibilidade, o que me pareceria prejudicial em vários sentidos. Na verdade, pouco me importaria que as sociedades, as escolas psicanalíticas e até mesmo a profissão de psicanalista desaparecessem, se a análise do inconsciente reafirmasse sua legitimidade e renovasse suas modalidades teóricas e práticas.

Em primeiro lugar, é a própria concepção do inconsciente que me parece ter de ser revisada. Hoje em dia, o inconsciente deve supostamente fazer parte da bagagem mínima de todo mundo. Ninguém parece duvidar da sua existência. Falamos dele como da memória ou da vontade, sem nos questionarmos muito sobre o que está em jogo na realidade. O inconsciente deve ser algo que se aloja atrás da cabeça, uma espécie de caixa-preta em que se amontoam os segredos íntimos, os sentimentos perturbadores, as segundas intenções suspeitas. Em todo caso, algo que deve ser manejado com cautela.

Claro, os psicanalistas de profissão não se contentam com uma abordagem tão vaga. Exploradores ou guardiões de um campo que eles consideram ser deles, com ciúmes de suas prerrogativas, eles estimam que só seria possível ter acesso ao mundo do inconsciente depois de uma preparação longa e cara, de uma espécie de ascese estritamente controlada. Para ser bem-sucedida, a análise didática, assim como a análise ordinária, demanda muito tempo e requer a implementação de um dispositivo muito particular (relação de transferência entre o analista e o analisado, orientação da anamnese, exploração das identificações e fantasias, eliminação das resistências por meio da interpretação etc.).

Portanto, esse inconsciente, que deve supostamente se alojar no âmago de cada indivíduo e ao qual nos referimos em relação aos mais diversos campos – as neuroses, as psicoses, a vida cotidiana, a arte, a vida social etc. –, seria essencialmente um assunto de especialistas. O que há de espantoso nisso? Hoje em dia, tantas coisas que antigamente tínhamos a impressão de que fariam parte do campo comum por toda a eternidade estão recaindo sob a divisão de novos ramos industriais e comerciais: a água, o ar, a energia, a arte... Então, por que não as fantasias e o desejo?

Aqui vamos tratar de um inconsciente de natureza totalmente diferente. Não de um inconsciente de especialistas, mas de um campo ao qual todo mundo pode ter acesso sem preocupação e sem preparação particular, de um território aberto por todos os lados às interações sociais e econômicas, em contato direto com as grandes correntes da história, e que, portanto, não tem como eixo exclusivo as desavenças de família dos heróis trágicos da Antiguidade grega. Esse inconsciente, que chamei de "esquizoanalítico" em oposição ao inconsciente psicanalítico, inspira-se mais no "modelo" da psicose do que no das neuroses, a partir do qual a psicanálise se construiu. Também o chamarei de "maquínico" porque ele não está essencialmente centrado na subjetividade humana, colocando em jogo os fluxos materiais e os sistemas sociais mais diversos. Os antigos territórios do Ego, da família, da profissão, da religião, da etnia etc. foram desfeitos um por um, foram desterritorializados. Nada mais é óbvio no registro do desejo. Isso se deve ao fato de que o inconsciente moderno é constantemente manipulado pelas mídias de massa, os equipamentos coletivos e seus grupos de técnicos. É por isso que não deveríamos mais nos contentar em defini-lo meramente em termos de entidade intrapsíquica, tal como fazia Freud na época em que estava elaborando suas diferentes tópicas. Seria suficiente dizer que o inconsciente maquínico é mais impessoal ou arquetípico do que o inconsciente tradicional? Claro que não, pois sua "missão" é justamente delimitar de modo ainda mais preciso as singularidades individuais, na medida em que ele se agarra mais estreitamente às relações sociais e históricas dos "tempos maquínicos". Só que as problemáticas das quais ele é a sede não dizem respeito exclusivamente ao campo da psicologia. Elas envolvem as escolhas de sociedade e as escolhas de desejo mais fundamentais, um "como viver" num mundo atravessado em todos os sentidos por sistemas maquínicos que expropriam os processos de singularização e os reduzem a territórios padronizados, tanto reais quanto imaginários.

Ressaltemos brevemente que o modelo de inconsciente evocado aqui não se opõe por completo ao antigo modelo psicanalítico. Ele retoma alguns de seus elementos ou no mínimo os reconstitui a título de variantes, de cenário possível. De fato, existe realmente uma fórmula do inconsciente circunscrito a um espaço intrapsíquico "familiarizado", no qual se entrelaçam alguns dos materiais mentais elaborados durante as primeiras fases da vida psíquica. Não podemos ignorar a existência desse recinto dos desejos proibidos, espécie de principado secreto, de Estado dentro do Estado, que procura impor sua lei ao psiquismo e ao comportamento como um todo. Essa fórmula do inconsciente privado, personológico e edipiano adquiriu, aliás, uma importância primordial dentro das sociedades desenvolvidas, já que nele se baseiam os sistemas de culpabilização, de interiorização das normas nas quais tais sociedades fundam uma parte essencial de seu poder. Mas, repito, trata-se apenas de um cenário possível do inconsciente, o qual pode ser agenciado segundo outras linhas de possíveis, que cabe a um novo tipo de análise descobrir e promover.

Lembremos que, no modelo freudiano, o inconsciente era resultado de um duplo movimento:

1. de repulsão dos "representantes pulsionais" que o consciente e o pré-consciente não podiam tolerar (enunciados, imagens, fantasias proibidas),

2. de atração que se origina a partir de formações psíquicas recalcadas desde sempre (recalque originário).

Portanto, os conteúdos marcados pelo selo da proibição deviam transitar primeiramente pelo consciente e pré-consciente para cair em seguida nessa espécie de "inconsciente-descarga", regido por uma sintaxe particular denominada "processo primário" (por exemplo, a condensação e o deslocamento que operam no âmago do sonho). Com esse duplo movimento, nada autorizava a possibilidade de processos criadores específicos ao inconsciente.[1] Nele, tudo já estava decidido de antemão, todos os percursos estavam traçados: o inconsciente psicanalítico estava programado como um destino.

Ao invés de se basear numa maquinaria binária desse tipo – sistema do recalque propriamente dito e do recalque originário –, o inconsciente esquizoanalítico implica uma proliferação de máquinas desejantes que dizem respeito não apenas a "objetos parciais" tipificados – o seio, as fezes, o pênis ou matemas como o objeto "a" do lacanismo –, mas também a uma multidão de entidades singulares, de fluxos, territórios e universos incorporais que se articulam como *agenciamentos funcionais* nunca redutíveis a complexos universais.

Recapitulemos algumas características do nosso inconsciente maquínico:

1. Ele não é a sede exclusiva de conteúdos representativos (representação de coisas, representação de palavras etc.), mas o lugar *de interação entre componentes semióticos e sistemas de intensidade os mais diversos* (semióticas linguísticas, semióticas "icônicas", semióticas etológicas, semióticas econômicas etc.). Consequentemente, ele não corresponde mais ao famoso axioma formulado por Lacan, de ser "estruturado como uma linguagem".

2. Seus diferentes componentes *não dependem de uma sintaxe universal*. A disposição de seus conteúdos e de seus sistemas de intensidade (tal como ela pode se manifestar no sonho, nas fantasias, nos sintomas) diz respeito a *processos de*

---

[1]. Freud declara que "o trabalho do sonho nunca é criador". Cf. *Le Rêve et son interprétation*. Paris: Gallimard, p. 110. [Ed. bras. *A interpretação dos sonhos*. Trad. Paulo César de Souza. São Paulo: Companhia das Letras, 2019.]

singularização que só poderiam escapar das descrições analíticas redutoras, do tipo complexo de castração, complexo de Édipo (ou relações intrafamiliares sistematizáveis). A existência de tais cenários possíveis diz respeito a agenciamentos coletivos ligados a contextos culturais ou sociais circunscritos.

3. *As relações inconscientes interindividuais não dependem de estruturas universais* (tal como a corrente lacaniana tentou fundá-las a partir de uma espécie de "teoria dos jogos" da intersubjetividade). As relações interpessoais imaginárias ou simbólicas ocupam evidentemente um lugar nodal dentro dos agenciamentos inconscientes, mas elas não os resumem. Outras relações não menos essenciais se instauram nele, a partir de sistemas de entidades abstratas e de máquinas concretas que não fazem propriamente parte das identificações humanas. O inconsciente maquínico é um pouco como La Samaritaine, encontramos de tudo nele! Somente com essa condição é possível explicar ao mesmo tempo sua sujeição à sociedade de consumo assim como sua riqueza criativa e sua disponibilidade infinita para as mudanças do mundo.

4. O inconsciente pode se retrair e se refugiar num imaginário saudosista, *assim como se abrir para o aqui e agora* ou optar pelo futuro. Suas fixações arcaicas no narcisismo, na pulsão de morte, no medo da castração não são fatalidades. Elas não constituem, como Freud postulou, a rocha última na qual ele está fundado.

5. O inconsciente maquínico não é o mesmo em toda a Terra: *ele não para de evoluir ao longo da história.* A economia do desejo dos trobriandeses de Malinowski não é a mesma da dos habitantes do Brooklyn, e as fantasias dos habitantes de Teotihuacan na época pré-colombiana não têm muito a ver com as fantasias dos mexicanos de hoje em dia.

6. As estruturas analíticas de enunciação relativas ao inconsciente não passam necessariamente pelos serviços de uma corporação de analistas. *A análise pode ser uma empreitada individual ou coletiva.* As noções de transferência, interpretação e neutralidade, fundadas no "tratamento típico", também devem ser revisadas. Elas só são aceitáveis dentro de dispositivos muito particulares, relacionadas a indicações provavelmente limitadas. Independentemente das mudanças históricas e das transformações tecnológicas e culturais, não é inevitável que elementos estruturais sejam encontrados em todas as formações inconscientes? As oposições eu-outro, homem-mulher, pai-filho etc., não se entrecruzam de modo a constituir uma espécie de esquema matemático universal do inconsciente? Em que a existência desse esquema viria necessariamente impedir a diversificação dos inconscientes? Mesmo meus interlocutores mais abertos a uma "revisão esquizoanalítica" chegam às vezes a tais questionamentos. Por isso me parece necessário insistir em algumas das razões que me levaram à recusa de fundar o inconsciente em "universais" de conteúdo, assim como de expressão.

Uma das maiores descobertas de Freud consistiu em trazer à tona o fato de que o inconsciente não conhecia a negação, pelo menos não uma negação do mesmo tipo que a da nossa lógica consciente. Ele constituiria, portanto, um mundo mental em que nunca são óbvias as oposições categóricas anteriormente enumeradas. Nele sempre é possível ser – e até somos necessariamente – ao mesmo tempo eu e outro, homem e mulher, pai e filho... O que importa aqui não são mais as entidades polarizadas, reificadas, mas processos que eu e Gilles Deleuze chamamos de "devires": devires mulheres, devires plantas, devires músicas, devires animais, devires invisíveis, devires abstratos... O inconsciente freudiano do "processo primário" (cujas interpretações reducionistas fundadas por estruturas noéticas normalizadas em função das coordenadas e significações dominantes nos recusamos a legitimar) nos dá acesso a universos transformacionais de natureza incorporal: lá onde tudo parecia estratificado e definitivamente cristalizado, ele instaura potencialidades de sentido e de práxis aquém da oposição realidade-representação.

Que aconteça, por exemplo, de um paciente expor a um psicanalista um problema relativo a seu patrão ou ao presidente da República, sabemos de antemão que só serão retidos os mecanismos de identificação paterna. Por trás da atendente dos correios ou da apresentadora de televisão, só poderão ser representados uma imago materna ou um matema estrutural universal. De um modo mais geral, através de todas as formas que se animam à nossa volta, as diferentes escolas analíticas só identificam símbolos sexuais, referências à castração simbólica etc. Mas esse sistema de leitura de mão única acaba perdendo seu encanto com o tempo!

Pois, se por trás do patrão encontramos às vezes um pai simbólico – é até mesmo isso que faz falar, acerca de certas empreitadas, de "paternalismo" –, por detrás do pai real também existe frequentemente, e muito concretamente, um patrão ou um superior hierárquico. As funções paternas dentro do inconsciente são inseparáveis da inserção socioprofissional e cultural daqueles que são seu suporte. Por detrás da mãe, real ou simbólica, existe um certo tipo de condição feminina, num contexto social imaginário definido. É preciso lembrar, por fim, que a criança não vive dentro de um mundo fechado, que seria a família, pois a família é permeável às forças ao redor, às influências externas! Os equipamentos coletivos, as mídias de massa, a publicidade não param de interferir nos níveis mais íntimos da vida subjetiva. Repito, o inconsciente não é algo que pode ser apreendido unicamente em si, pelo discurso da intimidade. Na verdade, ele nada mais é do que o rizoma das interações maquínicas a partir do qual estamos articulados aos sistemas de poder e às formações de poder que nos cercam. Nessas condições, os processos inconscientes não poderiam ser analisados de modo válido em termos de conteúdo específico ou em termos de sintaxe estrutural, mas apenas em termos de enunciação, de *agenciamentos coletivos de enunciação*, os quais não coincidem, por definição, nem com os indivíduos biológicos, nem com paradigmas estruturais. A subjetividade inconsciente produzida por esses agenciamentos não é constituída a partir de algo que "já está previamente dado". Ela circunscreve seus processos de singularização, seus conjuntos sujeitos dentro de ordens muito diferentes entre si (signos, universos incorporais, energia, "mecanosfera" etc.), segundo arranjos abertos, no sentido em que se fala hoje, nas artes plásticas, de uma abertura da criação às suas matérias, suas substâncias, suas formas...

As reduções familiaristas do inconsciente com as quais os psicanalistas estão acostumados não são "erros". Elas correspondem a um certo tipo de agenciamento coletivo de enunciação. Procedem de uma micropolítica particular relativa às formações do inconsciente, essa mesma que governa uma certa organização capitalística da sociedade. Um inconsciente maquínico diversificado demais, criativo demais seria contrário ao "bom desempenho" das relações de produção fundadas na exploração e na segregação social. Nas nossas sociedades, é isso que confere um lugar de escolha aos especialistas da recentralização do inconsciente no sujeito individuado, em objetos parciais reificados, nos métodos de *containment* para impedir sua expansão fora das realidades e significações dominantes. É no contexto do desenvolvimento de uma gigantesca indústria de normalização, adaptação e policiamento do *socius* que convém apreciar o impacto de técnicas com aspirações científicas, tais como a psicanálise ou a terapia familiar.

A divisão social do trabalho e a atribuição dos postos de produção aos indivíduos não dependem mais unicamente, para sua implementação, de meios diretos de coerção ou de sistemas de semiotização capitalística (remuneração monetária fundada no lucro etc.). Eles também dependem fundamentalmente de técnicas de modelização do inconsciente operadas pelos equipamentos sociais, pelas mídias de massa, pelos múltiplos dispositivos psicológicos e comportamentais de adaptação. A desterritorialização da libido operada pelas forças produtivas nas quais se apoia

O *capitalismo mundial integrado* (CMI) tem como efeito desenvolver uma espécie de angústia coletiva, que leva, em contraponto à expansão das ciências e das técnicas, ao ressurgimento de ideologias religiosas, mitos, arcaísmos etc. Temos todos os motivos para pensar que, apesar da amplidão das operações subjetivas de reterritorialização do *socius* e do imaginário realizadas pelos diversos componentes do CMI (regimes capitalistas, socialismos burocráticos, ditaduras do terceiro mundo etc.), a integração maquínica da humanidade continuará avançando. A questão é saber quais serão suas modalidades últimas. Será que ela vai, como tem acontecido atualmente, no sentido contrário das linhas criadoras do desejo e das finalidades humanas mais fundamentais? Que se pense na imensa miséria, tanto física quanto moral, que reina na maior parte do planeta. A economia do desejo conseguirá, pelo contrário, se harmonizar com os progressos técnicos e científicos? Só uma transformação profunda das relações sociais em todos os níveis, um imenso movimento no qual as máquinas desejantes "reassumem o controle" das máquinas técnicas, uma "revolução molecular" correlativa de novas práticas analíticas e micropolíticas, permitirá chegar a tal ajuste. Mesmo o destino da luta de classes oprimidas – o fato de estarem constantemente correndo o risco de afundar em relações de dominação – parece ligado a tal perspectiva.

Para que ela possa se tornar o "assunto de todos", uma abordagem analítica e micropolítica das formações coletivas de desejo deveria, portanto, renovar constantemente seus métodos, diversificar-se e enriquecer-se entrando em contato com todos os campos de criação. Em suma, fazer o exato oposto daquilo que a profissão psicanalítica faz hoje em dia.

1979 – Senhoras-dolto por toda parte!

Diálogo com Christian Poslianec

Christian Poslianec   O que é a adolescência?

Félix Guattari   A meu ver, é algo que está na cabeça dos adultos. Algo que existe neles em todos os níveis, como fantasia, como prática de segregação social, como equipamento coletivo etc. Mas a adolescência como realidade vivida não pode ser especificada em quase nada enquanto faixa etária. Da minha parte, preferiria falar de diversos tipos de devires. De devir criança, de devir mulher, de devir sexo... Esses devires podem surgir uma hora ou outra; não necessariamente numa idade fixa. Podemos voltar a ser criança – isso é bem comum! – aos 75 anos. Também podemos nunca entrar num devir criança. Podemos estar gagás aos doze anos. Podemos entrar num devir mulher, podemos entrar num devir planta; podemos entrar em devires de todos os tipos de coisas, mas isso não me parece dizer respeito a uma programação genética.

Poslianec   Isso quer dizer que você está eliminando qualquer ponto de referência possível na pessoa que está diante de você. Você não quer começar a impor caixinhas.

Guattari   Mesmo assim sou obrigado a levá-las em conta já que isso é feito em todo lugar. As caixinhas começam desde a educação infantil, quando se determina como uma menininha, pulando corda, deverá dispor seu corpo de modo que ela se submeta progressivamente a um certo tipo de comportamento, de imagem. As caixas estão por toda parte. Mas no nível daquilo que chamo de economia do desejo, é óbvio que não existem mais caixas! Isso foge e vaza por todos os lados.[1] Tentando abordar a sua questão de um modo um pouco mais aprofundado e não fugir demais dela, devo dizer que acredito que a adolescência, naquilo que conheci dela, constitui uma verdadeira microrrevolução, que coloca em jogo componentes múltiplos, alguns dos quais ameaçam o mundo dos adultos. Trata-se da entrada numa espécie de zona intermediária extremamente perturbadora da qual surge brutalmente toda uma gama de possíveis, e na qual se produzem testes de força de choques às vezes extremamente duros ou mesmo dramáticos. Ao sair de uma situação de equilíbrio relativo durante a infância, de uma certa homeostase[2] – categoria que deve ser usada, aliás, com muito cuidado –, um mundo totalmente novo se abre. Mas raidamente tudo se fecha de novo e o cortejo do controle social institucionalizado e de interiorização das fantasias repressivas se põe a desfilar para captar e neutralizar as novas virtualidades.

Então, o que há nessa microrrevolução? Coisas óbvias e outras menos óbvias. Primeiro, é claro, o componente da puberdade, que, devido ao seu surgimento, cria uma verdadeira implosão, uma desorganização dos *status quo* anteriores, fisiológicos, biológicos, comportamentais; o resultado desse tipo de transformação são remanejamentos profundos, não apenas daquilo que passa na cabeça, no plano reflexivo, conceitual, mas também no plano perceptivo...

Poslianec   E afetivo...

Guattari   Afetivo, é óbvio. Mas gostaria de enfatizar as mutações perceptivas, relativas ao espaço, ao corpo, ao tempo. Proust explorou muito bem essas transformações fazendo o uso de sinestesias.[3] Tudo isso pode acabar numa reviravolta completa das estruturas do comportamento, para retomar a expressão de Merleau-Ponty.

---

1. No original, *Ça fuit de tous les côtés*. A tradução do verbo *fuir* varia conforme o contexto: pode ser traduzido como *fugir*, como *vazar*, ou ainda pelos dois termos: *fugir* e *vazar*. [N. T.]
2. Autorregulação.
3. Associação de sensações diferentes que parecem se insinuar uma à outra.

Poslianec Você situa isso no momento da puberdade?

Guattari Não, não estou falando de uma fase específica. Você também pode ter uma "revolução adolescente" sem interferência de componentes sexuais genitais.

Nas sociedades arcaicas, o que contava eram os agenciamentos coletivos que integravam um indivíduo a uma estrutura de iniciação e preparação de sua entrada na sociedade. É óbvio que essa iniciação não era o resultado automático da intervenção dos componentes pubertários. Ao contrário, o desencadeamento dos componentes pubertários talvez seja, em parte, tributário dessa entrada iniciática numa faixa etária. Hoje em dia, as "metamorfoses" sociais não existem mais sob a forma coletiva e espetacular que tinham nas sociedades arcaicas. Elas são muito menos localizáveis porque não são mais ritualizadas do mesmo jeito. Nem por isso são menos importantes.

Poslianec Eu estava falando de puberdade porque, estatisticamente, para a maioria dos indivíduos, os critérios sexuais da puberdade aparecem numa determinada idade. Ora, quando vivemos em grupos de adolescentes, percebemos que tem um monte de comportamentos, visões, emoções, capacidade de levar em conta, capacidades de escuta, que mudam nessa época. Talvez seja caricato vincular isso aos critérios da puberdade, mas tradicionalmente isso acontece. No entanto, isso me interessa menos do que outra coisa: eu trabalhei principalmente com jovens adultos ou adolescentes de 17 a 22 anos; quase fui levado a falar de uma "segunda puberdade" por volta dessa idade. O que eu estava chamando assim era uma mudança no jeito de apreender o mundo, em particular através de uma importante busca de autonomia em todos os planos – afetivo, sexual, financeiro, intelectual etc. Como se houvesse toda uma revolução interna acontecendo nessa idade, sem que haja "sinais externos de riqueza" como na puberdade, sem que eu consiga apreender exatamente o que estava acontecendo. Será que, para você, isso corresponde a algo mais explícito do que para mim?

Guattari Talvez você tenha uma experiência que eu não tenho. No que diz respeito ao que você está chamando de "segunda puberdade", rapazes e moças jovens com quem lido são geralmente muito menos autônomos do que esses de quem você está falando. Isso seria até mesmo o exato oposto para os psicóticos, que muitas vezes perdem toda a autonomia com sua entrada na puberdade, a qual coincide frequentemente com a entrada no processo patológico.

Muitas vezes tenho a impressão de que nos períodos da adolescência entram em jogo fenômenos de *marcas*, para retomar um termo da etologia. Toda essa zona de perturbações psíquicas e comportamentais, e por vezes também riquezas tempestuosas, expõe muitos adolescentes a tremendas provas de fogo, das quais alguns não saem ilesos. Tudo isso leva ou à normalização ou a perturbações do caráter, a neuroses ou a todos os tipos de devastação. É verdade que poucas pessoas conservam uma lembrança autêntica de sua adolescência. Raros são os escritores, como André Gide, que souberam dar conta dela.

Poslianec Boris Vian...

Guattari Sim, de fato... Nas meninas, talvez os estragos sejam ainda piores. A capacidade de recuperação, de bombardeamento dos sistemas normativos adquirem frequentemente um aspecto pavoroso nelas. Não apenas em virtude de intervenções externas, de atitudes repressivas explícitas, mas também por causa dos sistemas punitivos internalizados.

Poslianec Todos os pequenos policiais internos, né?

Guattari   Que se desenvolvem inclusive a partir de práticas que se apresentam como libertadoras. Num outro campo, penso em certos grupos de homossexuais que me inspiram às vezes um sentimento muito mais desfavorável, pois sua dimensão pretensamente emancipadora parece principalmente ligada a projetos mal dissimulados de normalização e fechamento psicológico. Seja como for, essa primeira revolução adolescente me parece da maior importância para a cristalização da personalidade. Não é por acaso que Kraepelin reconstituía a demência precoce a partir dela. É verdade que inventaram, desde então, as "psicoses infantis". Mas não sei se fizeram bem! Pois, na prática, as descrições clínicas sempre retornam a esse período da puberdade. Claro que podemos considerar que existe uma maturação da psicose anterior a esse estágio, com a revelação "retroativa" de perturbações infantis. Mas essas concepções me deixam perplexo. Me parece perigoso falar de psicose antes da puberdade porque nada ainda se cristalizou realmente. Corremos o risco de atribuir indevidamente a esses estágios infantis toda uma programação etiológica. Recomeçamos do Édipo – ou bem antes, segundo Melanie Klein –, depois deduzimos um encadeamento de distorções nas identificações imaginárias... Vocês conhecem o final! Na verdade, repito, é realmente nessa virada da revolução adolescente que nascem as grandes loucuras, assim como as grandes vocações.

Poslianec   Eu achava que tudo se decidia antes dos seis anos. É o que ainda dizem muitos pedagogos atualmente!

Guattari   Sim, eu sei, mas isso é realmente medíocre! Com isso na cabeça, podemos justificar todas as passividades, todas as renúncias. Nada mais começa de fato nem antes nem depois dos seis anos! É preciso romper com esses esquemas causalistas. O que conta são os processos de entrada na família, no *socius*, na sexualidade, no esporte, na arte, no exército etc. Sempre que se produzem simultaneamente uma ruptura e uma possibilidade de abertura, levando em conta as condições sociológicas, institucionais, ambientais de equipamento coletivo, de mídia de massa... Paradoxalmente, a entrada na vida do trabalho acontece cada vez mais tarde, ao passo que a entrada nas semióticas adultas acontece cada vez mais cedo! A meu ver, o resultado disso é a existência de formas de sexualidade cada vez mais precoces e, correlativamente, uma imaturidade crônica dessa mesma sexualidade! Não sou hostil a ela! Mas será que isso significa que existe um fenômeno de liberalização sexual? Isso não é de modo algum evidente! Porque a entrada na vida semiótica é, na verdade, a entrada no trabalho, é a entrada na produção, a produção de modelos, a produção de subjetividade. Durante toda a adolescência existe uma ansiedade considerável em relação a virar um *adulto normal*...

Poslianec Em nosso número, temos a reprodução de duas conversas com "moleques" no CET ou no ensino técnico, ou seja, que vão entrar na produção no ano que vem. Realmente, manifesta-se com muita força essa angústia da entrada na vida = trabalho = fechamento = produtividade = fim de alguns sonhos que lhes restam.

Guattari É aí que tudo se junta. Você presta o seu BEP ou sei lá o quê, seus graus de proficiência linguística, seus níveis de performance na corrida pela promoção, em campos que dizem respeito não apenas à educação, à formação profissional, mas também à sexualidade! Você prestou o teste para obter o certificado de puberdade? Você tem realmente certeza de que é normal? A banca desse tipo de concurso é o olhar, frequentemente implacável, dos seus amigos mais próximos, dos seus amigos mais afetuosos...

Poslianec A liberação sexual como normalização da sexualidade?

Guattari Isso é uma coisa nojenta. E esse interesse doentio está se expandindo cada vez mais. Não apenas entre os psicólogos, as educadoras, as cuidadoras de creche, as mães de família e todas as senhoras-Dolto que povoam as mídias. Os microprocessadores, os microcomputadores estão proliferando por toda parte, mas também as micro-Dolto.

A sexualidade infantil, adolescente e adulta é confrontada o tempo todo por esse tipo de teste. Será que você goza cedo demais, tarde demais? E seu orgasmo, como está? Ele não é clitoriano demais? Que papo idiota! E vejam a seriedade dos bebês na frente da televisão! Eles estão trabalhando, esses infelizes; estão na cadeia; eles despontam! Vocês encontram no estágio de *infans* uma modelagem dos sistemas perceptivos. Está claro que essa infância aí não tem mais nada a ver com aquela que foi vivida outrora nas sociedades rurais ou urbanas relativamente pouco capitalísticas de cinquenta anos atrás. Todo um espírito de seriedade psicologizante é veiculado pelas mídias, pelos jogos educativos... Será que o meu bebê está mamando na hora certa? Será que ele está se masturbando quando necessário? "Isso não é normal, doutor, ele tem tal idade e ainda não se masturba! O que o senhor prescreve?" Uma ansiedade generalizada governa o mínimo incidente de desenvolvimento. Às vezes chega a ser extravagante! E isso é em grande parte consequência das baboseiras psicanalíticas em matéria de psicogênese, essas imbecilidades sem nome que postulam não apenas estágios de desenvolvimento intelectual e estágios comportamentais, mas também estágios afetivos. Isso não é o cúmulo?

Poslianec O que você está dizendo me lembra uma ideia à qual estou tentando dar forma há algum tempo. Há meio século, os jovens nas zonas rurais, por exemplo, eram muito mais livres do que nas zonas urbanas. Eles não eram vigiados, não estavam constantemente sob o olhar dos adultos. Agora, não é mais assim. Quando eles saem da escola, devem voltar direto para casa; não existem mais tapumes, cantos tranquilos, lugares onde seja possível se refugiar secretamente, e eles passam do olhar dos adultos-professores para o olhar dos adultos-pais e para o olhar, eu diria, da televisão. E estão o tempo todo fechados assim. Enquanto nas cidades era o contrário há algum tempo: uma certa liberdade era encontrada nas caves, nos estacionamentos, tudo o que é subterrâneo, todo o inconsciente das cidades. Aqui se mantinha uma certa vida sexual que se opunha à proibição, infelizmente com todo seu cortejo sexista, violento etc. Mas havia algo selvagem exatamente nisso. Ora, isso está desaparecendo atualmente através do controle do lazer das crianças. E isso veio da antiga geração de 68, que se reciclou no lazer para crianças, nas oficinas para crianças, na produção de coisas para crianças... É só ver os anúncios do Libération, em que isso se propaga numa velocidade doida. Isso é, aliás, uma forma de adaptação do neocapitalismo a um novo sistema de pequenos lojistas. O resultado da questão é que a criança está constantemente sob o olhar do pai-adulto, da mãe-adulto, como no 1984 de Orwell.

Guattari   Eu acrescentaria que não são apenas as crianças e os adolescentes que estão sob controle. É toda a sociedade que se encontra infantilizada, puerilizada, sob esse regime "panóptico" descrito por Michel Foucault. Pois tudo que você acabou de dizer poderia ser igualmente aplicado ao pai, à mãe etc. Somos todos puerilizados pela sociedade midiática de massa e pelos equipamentos produtores de subjetividade. E, no fim das contas, talvez os "adolescentes" sejam menos infantilizados do que os outros; talvez sejam eles que ainda resistem melhor! Pelo menos até o dia em que desabarem em uma verdadeira crise de angústia, a não ser que façam uma transferência massiva para o parceiro e consigam entrar na vida conjugal e no circuito habitual...

Poslianec   De acordo com tudo o que você estava dizendo agora há pouco sobre essa força, essa violência que chega num determinado momento e que poderia ser uma das definições possíveis da adolescência, podemos pensar que há uma força política nisso – no sentido etimológico – que pode mudar algo, uma "esperança", mesmo quando os adolescentes entrevistados dizem não acreditar na sociedade, na política, talvez nem mesmo na organização coletiva do que quer que seja. E eles explicam que vivem a sexualidade deles na vida de casal. Isso quer dizer que encontramos ou um retorno ou uma fixação no casal. Então, para mim, todas essas palavras entram em choque umas com as outras: segurança, integração, força de revolta etc. Será que ficou mais claro para você?

Guattari Não estou de modo algum convencido de que se possa falar tão rapidamente de um retorno ao casal. Certamente existe uma nova micropolítica do casal, mas não necessariamente um retorno. Trata-se de uma outra definição. Em muitos casos, pelo menos. Pois é óbvio que também existe, nesse campo, uma ascensão conservadora que faz muitos estragos. Seja como for, acredito que o modo como se agenciam hoje em dia as relações homem/mulher é muito diferente do que era há duas ou três gerações. Seria necessário um estudo acurado para mostrar isso. Isso é decidido não apenas no nível da vida cotidiana – a louça ou coisas assim – ou das relações de posse, ciúme etc., mas também no nível sexual. Não se trata mais da mesma sexualidade porque as mulheres assumem seu corpo numa dependência relativamente menor em relação a seus parceiros.

Então, o fato de ainda existirem casais, por que não? Até onde eu sei, as mitologias das comunidades sexuais, acompanhadas às vezes por chefões quase delirantes, desmoronaram quase todas. Mas isso não implica necessariamente um retorno ao casal tradicional. E não vejo em nome de que os casais deveriam ser condenados! A questão é saber como eles funcionam. O que acontece com os indivíduos que os compõem, com suas vidas, com sua sensibilidade, com seus desejos? Aqui encontraremos novamente um problema similar ao da análise. O problema não é saber se devemos ser dois para realizar uma análise, ou um só, ou dez, ou cinquenta, mas determinar aquilo que é feito nela!

Simetria na resposta: não é verdade que há morte do político por implosão do social. Há morte de uma certa política, implosão de um certo social, isso é incontestável. Mas acredito que também há uma busca coletiva, confusa, com altos e baixos, de uma outra política. Trata-se daquilo que chamo de "micropolítica", "revolução molecular", algo que parte de preocupações bem imediatas, bem cotidianas, bem individuais, mas que também se interessa por aquilo que acontece no plano social e até mesmo – por que não? – no plano cósmico. A sensibilidade ecológica também é a promoção de uma certa visão ao mesmo tempo molecular e mundial dos problemas políticos. É óbvio que isso é diferente do radical-socialismo de nossos pais e avôs! Mas se isso não é político, então o que é? É verdade que seus sujeitos, seus objetos e seus meios não são mais os mesmos. No lugar dos sujeitos individuais, dos cidadãos abstratos, temos agenciamentos coletivos. Peguemos, por exemplo, um grupo como o Sex-Pol, não deve ser fácil defini-lo! Não é possível defini-lo segundo critérios sexuais, nem como um grupo político, nem como uma faixa etária... Isso é o que chamo de agenciamento complexo, multidimensional. Grupos como esse, muito agarrados a sua autonomia e singularidade, um dia talvez consigam transformar as relações humanas em grande escala, se conseguirem se desfazer das atitudes corporativas e segregacionistas.

Seus objetos também são diferentes. Não se pode dizer que sejam ambíguos, mas eles têm realmente múltiplas faces: podem dizer respeito a um prazer bastante imediato, por exemplo o de estar juntos, e também a preocupações mais políticas, sociais, que não têm mais nada a ver com as pequenas intrigas habituais. Os objetos se tornam, então, a Terra inteira, os animais, as plantas, as formas, os sons, a humanidade, sei lá...

O que desmoralizou completamente de Gaulle em Maio de 68 é que ele percebeu que não estávamos com raiva dele, mas que apenas rejeitávamos aquilo que ele representava. Ele podia permanecer em seu lugar porque não tínhamos alternativa política com crédito. Ele percebeu que estava governando um povo de zumbis. Talvez seja um novo 68, com um estilo totalmente diferente, que está se preparando em segredo. Seus estudantes, seus jovens, seus roqueiros, suas preocupações, são literalmente imperceptíveis para as pessoas "normais", o que fará com que digam: "Mas esses caras aí nem sabem o que querem! Suas reivindicações não têm nenhum objeto compreensível!" E como isso não pode se inscrever no entendimento deles, aparece-lhes como algo completamente louco. Só que, vira e mexe, isso se inscreve mesmo assim. Então, uma vez do lado do *establishment*, isso vai dar no Watergate e, outras vezes, do lado popular, das coisas completamente aberrantes, nas revoltas contra o trabalho ou nas estatísticas alarmantes sobre o fato de que as pessoas não se importam nem um pouco em morrer pela pátria... Nessa hora, os dirigentes pensam: "De onde vem isso? Quem são os líderes? Quais espíritos maus estão subindo à cabeça da nossa juventude?" Quanto aos meios dessa política, eles também não são tradicionais. Não se trata mais dos meios de comunicação social através do discurso, do programa, da explicação de texto, da referência aos grandes autores. Isso passou para o lado do reflexo, da sensibilidade coletiva, dos sistemas de expressão não verbais. As crianças, os adolescentes não apreendem seu devir, pelo menos de modo predominante, em termos de discurso significante. Eles recorrem àquilo que chamo de formas de discursividade assignificantes: a música, a roupa, o corpo, os comportamentos-sinais de reconhecimento, e também a sistemas maquínicos de todas as naturezas. Meu filho, por exemplo, faz política. Não tanto com discursos, mas com sua soldadora: ele monta rádios livres. Aqui o discurso técnico está em contato direto com o engajamento; não foi preciso explicar longamente a oportunidade, a justificativa política das rádios livres. Ele entendeu tudo na hora. É essa irrupção dos maquinismos – não apenas da comunicação – como meios, mídias políticas, que me parece fundamental. Tenho fé na ascensão de todas as novas categorias técnico-científicas nesse novo campo político. Não é por acaso que um comitê de físicos foi parar no primeiro plano no caso Piperno, no caso do 23 de março. Geralmente os universitários, os políticos tradicionais, desconhecem as virtualidades que estão escondidas nesse mundo técnico-científico.

Poslianec   Você foi mais ou menos enredado em todas as histórias de minorias em luta...

Guattari   Mais para menos do que para mais.

Poslianec   Queria saber se você tem algo a dizer sobre isso.

Guattari   Tudo o que posso dizer é que estou convencido de que a entrada na política de uma série de pessoas pelas quais não se esperava – os marginais, os desempregados, os velhos, as crianças do primário, as turmas de bairro... – vai ganhar cada vez mais importância.

1980 – Pequenas e grandes máquinas de inventar a vida

Entrevista com Robert Maggiori

Robert Maggiori Alguns de seus livros, principalmente *O inconsciente maquínico*, são de acesso particularmente difícil em função da abstração extrema da língua, dos neologismos, da variedade dos vocabulários tomados de empréstimo de disciplinas muito diferentes. Trata-se de um jogo, um pouco elitista, ou de uma necessidade que se deve ao próprio objeto de suas pesquisas?

Félix Guattari O que é certo é que não se trata de um jogo. Talvez seja uma insuficiência ou uma necessidade. Insuficiência? Se se tratar dos livros que escrevi com Gilles Deleuze, não creio que essa seja a definição certa. No que diz respeito ao meu trabalho pessoal, digamos que se trata de uma deficiência crônica. Mas cabe a vocês julgar isso! É óbvio que, pessoalmente, tendo a pensar que se trata de uma necessidade devida ao fato de que forjei para mim minha própria linguagem para enfrentar certas questões.

Forjar uma linguagem significa inventar palavras, palavras-chave, palavras-valise, no melhor dos casos, palavras-ferramentas capazes de abrir uma problemática, veiculá-la e articulá-la em diversos campos. Não acredito nem na literatura, nem na filosofia universal, mas antes de tudo nas virtudes das línguas menores. A questão se torna, então, bastante simples: ou uma língua menor entra em conexão com problemáticas menores e produz efeitos singulares, ou ela fica isolada, vegeta, fica dando voltas em torno de si mesma e não produz nada. Portanto, não acredito que se trate de uma atitude elitista da minha parte. Entendo que isso irrite alguns mas, em última instância, não é problema meu. O que me chatearia seria não ser entendido quando me expresso numa língua maior, por exemplo, quando quero dizer algo sobre Giscard ou o código Peyrefitte.

Maggiori   Você forja para si ferramentas particulares para um campo de pesquisa particular. Mas isso cria problemas no plano da comunicação da pesquisa. A ferramenta não tem que ser universal?

Guattari   Quase não acredito na ferramenta universal, nem nas virtudes da comunicação nesse campo. No campo conceitual, o efeito mais desejável que se pode esperar não é da ordem da compreensão, mas de uma certa forma de eficiência. "Isso funciona" ou "isso não funciona". Imaginemos que, para fazer operações aritméticas, dão a você uma pequena calculadora. Será que há comunicação? Um uso possível dessa máquina é transmitido a você. As performances autorizadas por seu uso serão instauradas assim que se adquirir uma certa competência relativa a seu emprego. A meu ver, é a mesma coisa com expressões teóricas que devem funcionar como ferramentas, máquinas, sem referência a uma ideologia, nem à comunicação de uma forma particular de subjetividade. E isso é verdadeiro em todos os campos. Lembre-se de Maio de 68. Não houve transmissão ideológica, mas repercussão de acontecimentos. Houve um "Isso funciona de outro jeito" que se transmitiu na velocidade das máquinas e não na velocidade da inteligibilidade ideológica dos problemas. No século xix, pensavam que era necessário primeiro educar o proletariado para que, sabendo ler os textos fundamentais, ele pudesse ter acesso a uma compreensão que lhe permitiria em seguida chegar a uma prática... Pois então, não! Não é assim que isso funciona!

Maggiori   Mesmo assim volto à questão de pegar uma parte do seu vocabulário emprestado de diferentes disciplinas, mais ou menos heterogêneas.

Guattari Lacan tratou um terço dos membros da Escola Freudiana como falsificadores. Eu assumo esse termo de falsificador, de ladrão de ideias, de *bricoleur*[1] de conceitos gastos. O empréstimo, em si mesmo, não é um problema, ao menos no plano da fundação semântica de uma nova palavra. Por exemplo, nosso termo *desterritorialização* é formado a partir de um conceito de território emprestado da antropologia norte-americana. Essa referência foi rapidamente esquecida, e o termo foi ligado a problemáticas bem diferentes, onde adquiriu dimensões sintáticas, retóricas e até mesmo estilísticas que nos guiaram de algum modo.

Maggiori No caso de Deleuze e Guattari, a operação parece bem-sucedida, já que agora é de vocês que estão emprestando alguns termos: desterritorialização, rizoma, máquina de guerra... Mas fico me perguntando se não havia, em virtude mesmo do objeto de suas pesquisas, uma espécie de obrigação de utilizar todos os conceitos possíveis, de diversificar os vocábulos, exatamente porque o homem não é "algo", mas um cruzamento, um ponto de convergência de entidades psicológicas, biológicas, socioeconômicas etc., necessitando de "múltiplas tomadas".

Guattari Talvez haja um mal-entendido. O que você está dizendo poderia fazer pensar que sou obrigado a recorrer a uma expressão eclética para explorar um campo profundamente heteróclito. Acho que não. Sou antes de tudo sensível à preocupação de forjar um certo tipo de..., mas sem dúvida ainda vou utilizar meu jargão, *máquina concreta* que atravessa diferentes campos. Essa máquina concreta deve ser capaz não de integrar, mas de articular as singularidades do campo em consideração com componentes absolutamente heterogêneos. Não é através da absorção, de empréstimos ecléticos que ela chegará lá: é

---

1. *Bricoleur* é alguém que faz pequenos trabalhos manuais de conserto, arranjo e criação com objetos domésticos. [N. T.]

adquirindo uma certa potência que chamo precisamente de "desterritorialização", uma capacidade de se articular com campos desterritorializados. Portanto, não se trata mais de se dedicar a uma interdisciplinaridade aproximativa, mas a uma *intradisciplinaridade* capaz de atravessar campos heterogêneos, portadora das mais fortes cargas de "transversalidade".

Maggiori   Você poderia dar um exemplo preciso?

Guattari   Consideremos em Freud a noção, sedutora aliás, de "complexo", cujas acepções eu demoraria demais para enumerar. No início, as pessoas olhavam esse termo com uma cara estranha, e hoje em dia ele é utilizado de modo corrente. Nesse sentido, eu e Deleuze forjamos a palavra *agenciamento*, que pertencia originalmente ao campo da lógica científica. Trata-se de uma noção mais vasta, mais abrangente, já que não designa unicamente uma formação do inconsciente, pois é ao mesmo tempo relativa às representações imaginárias, às cadeias linguísticas, às semióticas econômicas, políticas, estéticas, microssociais etc. Trata-se, portanto, de uma noção ao mesmo tempo mais pobre em compreensão do que a noção de complexo e mais rica em extensão, o que permite não excluir do campo do "complexo" categorias de origens diversas, para as quais ainda são transplantadas outras noções, tal como a de máquina. Falaremos, então, de um "agenciamento maquínico", eventualmente associado a "agenciamentos coletivos de enunciação".

Maggiori   Por que não dizer "conjunto de máquinas"?

Guattari   Porque c*onjunto de máquinas* daria a ideia de uma disposição espacial em relação à qual os indivíduos, os sujeitos permanecem exteriores, enquanto que *agenciamento* permite colocar a problemática da enunciação e da subjetivação: como se produz sujeito. Trata-se de ir em direção a uma "química conceitual" que se distingue de toda ideia de axiomática. Ao invés da homogeneidade axiomática, prefiro fórmulas químicas instáveis, precárias, transitórias. Os conceitos de "agenciamento" e de "agenciamento maquínico" não têm a pretensão de universalidade. Eles são ferramentas. Declará-los universais pode significar duas coisas: ou que são destinados a um campo bem amplo, ou que se quer transformá-los em "universais", isto é, fundamentos, princípios de base de uma ordem científica ou moral. Mas, a meu ver, a análise da economia do desejo implica uma lógica multivalente que legitima a coexistência de discursos que não poderiam ter a pretensão de uma homogeneidade axiomática. Se me disserem: "Você não está dizendo a mesma coisa que dez anos atrás", eu respondo: "Não tem problema", ou até "Melhor assim!". Talvez seja um bom sinal! Uma enunciação de desejo pode significar no mesmo instante coisas formalmente contraditórias pelo fato de estarem ligadas a universos de referência diferentes.

Maggiori   Mas isso se deve ao sujeito que enuncia proposições ou à coisa sobre a qual você emite juízos?

Guattari   Aos dois. Por exemplo: posso sustentar um discurso bem construído sobre a libertação da mulher e, na prática, sem me dar conta, ter um comportamento falocrático. Os discursos e as realidades não param de interferir uns nos outros. Por mais que a gente agite a bandeira de uma lei ou imperativos superegoicos que prescrevem isso ou aquilo, é inegável que estou evoluindo e que o mundo não para de se transformar rapidamente, cada vez mais rápido, muito mais rápido que na época de Heráclito! Como lidar com essas flutuações e contradições? Um dia posso dizer horrores do *Libération*, denunciando suas posições sobre tal ou tal ponto, depois exclamar outra vez: "Ah, se não existisse o *Libération*!" Essa "duplicidade" pode parecer intolerável do ponto de vista moral, moralizador. Apesar disso, acredito que as situações concretas sempre nos confrontam com esse tipo de moral da ambiguidade, que me parece específica da esquizoanálise. Aqui, não se trata de modo algum da questão batida com a qual encheram os ouvidos da nossa geração: "De onde você está falando?", mas antes: "O que se põe a falar através de você em tal situação, em tal contexto?" Também não se trata do "isso fala" dos lacanianos, mas mais precisamente do questionamento de Foucault sobre aquilo que ele chama de "enunciados": por que e como eles estão articulados aqui desse jeito?

Maggiori   Como isso poderia ser ilustrado no campo político, por exemplo?

Guattari   Pegue a noção de classe, de luta de classes. Ela implica a existência de objetos sociológicos perfeitamente delimitados: burguesia, proletariado, aristocracia... Mas essas entidades são tornadas opacas por zonas intermediárias, intersecções da pequena burguesia, da burguesia aristocrática, da aristocracia do proletariado, do lumpemproletariado, das elites não garantidas... Daí uma indeterminação que impede de cartografar o campo social de modo claro e nítido, e que frequentemente falsifica a prática militante. Ora, a noção de agenciamento pode ter uma utilidade aqui, pois ela mostra que as entidades sociais não sustentam oposição bipolar. Agenciamentos complexos evidenciam outros parâmetros de raça, sexo, idade, nacionalidade... Cruzamentos interativos implicam lógicas diferentes daquela dos pares de classes opostas. Portanto, importar essa noção de agenciamento para o campo social não diz respeito necessariamente a sutilezas teóricas gratuitas, mas talvez permita elaborar meios de orientação, cartografias que nos ajudem a detectar e a neutralizar certas concepções simplistas relativas à luta de classes.

Maggiori   De modo muito lógico, você falou dessa noção de agenciamento no campo do inconsciente e no campo social, dois campos de pesquisa que você nunca abandonou e que são banalizados, um por Freud e o outro por Marx. Portanto, parece que, sem deixar de criticar Marx e Freud, você conservou as questões que eles colocaram, a saber, a edificação de uma cidade justa e a exploração do inconsciente. Será que podemos prescindir dessas questões hoje em dia?

Guattari Isso me parece difícil! Mas, para responder sua questão, temos de levar em conta certas mudanças. Não seria mais possível conceber a sobrevivência da espécie humana sem uma integração cada vez mais avançada do trabalho humano e maquínico, tendo como resultado a reunião de indivíduos e máquinas que produzem massivamente bens, serviços, novas necessidades etc. Nós estamos engajados numa corrida cega desenfreada: não podemos mais voltar atrás, voltar a um estado de natureza, aos bons sentimentos, às pequenas e boas produções artesanais. Cada vez mais integrados mundialmente, os processos de produção autorizam – e creio que aqui se trata de uma intuição marxista que permanece válida – uma expansão da liberdade e dos desejos. Novos meios nos são fornecidos para sair de uma Idade Média, até mesmo de um Neolítico das relações humanas. Para constituir e manter no lugar os agregados humanos, para disciplinar sua divisão do trabalho, os sistemas sociais recorreram, até agora, a meios de organização com incidências geralmente catastróficas para a expansão dos indivíduos. O capitalismo só pode incitar a motivação produtiva – em escala pessoal, local, regional, mundial – apelando para técnicas segregativas de uma crueldade inacreditável. Ele só seleciona e valoriza economicamente aquilo que entra em seus nichos específicos; todo resto é desvalorizado, poluído, massacrado. Nesse sentido, é preciso realmente dizer que o socialismo soviético, o socialismo do *gulag*, tornou-se a forma suprema do capitalismo. Porém, ele nos legou uma coisa essencial: a compreensão de que nenhum socialismo, nenhuma libertação social pode se basear unicamente em remanejamentos econômicos. A alternativa é clara: ou os processos revolucionários levam em conta o conjunto dos componentes produtivos – não apenas a produção de mercadorias, mas todas as produções de desejo, de vida, de ciência, de criação, de liberdade –, ou só conseguirão decalcar as antigas modas de dominação social que se tornaram cada vez mais cruéis nesse meio-tempo. Recentemente, Paul Virilio falava aqui mesmo (*Libération*, 17 de maio de 1980) da velocidade e de uma sociedade que chegaria à situação em que apenas alguns de seus membros poderiam se deslocar de um ponto a outro do globo, ao passo que todos os outros estariam "condenados à residência". O problema está realmente aí: como as coerções inerentes aos níveis mais integrados, mais sofisticados da produção (dadas a revolução informática, a expansão das tecnologias de ponta etc.) poderiam continuar sendo compatíveis com um modo de vida em que seja possível circular não apenas no espaço, mas também pelas ideias, pelos sentimentos, pelos desejos e até mesmo pelos sexos...

Maggiori   Esse não é um sonho irrealizável?

Guattari   Não sei. Sou ao mesmo tempo hiperpessimista e hiperotimista! Creio que deveremos encarar, nos anos que vêm por aí, testes muito difíceis: fortalecimento considerável do controle social sobre os jovens, imigrantes tratados como gado, espaços de liberdade como que inexoravelmente reduzidos... É isso que estão nos preparando. E, nesse contexto, é preciso ressaltar a cumplicidade fundamental entre o Leste e o Oeste, cujo barulho feito em torno das ameaças de guerra mundial mascara os projetos comuns para sujeitar os movimentos de libertação e todas as turbulências incontroláveis. E com o pano de fundo de uma curva demográfica que em vinte anos nos fará passar de cinco bilhões para oito bilhões de habitantes nessa Terra, e, depois disso, a números que beiram o delírio! Podemos imaginar que tudo isso não vai simplificar tanto as coisas! Isso no que diz respeito ao aspecto catastrófico! E, apesar disso, continuo pensando que convém manter uma espécie de serenidade, pois as condições "objetivas" – é verdade que quase não se ousa mais empregar esse termo! – permitem esperar verdadeiras revoluções, molares e moleculares ao mesmo tempo, que nos fornecerão os meios para construir uma outra ordem social.

Maggiori   O que te faz pensar isso?

Guattari   Nem os "bons sentimentos", nem a "boa natureza" de um proletário no qual seriam depositadas as esperanças da história! Mas aquilo que chamo de *phylums* maquínicos; pois em todos os lugares onde aparece uma vontade de criar, uma vontade de viver, em todos os lugares onde algo muda – seja no campo científico, artístico... –, assistimos de fato a uma rejeição dos sistemas de organização tais como estão estratificados e hierarquizados hoje em dia. Os progressos científicos, as mutações estéticas ou culturais nunca operaram de modo autoritário. Assim que um alto comando pretende se impor na ordem das artes plásticas, da literatura, da ciência etc., a pesquisa e a criação param imediatamente. Se os campos mais complexos conseguem funcionar perfeitamente sem segregação burocrática e elitista, por que o agenciamento do *socius* deveria ser uma exceção? A perspectiva de uma verdadeira revolução social me parece tão aberta quanto os campos de possibilidade das revoluções científicas e estéticas. Talvez eu seja ingênuo, mas não vejo por que a organização das relações sociais sobre bases que permitam a todos viver e se expandir seria mais difícil de resolver do que as questões de física quântica ou de manipulações genéticas!

Maggiori   Não se trata de uma questão de "dificuldade", mas de condições de possibilidade. Esse campo de possibilidade de uma revolução social, que você vê na emergência de zonas de vida, de liberdade, de criatividade, não está ao lado nem é independente do campo de organização socioeconômico que dá seu (mau) "sentido" à história: ele é, ao contrário, condicionado e sufocado por ele.

Guattari   De fato, e é isso que me leva a introduzir essa noção de "revoluções moleculares", que não oponho às revoluções sociais, em sua acepção mais tradicional, mas que me parecem dever ser hoje em dia seu complemento necessário. A mudança não vem obrigatoriamente dos grandes conjuntos socioeconômicos. Todos esses sistemas fogem, vazam por dentro: como sistemas de defesa, mas também como sistemas de mutação. As mutações moleculares não se afirmam sempre em grande escala e dificilmente as identificamos em curto prazo. Nem por isso deixam de existir! Nós não temos mais a mesma relação com a leitura, a escrita, a imagem, o espaço, o sexo, o corpo, a noite, o sol, a dor, do que há apenas dez anos! Em todos esses campos, mutações profundas e irreversíveis estão em curso. Dito de outro modo, o substrato molecular em que se inscrevem os grandes conjuntos sociais virou uma espécie de caldo em efervescência, de "caldo maquínico" no sentido em que se fala de caldo biológico, que não é "determinado" de modo unívoco pelo nível macrossocial. Portanto, a questão de uma intervenção política no plano social global me parece ter se tornado inseparável de suas conexões com esse plano molecular. Não se trata de construir "nichos ecológicos" ou "ilhotas respiráveis" ao lado dos grandes conjuntos sociais, mas, pelo contrário, de fazer com que essas revoluções moleculares (cujos efeitos agregativos são descontínuos, não se inscrevendo nos programas políticos e escapando frequentemente das descrições sociológicas) tenham como resultado a construção de novas máquinas sociais de guerra, que forjarão sua própria superfície de inscrição, que criarão novos tipos de práxis social. A diferença entre essas revoluções moleculares e as antigas formas de revolução é que, antes, tudo convergia na ideologia, no programa, e hoje em dia os modelos mutacionais – mesmo dizendo respeito a coisas aparentemente secundárias, como a moda – são transmitidos imediatamente ao planeta como um todo. Trata-se da integração maquínica dos processos de produção, circulação e informação que catalisa essa nova "distribuição das cartas": uma mutação como a introduzida pelos microprocessadores transforma o próprio substrato da existência humana, abrindo, na realidade, possibilidades fabulosas de libertação.

Maggiori Para terminar, gostaria que você retomasse a questão do inconsciente e da relação com Freud.

Guattari O termo in*consciente* não é dos mais felizes. A genialidade de Freud, ou sua loucura, é ter tropeçado na emergência de um continente subjetivo que só tinha sido explorado muito de longe pela filosofia, pela história das religiões ou pela literatura. Em seguida, ele forjou seus instrumentos teóricos, desenvolveu técnicas de análise, incentivou a criação de escolas, de instituições internacionais, de modo que a questão primitivamente aberta se fechou rapidamente. Não se trata, para mim, de saber se "ficamos com" Freud, mas de criar os meios para explorar e tirar proveito desse continente ao qual ele chegou quase por acaso. O que acontece realmente quando cometemos um lapso, quando sonhamos, quando enlouquecemos de desejo, quando temos o sentimento de que o mundo inteiro vai desabar porque o ser amado desviou seu olhar, ou quando não reconhecemos nossa própria voz? Desde então, é impossível sair desse tipo de questão! Mas aquilo que os psicanalistas se recusam a ver é que a textura molecular do inconsciente é constantemente trabalhada pela sociedade global, ou seja, nos dias de hoje, pelo capitalismo, que recortou os indivíduos em máquinas parciais submetidas a suas finalidades, excluiu ou culpabilizou tudo o que se opõe à sua própria funcionalidade, produzindo crianças submissas, "índios tristes", reservas de mão de obra, pessoas que se tornaram incapazes de falar, de bater um papo, de dançar, em suma, de abrir seu desejo para a vida. O capitalismo mobiliza tudo o que freia a proliferação e realização das potencialidades inconscientes. Em outras palavras, os antagonismos ressaltados por Freud entre os investimentos de desejo e os investimentos superegóicos não dizem respeito nem a uma tópica, nem a uma dinâmica, mas a uma política, a uma micropolítica. A revolução molecular começa aí: primeiro você é fascista ou revolucionário consigo mesmo, no nível do seu Superego, na sua relação com o corpo, com os sentimentos, com seu marido, sua mulher, seus filhos, seus colegas, no seu jeito de carregar em si a justiça, o Estado etc. Existe um *continuum* entre esses campos "pré-pessoais" e todos os agenciamentos e estratos que "excedem" o indivíduo. Isso me faz pensar numa conversa que tive sobre a delação com Toni Negri, que acabei de visitar na sua prisão nos cafundós da Itália. A gente ficava se perguntando: que diferença há entre Pecci, o brigadista "arrependido", e Curcio ou Moretti, os dois dirigentes puros e duros? No fundo, não há diferença! São os mesmos que "falam" com os policiais, bem como com seus pais e que dão uma de durões, cometem ou patrocinam atos absurdos e suicidas para o movimento (como aqueles que consistem em assassinar os bodes expiatórios ou a "dar tiros nas pernas" deles). Ambos forjaram para si personalidades militantes em simbiose imaginária com o mesmo tipo de concepção do mundo. E quando dificuldades aparecem, quando algo se coloca no caminho de seus projetos, tudo desmorona. Essas pessoas se construíram em torno de uma ruptura profunda entre a "militância" e a vida; é por isso que desprezaram a criatividade do movimento de 1977; é por isso que trabalharam para o esfacelamento de movimentos como os de Bolonha – de modo muito mais eficaz do que todos os Cossiga e os Berlinguer do sistema. A estratificação, a segmentação do movimento sempre é mortal: trata-se, ao contrário, de inventar uma organização em rizoma, de promover componentes de passagem: trata-se de poder passar do sonho à realidade dominante, da poesia à ciência, da realidade social mais violenta às relações cotidianas mais afetuosas. O campo do inconsciente é o de todos os possíveis em todos os campos, o das conexões e não das separações, estratificações e segmentações. Se não houver fusão entre as práticas analíticas das formações do inconsciente e as práticas políticas das formações sociais, as mesmas atitudes serão incessantemente reproduzidas, a mesma gregariedade dogmática, as mesmas hierarquias, as mesmas relações de exclusão e dominação. A meu ver, realizar uma ação política deveria virar sinônimo de empreitada analítica. E vice-versa!

1983 – Sistemas, estruturas e processos capitalísticos

FÉLIX GUATTARI E ÉRIC ALLIEZ

A questão do capitalismo pode ser encarada sob múltiplos ângulos, mas os da economia e do social constituem, na verdade, um ponto de partida obrigatório.

Sob um primeiro ângulo, o capitalismo pode ser definido como função geral de semiotização de um modo particular de produção, circulação e distribuição. O capitalismo, o "método" do capital, será considerado um procedimento específico de valorização das mercadorias, bens, atividades e serviços, fundado em sistemas de indexação e simbolização que dizem respeito a uma sintaxe particular e que permitem supercodificar e controlar sua gestão. Essa definição "formalista" é defensável, pois, embora indissociável da definição dos agenciamentos técnicos e socioeconômicos aos quais ela se refere, essa função de semiotização não deixa de ter uma coerência intrínseca. Desse ponto de vista, os modos de "escrita" capitalística poderiam ser comparados a *corpora* matemáticos cuja consistência axiomática não é afetada por sua eventual aplicação em campos extramatemáticos. Nós nos propomos a chamar esse primeiro nível de *sistema semiótico* do capitalismo ou *semiótica de valorização capitalística*.

Sob um segundo ângulo, o capitalismo aparecerá muito mais como gerador de um tipo particular de relação social: as leis, os usos, as práticas de segregação passam para o primeiro plano aqui. Os procedimentos de escrita econômica podem variar; o que prevalece é a conservação de um certo tipo de ordem social fundada na divisão dos papéis entre aqueles que monopolizam os poderes e aqueles que estão submetidos a eles, e isso tanto nos campos do trabalho e da vida econômica quanto nos do modo de vida, do saber e da cultura. Todas essas divisões, coincidindo com as divisões de sexo, faixa etária e raça, acabam constituindo, "na chegada", os segmentos concretos do *socius*. Esse segundo nível será definido como *estrutura de segmentação* do capitalismo, ou *segmentação capitalística*, que também parece manter certo grau de coerência interna, independentemente de suas transformações ou dos abalos que a história lhe impõe.

No entanto, está claro que a "codificação" do capitalismo não opera a partir de uma "tábua da lei", que define de uma vez por todas as relações inter-humanas. A ordem que ele rege evolui tanto quanto suas próprias sintaxes econômicas. Nesse campo como em muitos outros, as influências não são unilaterais, nunca estamos na presença de uma causalidade de mão única. É por isso que está fora de questão se dar por satisfeito com uma mera oposição entre esse sistema semiótico e essa estrutura de segmentação. Esses dois aspectos andam de mãos dadas e sua distinção só encontrará sua pertinência na medida em que permitir esclarecer as interações que ambos mantêm com um terceiro nível, tão fundamental quanto: o dos *processos de produção*. Precisemos logo de cara que, na presente perspectiva, esse último nível não deverá ser identificado com aquilo que os marxistas chamam de "relação de produção" ou "relações econômicas de infraestrutura". Sem dúvida nossa categoria de produção está incluída na do marxismo, mas ela a excede amplamente nos campos infinitamente extensíveis das máquinas concretas e abstratas. Portanto, esses componentes processuais deverão englobar tanto as forças materiais do trabalho humano, das relações sociais, quanto os investimentos de desejo. Para o caso em que o agenciamento desses componentes tiver como resultado um enriquecimento de suas potencialidades – o todo excedendo a soma das partes –, tais interações processuais serão ditas diagramáticas e falaremos, então, de mais-valia maquínica.

Será que ainda continua sendo legítimo falar do capitalismo como de uma entidade geral nessas condições? Qual é o lugar da história dentro do capitalismo? O único elemento de continuidade histórica que parece ser capaz de caracterizar seus derivados seria precisamente esse caráter processual de sua esfera de produção, no sentido bem amplo anteriormente proposto. O capitalismo pode ser "encontrado" em todos os lugares e em todas as épocas a partir do momento que for considerado ou do ponto de vista da exploração das classes proletárias, ou da implementação de meios de semiotização econômica que facilitam a expansão de grandes mercados (moedas escriturais, moedas fiduciárias, moedas de crédito etc.). Mesmo assim é inegável que os capitalismos dos três últimos séculos só "decolaram" realmente a partir do momento em que as ciências, as técnicas industriais e comerciais e o *socius* entrelaçaram seu destino de modo irreversível, dentro de um mesmo processo de transformação generalizada (processo combinado de desterritorialização). E tudo leva a crer que, na ausência de tal "entrelaçamento maquínico", de tal proliferação da "mecanosfera", as sociedades nas quais as fórmulas capitalísticas se desenvolveram foram incapazes de superar os traumas maiores ocasionados pelas crises e guerras mundiais, e chegaram certamente ao fim de sua carreira com os mesmos tipos de impasse conhecidos por algumas grandes civilizações: uma agonia interminável ou uma morte súbita, "inexplicável".

O capitalismo representaria, portanto, uma forma paroxista de integração de diversos tipos de maquinismos: máquinas técnicas, máquinas de escrita econômica, mas também máquinas conceituais, máquinas religiosas, máquinas estéticas, máquinas perceptivas, máquinas desejantes... Seu modo de semiotização – o método do capital – constituiria ao mesmo tempo uma espécie de computador coletivo[1] do *socius* e da produção e uma "cabeça pesquisadora" das inovações adaptadas a suas pulsões internas.

1. Oskar Lange compara o mercado capitalista a um "protocomputador", citado por Fernand Braudel, *Civilisation matérielle, économie et capitalisme* [*Civilização material, economia e capitalismo*]. Paris: Armand Colin, 1979, p. 192, tomo II.

Nessas condições, sua matéria-prima, seu alimento de base, não seria diretamente o trabalho humano ou o trabalho maquínico, mas o conjunto dos *meios de direção semiótica* relativos à instrumentalização, à inserção no *socius*, à reprodução, à circulação dos múltiplos componentes envolvidos nesse processo de integração maquínica. O que o capital capitaliza é o poder semiótico. Mas não qualquer poder – pois, desse ponto de vista, não haveria razão para distingui-lo das formas anteriores de exploração –, um poder semiótico desterritorializado. O capitalismo confere a certos subconjuntos sociais uma capacidade de controle seletivo do *socius* e da produção por meio de um sistema de semiotização coletiva. O que o especifica historicamente é que ele só se esforça para controlar os diversos componentes que concorrem para a manutenção de seu caráter processual. O capitalismo não faz questão de exercer um poder despótico em *todas* as engrenagens da sociedade. É até mesmo indispensável à sua sobrevivência que ele consiga criar dentro de tais engrenagens margens de liberdade, espaços relativos de criatividade. O que lhe importa prioritariamente é o controle das engrenagens semióticas essenciais aos agenciamentos produtivos chaves e, em especial, dos agenciamentos que estão implicados em processos maquínicos evolutivos (os agenciamentos de potência maquínica). Ele é sem dúvida levado, pela força da história, a se interessar por todos os campos do social – a ordem pública, a educação, a religião, as artes etc. –, mas originariamente isso não é problema dele: ele é, primeiramente e sem interrupção, *modo de avaliação* e *meio técnico de controle* dos agenciamentos de potência e das formações de poder que lhes correspondem.

Todo seu "mistério" se deve ao fato de ele conseguir articular assim, dentro de um mesmo sistema geral de inscrição e de produção de equivalência, entidades à primeira vista radicalmente heterogêneas: *bens* materiais e econômicos, *atividades* humanas individuais e coletivas e *processos* técnicos, industriais e científicos. E a chave desse mistério está no fato de que ele não se contenta em aferir, comparar, ordenar, informatizar esses campos múltiplos, pois, no momento dessas diversas operações, ele extrai de cada um desses campos uma única e mesma *mais-valia maquínica ou valor de exploração maquínica*. É a sua capacidade de recentrar, através do mesmo sistema de semiotização, os valores maquínicos mais heterogêneos que conferem ao capitalismo seu poder de captura, não apenas das máquinas materiais da esfera econômica (artesanal, manufatureira, industrial...), mas também das máquinas imateriais que operam no âmago das atividades humanas (produtivas-improdutivas, públicas-privadas, reais-imaginárias...).

Assim, cada mercado econômico "manifesto" se desenvolve paralelamente a diversos campos "latentes" de valores maquínicos, de valores de desejo, de valores estéticos etc., que poderíamos qualificar como valores de conteúdo. A valorização econômica consciente e "rasa" se encontra, assim, duplicada por modos de valorização "profundos" e relativamente inconscientes se comparados aos sistemas de valorização troquistas explícitos. Mas o fato de que esses valores de conteúdo sejam levados, no âmbito das relações de produção dadas, a "prestar contas" aos valores econômicos formais não deixa de incidir sobre sua organização interna. Tais relações de produção estão inscritas na lógica da equivalência, constituídas como mercado geral de valores de referência. O valor de uso é atraído para a órbita do valor de troca – até ser produzido por este último como natureza (estruturada pelo trabalho)... Com a autonomia do valor de uso desaparece *ex abrupto* o imperativo categórico de sua reapropriação revolucionária enquanto elemento de crise endógena.

Ao final desse processo de integração, a valorização capitalística se instaura a partir de uma dupla articulação com:

- o mercado geral dos valores econômicos formais,
- o mercado geral dos valores maquínicos.

É desse sistema de mercado duplo que se origina o caráter essencialmente desigual e manipulador de toda operação de troca dentro de um contexto capitalístico. Ele se deve à própria natureza do modo de semiotização dos agenciamentos capitalísticos que, em última instância, sempre opera a partir de operações contraditórias:

1. de estabelecimento de uma comunicação e de uma equivalência formal entre domínios heterogêneos, entre potências e poderes assimétricos;

2. de delimitação de territórios cercados (regimes de direito de propriedade) e de instauração de uma segmentação social fundada na programação da distribuição dos bens e dos direitos, e também na definição dos modos de sensibilidade, dos gostos, das escolhas "inconscientes" próprias aos diversos grupos sociais.

E aqui nos encontramos confrontados com um novo tipo de dificuldade. Atualmente estamos sob a ameaça de não conseguirmos mais nos libertar de uma mera oposição entre forma econômica e conteúdo maquínico, e incorremos no risco de hipostasiar uma necessidade histórica no engendramento dos processos de valorização (os agenciamentos de valorizações "pré-capitalistas" estão à espera de serem supercodificados por uma valorização capitalista desterritorializante, ao passo que os valores maquínicos de conteúdo, devido a suas especificidades qualitativas, sua heterogeneidade, o caráter desigual de suas relações, apareceriam como resíduos territorializados de um movimento de valorização essencialmente quantificador, homogeneizante e "igualitarizante"). Se é verdade, como mostrou Fernand Braudel,[2] que o caráter profundamente desigual dos mercados capitalistas era muito mais

---

2. Segundo Fernand Braudel, os protomercados capitalistas se desenvolvem em zonas concêntricas a partir de metrópoles detentoras de chaves econômicas que permitem captar o essencial das mais-valias, ao passo que, para os lados de sua periferia, eles tendem a uma espécie de "grau zero", devido à letargia das trocas e dos baixos preços que reinam lá. Braudel considera que toda economia-mundo estava necessariamente centrada numa cidade-mundo única. Mas talvez ele seja um pouco sistemático demais nesse ponto. Será que não podemos levantar a hipótese de que os processos urbanos e capitalísticos não se desenvolvem segundo um modelo monocentrado, mas segundo um *rizoma multipolar* de "arquipélagos de cidades"?

visível, muito mais "artificial" na época das *economias-mundos* centradas em torno de cidades como Veneza, Antuérpia, Gênova, Amsterdã, do que na época dos mercados mundiais contemporâneos, estes últimos não se tornaram, no entanto, superfícies de inscrição econômicas transparentes e neutras. É visível, pelo contrário, que a exploração do terceiro mundo, por exemplo, não diz respeito de modo algum a trocas igualitárias, mas antes de tudo a métodos de saqueamento "compensados" pela exportação de artigos tecnológicos de vidro e de algumas bugigangas de luxo destinadas ao consumo de um punhado de privilegiados autóctones. O que não impede os "novos economistas" e "neoliberais" de pregar as virtudes salvadoras do mercado capitalista em todos os lugares e situações!

Para eles, só o mercado capitalista seria capaz de garantir uma arbitragem máxima de custo e de coerção.[3] Os economistas mais reacionários parecem ter interiorizado, assim, uma visão dialética invertida dos progressos da história. Já que, de agora em diante, as piores aberrações fazem parte da necessidade histórica, convém se jogar nele sem reservas. A economia de mercado seria o único sistema que permite assegurar uma *mobilização* máxima do conjunto das informações necessárias para a regulação de sociedades complexas. O mercado, explica Hayek,[4] não é somente uma maquinaria anônima que permite a troca dos bens e serviços ou um "mecanismo estático de divisão das penúrias", mas antes de tudo um instrumento dinâmico de produção e difusão dos conhecimentos disseminados no corpo social. Ao final desse raciocínio, é a própria ideia de "liberdade" que será reduzida à noção de informação e que dependerá de uma abordagem de tipo "cibernética". Se seguirmos Vera Lutz,[5] é

---

3. Cf. Henri Lepage, *Demain le capitalisme* [Amanhã o capitalismo]. Paris: Le Livre de Poche, p. 419.
4. Friedrich Hayek, *Individualism and Economic Order* [*Individualismo e ordem econômica*]. Londres: Routledge and Keagan Paul, 1949.
5. Vera Lutz, *Central Planning for the Market Economy* [*Planejamento central para a economia de mercado*]. Londres: Longman, 1969.

a imperfeição da informação que fornece ao capitalismo sua razão de ser fundamental, enquanto sistema de organização social. Se a informação fosse perfeita, não haveria necessidade de capitalistas; todos nós poderíamos ser socialistas sem nenhum inconveniente.

Segundo os defensores desse tipo de teoria, a desigualdade das trocas só se deveria, no final das contas, a "imperfeições" das estruturas de *custo da informação* dentro das sociedades.[6] Só mais um esforço nos custos e tudo vai acabar dando certo! E apesar disso, é óbvio que, bem ou mal informado, o terceiro mundo não "troca" realmente seu trabalho e suas riquezas por caixas de Coca-Cola ou até mesmo barris de petróleo. Ele é agredido e sangrado até a morte pela intrusão das economias dominantes. E o mesmo acontece, embora em outras proporções, com os terceiros e quartos mundos internos aos países ricos.

A desigualdade dos mercados capitalistas não é absolutamente um traço de arcaísmo, um resíduo histórico. A apresentação pseudoigualitária das "trocas" no mercado mundial não é tanto o resultado de uma falta de informação quanto uma maquiagem ideológica dos processos de sujeição social. Ela é o complemento essencial das técnicas de integração da subjetividade coletiva que visam obter dela um consentimento libidinal máximo, até mesmo uma submissão ativa às relações de exploração e segregação. Em termos de valores maquínicos e de valores de desejo, a pertinência da distinção entre os bens e as atividades parece ter de desaparecer. Dentro de um certo tipo de agenciamento, as

---

6. Ao contrário do que proclamam os teóricos do *public choice*, o crescimento da informação nesse campo – em particular da informação das mídias de massa regidas pelo sistema – só pode acentuar os efeitos das desigualdades desses técnicos da integração. O projeto que consistia em querer "completar a teoria da produção e da troca de bens ou serviços mercantis com uma teoria equivalente e, tanto quanto possível, compatível com o funcionamento dos mercados políticos" (James Buchanan) partia talvez de boas intenções, mas o mínimo que se pode dizer é que ele está incompleto e que deu errado (cf. a esse respeito as proezas devastadoras no Chile de Pinochet, dos *Chicago Boys* de Milton Friedman). Os mercados econômicos, políticos e institucionais são uma coisa, os mercados maquínicos e libidinais são outra coisa. E é unicamente do lado desses últimos que se pode conseguir apreender os impulsos essenciais da valorização social e da criatividade maquínica.

atividades humanas, devidamente controladas e dirigidas pelo *socius* capitalístico, produzem bens maquínicos ativos, ao passo que a evolução de outros agenciamentos faz certos bens perderem toda a atualidade econômica, bens que veem, assim, sua "virulência maquínica" ser desvalorizada. No primeiro caso, um poder de atividade (um "ativo" de poder) se transforma em potência maquínica altamente valorizável; no segundo caso, uma potência maquínica (um "ativo" de potência) pende para o lado dos *poderes formais* que nos fazem entrar numa deriva fora das realidades históricas. Portanto, teremos de fazer com que os três componentes sistêmicos, estruturais e processuais do capitalismo se sustentem juntos, não concedendo a nenhum deles prioridade sobre os demais, a não ser a prioridade contingente.

Na verdade, as fórmulas de avaliação que os economistas apresentam geralmente como exclusivas[7] nunca deixaram de se relacionar – seja entrando em concorrência, seja se completando – dentro da história econômica real.[8]

É por isso que não há motivo para tentar qualificar cada uma delas de modo unívoco. Suas diferentes formas de existência (valorização comercial, industrial, financeira, monopolista, estatal ou burocrática) são o resultado de priorizar um ou outro de seus componentes fundamentais, "selecionados" dentro de um mesmo leque de base que foi reduzido, na presente "cartografia", a três termos:

---

[7]. Sobre esses modos de avaliação do capital, cf. Alain Cotta, *Théorie générale du capital, de la croissance e des fluctuations* [Teoria geral do capital, do crescimento e das flutuações]. Paris: Dunod, 1967; e *Encyclopedia Universalis*, entrada "Capital".

[8]. Exemplos de complementaridade: **1.** o fato de que o protocapitalismo dos séculos XV e XVI, embora com uma dominante mercantil e financeira, tenha se tornado industrial em certas circunstâncias: cf. a recuperação de Antuérpia através da industrialização, evocada por Fernand Braudel, já citado, tomo III, p. 127. **2.** o fato de que uma economia de mercado, independentemente de seu "liberalismo" aparente, sempre tenha comportado uma certa dose de intervenção estatal ou que uma planificação "centralizada" (exemplo: os planos stalinistas) sempre tenha preservado um mínimo de economia de mercado, seja dentro de sua esfera de influência, seja em sua relação ao mercado mundial.

1. os *processos* de produção maquínica,
2. as *estruturas* de segmentação social,
3. os *sistemas* semióticos econômicos dominantes.

A partir desse modelo mínimo – necessário, mas pouco suficiente, pois nunca estamos lidando com componentes simples, mas com a reunião de componentes estruturados segundo seus próprios eixos de prioridade –, examinemos agora a estranha "química generativa" dos agenciamentos de valorização econômica que resultam de uma combinação possível das prioridades entre esses componentes de base.

No seguinte quadro dos agenciamentos de valorização capitalística, destacaremos que:

1. as estruturas de segmentação social serão consideradas unicamente sob o ângulo da problemática econômica do *Estado* (análise das consequências de uma gestão centralizadora de uma parte importante dos fluxos econômicos – localizável na contabilidade nacional – sobre a estratificação das relações segmentadas);

2. os sistemas de semiotização econômica só serão considerados sob o ângulo da problemática do mercado (no sentido amplo, anteriormente evocado, de mercados de bens, homens, ideias, fantasias...);

3. os processos produtivos não serão especificados de outro modo.

Ressaltemos que o objetivo desse quadro não é de modo algum apresentar uma tipologia geral das formas históricas do capitalismo, mas apenas mostrar que o capitalismo não se identifica com uma fórmula única (por exemplo, a da economia de mercado). Ele poderia ser mais complexo e preciso se introduzíssemos componentes internos a cada conjunto, cujas separações não são de modo algum estanques (existe "produção maquínica" dentro das engrenagens semióticas do mercado e dentro do Estado – por exemplo nos equipamentos coletivos e nas mídias; existe "poder do Estado" no âmago das sintaxes econômicas mais liberais; além disso, tais sintaxes não deixam de desempenhar um papel determinante dentro das esferas produtivas...). Esse esquema só é proposto aqui para tentar evidenciar certas correlações entre sistemas aparentemente muito distantes uns dos outros, mas que se inscrevem no mesmo sentido (ou no mesmo sentido oposto) da história.

De um modo geral:

1. do primado dos componentes produtivos dependerá a capacidade dos agenciamentos em consideração de assumir as transformações históricas maiores ou sua capacidade de dirigir "processos longe dos equilíbrios históricos";

2. do primado dos componentes sociais de segmentação (axiomas de estratificação de clãs, étnica, religiosa, urbanística, das castas, das classes, etc.) dependerá seu grau de resistência à mudança;

3. do caráter mais ou menos inovador de suas semióticas de valorização (o fato de que tais semióticas sejam capazes ou não de se adaptar, de se enriquecer por meio de novos procedimentos: seu grau de "diagramaticidade") dependerá sua potência de integração, sua capacidade de "colonizar" não apenas a vida econômica, mas também a vida social, a vida libidinal – em outros termos, sua possibilidade de transformar o *socius*, de submetê-lo ao *phylum* maquínico.

As seis fórmulas de agenciamento de valorização capitalística (as prioridades entre os componentes são indicadas pelas setas)

ORDEM DAS PRIORIDADES	EXEMPLOS
a) ESTADO → PRODUÇÃO → MERCADO	*Modo de produção asiático*[9]
	Economia de guerra de tipo nazista
b) MERCADO → PRODUÇÃO → ESTADO	*Protocapitalismo comercial*
	Economias-mundos
	(*centradas numa rede de cidades*)[10]
c) MERCADO → ESTADO → PRODUÇÃO	*Capitalismo liberal*
d) PRODUÇÃO → ESTADO → MERCADO	*Economia monopolista colonial*
e) PRODUÇÃO → MERCADO → ESTADO	*Capitalismo mundial integrado*
f) ESTADO → MERCADO → PRODUÇÃO	*Capitalismo de Estado* (*do tipo* URSS)

Note-se que o fato de que o "sentido da história" é aqui atribuído ao *phylum* evolutivo da produção não tem necessariamente como consequência uma conclusão dessa história com objetivos transcendentes. A existência de um "sentido maquínico" da história não impede de modo algum que a história "se espalhe por todos os cantos". O *phylum maquínico* habita e orienta o *rizoma histórico* do capitalismo, sem nunca controlar seu destino, o qual continua se decidindo em pé de igualdade com a segmentaridade social e a evolução dos modos de valorização econômica, em igual proporção, com a segmentação social e a evolução dos modos de valorização econômica.

Retomemos essas diversas fórmulas de prioridades:

1. As prioridades do mercado

- A prioridade *b*, ao relegar a questão do Estado ao terceiro nível, o do *protocapitalismo comercial* dos séculos XII e XIII, por exemplo, pode ser ilustrada pelo fato de que as questões do Estado ficam tão atrás dos interesses comerciais para os comerciantes

---

[9]. Exemplo: a China dos séculos II e III a.C. Cf. *Sur le mode de production asiatique* [*Sobre o modo de produção asiático*]. Paris: Éd. Sociales, 1969.
[10]. Exemplos: Veneza, Antuérpia, Gênova, Amsterdã entre os séculos XIII e XVIII.

das Províncias Unidas Holandesas no século XVII, que ninguém ficava realmente escandalizado com o fato de tais comerciantes abastecerem de armas seus inimigos portugueses ou franceses.[11] A prioridade *b* articula uma problemática específica com a ampliação e a consolidação do capitalismo na sociedade como um todo através de uma espécie de eflorescência barroca de todas as esferas produtivas, culturais e institucionais.

O fenômeno do crédito – via comércio das letras de câmbio, que têm suas raízes no comércio internacional – constitui o "motor de arranque" de tal eflorescência. Note-se que o direito medieval tentou em vão entravar a livre circulação dos efeitos de comércio, pois essa prática se choca com a hostilidade dos poderes públicos que querem estabilizar as trocas e controlar a circulação monetária. Essa é toda a história da "guerra do endossamento" desencadeada por esses comerciantes-banqueiros que de fato estendiam à letra de câmbio (moeda escritural) aquilo que já era admitido para as cédulas (moeda fiduciária): *o direito à transferência* (as cédulas circulavam, de fato, via remessa simples, ao passo que as letras de câmbio não eram livremente transferíveis por direito). A resposta esperada, embora não tenha sido decisiva, foi bastante clara: em Veneza, por exemplo, os contadores do Banco del Giro foram proibidos, pelo decreto de 6 de julho de 1652, de passar das escritas de transferência para o pagamento de letras de câmbio endossadas. Esse fato permaneceria marginal se não fosse sintomático do atraso e da incapacidade das estruturas (para)estatais de controlar os fluxos monetários capitalísticos. Em 1766, Accarias de Serionne ainda escrevia:

> Que dez ou doze negociantes da primeira classe de Amsterdã se reúnam para uma operação bancária, a certa altura eles podem fazer circular em toda a Europa mais de duzentos milhões de florins de papel-moeda preferidos em relação ao dinheiro à vista. Não há Soberano que possa

---

11. Cf. Fernand Braudel, *op. cit.*, tomo III, pp. 172-173.

fazer o mesmo. [...] Esse crédito é uma potência que os dez ou doze negociantes exercerão em todos os Estados da Europa com uma independência absoluta em relação a qualquer autoridade.[12]

- A prioridade *c*, relegando a questão da produção ao terceiro nível, por exemplo o do *liberalismo "selvagem" do capitalismo do século XIX*, articula um problema histórico específico com a constituição dos Estados modernos territorializados. Paradoxalmente, o liberalismo sempre se preocupou mais com a constituição de um aparelho de Estado do que com uma expansão generalizada da produção.

Se nos ativermos às análises de Habermas segundo as quais talvez só exista "ideologia propriamente dita nessa época",[13] compreendemos melhor que a lei Say – a teoria do equilíbrio geral –, longe de coroar o edifício livre-troquista, representa muito mais sua base *jurídica*, ela "joga a faca no mar" e faz o corpo de delito desaparecer no trabalho de sua ficção. *Jurisdictio* de uma representação algébrica, linear e exclusiva: combinem, portanto, superexploração do potencial produtivo, mobilização geral da força de trabalho, aceleração da velocidade de circulação das mercadorias, dos homens, do capital, e vocês obterão um equilíbrio automático entre oferta e procura, confirmando, assim, a autorregulação do sistema como um todo... "Mas com a condição de que não haja nenhuma ingerência além da econômica no campo das trocas."[14]

---

12. Ibid., tomo III, p. 207. E Fernand Braudel acrescenta, magnânimo: "Hoje em dia as sociedades multinacionais têm ancestrais, nós o vemos."
13. Jürgen Habermas, *L'Espace public: archéologie de la publicité comme dimension constitutive de la société bourgeoise* [*O espaço público: arqueologia da publicidade como dimensão constitutiva da sociedade burguesa*]. Paris: Payot, 1978, p. 98.
14. Ibid., p. 89. M. Aglietta remete com razão a teoria econômica clássica (e neoclássica) a uma construção teológica "puramente interna ao mundo das ideias, ainda mais desconectada de toda realidade na medida em que é mais estrita". Esse seria o destino da teoria do equilíbrio geral se "o objetivo da teoria é expressar a essência ao despojá-la de toda contingência; as instituições, as interações sociais, os conflitos... são escórias das quais é preciso se livrar para encontrar o comportamento econômico em seu estado puro". Michel Aglietta, *Régulation et crises du capitalisme* [*Regulação e crises do capitalismo*]. Paris: Calmann-Lévy, 1976, p. 12.

Vemos que foi preciso uma conjunção histórica singular para que se pudesse enunciar o sonho liberal de uma sociedade livre de toda intervenção vinda de um poder qualquer! Pois o equilíbrio da livre concorrência é um pouco isso: a potência menos o poder. Sem a afirmação (do real) dessa distinção, a fórmula de Hobbes jamais teria levado à inversão cruel que conhecemos – *veritas non auctoritas facit legem*. Verdade de uma potência, a Inglaterra, que domina suficientemente os circuitos comerciais por meio de seu potencial industrial para jogar para ganhar o retrocesso no segundo plano dos aspectos políticos da riqueza nacional. E olhe lá... (No final das contas, a revogação da lei inglesa que limita a importação de trigo só data da segunda metade do século xix.) Na verdade, a essência do liberalismo está no movimento inverso, inseparável dessa equivalência de conteúdo que traduz a utopia da ausência do poder em termos de afirmação da superpotência: a *veritas* só se torna *ratio* (o postulado de homogeneidade, o equilíbrio geral, que tira sua legitimidade, a partir de então, de uma ordem "natural" que eles manifestam) se ela entrar numa relação essencial com uma racionalização constante da dominação. O que quer dizer, de modo mais prosaico, que o Estado "sempre foi no mínimo tão forte quanto a situação social e política exigia".[15] Tradução mal corrigida da famosa sentença de Hobbes: *Wealth is power and power is wealth*...

A existência de um grande mercado implica uma regulação central – por mais flexível que seja – que lhe é absolutamente necessária. O "controle remoto" da produção a partir de um mercado em proliferação é complementar às intervenções e às arbitragens dos Estados territorializados, sem os quais o sistema se depararia com seus próprios limites. Ele se revelaria particularmente incapaz de produzir equipamentos de base (equipamentos de infraestrutura, serviços públicos, equipamentos coletivos, equipamentos militares etc.).

---

15. Franz Neumann, *Der Funktionswandel des Gesetzes im Recht der jüngerlichen Gesellschaft* [*A mudança de função da lei no direito da sociedade mais recente*], citado por Habermas.

2. As prioridades do Estado

- A prioridade *a*, relegando a questão do mercado ao terceiro nível, por exemplo o do *modo de produção asiático* ou da *economia de guerra de tipo nazista* (trabalho forçado, papel relativamente secundário da economia monetária, encarnação da onipotência do Estado num faraó ou num *Führer* etc.), estabelece problemas históricos específicos:

    1. com a gestão da acumulação do capital. A mais-valia deve se acumular prioritariamente no poder do Estado e na sua máquina militar; o crescimento dos poderes econômicos e sociais das diversas camadas aristocráticas deve ser limitado, pois no longo prazo ameaçaria a casta no poder; seu resultado seria a constituição de classes sociais. No caso dos impérios "asiáticos", essa regulação pode se efetuar via interrupção da produção,[16] via consumo sacrificial massivo, construções suntuosas, consumo de luxo etc. No caso dos regimes nazistas, via extermínios internos e a guerra total;

    2. com as intrusões maquínicas externas, em especial as inovações em matéria de técnicas militares que os Estados não conseguem adotar a tempo, devido ao seu conservadorismo, à sua dificuldade de deixar que qualquer iniciativa criadora se desenvolva. (Certos impérios asiáticos foram liquidados no espaço de alguns anos por máquinas de guerra nômades portadoras de uma inovação militar.)

- A prioridade *f*, relegando a questão da produção ao terceiro nível, por exemplo o dos *capitalismos de Estado de tipo soviético* (fórmulas stalinistas de planificação etc.), cujas afinidades com o modo de produção asiático foram ressaltadas várias vezes. O modelo chinês, pelo menos o do período maoista, devido a seus métodos de submissão em massa da força coletiva de trabalho, talvez se assemelhe mais à fórmula *a* do que à fórmula *f*. Ela articula um problema histórico específico com a questão dos instrumentos econômicos de semiotização, em particular com a instauração de mercados não apenas dos valores econômicos,

---

16. Étienne Balazs, *La Bureaucratie céleste* [*A burocracia celeste*]. Paris: Gallimard, 1968.

mas também dos valores de prestígio, inovação e desejo. Nesse tipo de sistema, a desregulação dos sistemas de mercado, conjugada com uma hiperestratificação da segmentação social, é correlativa de uma gestão autoritária que só pode subsistir na medida em que sua esfera de influência não está exposta demais às influências externas, à concorrência dos outros ramos do *phylum* maquínico produtivo. Assim, o sistema do *gulag* só é sustentável em longo prazo na medida em que a economia soviética continua engessando parcialmente os agenciamentos inovadores nos campos tecnológicos, científicos e culturais avançados. Essa problemática é prolongada, a partir de então, pela problemática das reivindicações por uma democratização do aparelho de gestão social-semiótica do sistema (exemplo: as lutas "autogeridas" dos operários poloneses).

3. As prioridades de produção

- A prioridade *d*, relegando a questão do mercado ao terceiro nível, por exemplo o da *exploração imperialista clássica*, constitui uma forma de acumulação anexa às grandes entidades capitalistas sem suporte maquínico marcante e "sem preocupação" com os efeitos de desorganização sobre o *socius* colonizado. O monopólio comercial da periferia tende a favorecer as tendências do capitalismo monopolista dentro das metrópoles e a fortalecer os poderes do Estado. Ela articula uma questão histórica específica com a reconstituição do *socius* devastado das colônias, inclusive através da criação de Estados sob as formas mais artificias.
- A prioridade *e*, relegando a questão do Estado ao terceiro nível, por exemplo o do *capitalismo mundial integrado*, instaura-se "acima" e "abaixo" das relações segmentárias capitalistas (ou seja, num nível ao mesmo tempo mundial e molecular) e a partir de meios semióticos de avaliação e valorização do capital totalmente novos devido à sua capacidade crescente de integração maquínica das atividades e faculdades humanas como um todo.

A princípio, "a sociedade inteira se torna produtiva: o tempo de produção é o tempo da vida". Mas, simplificando bastante, podemos dizer que essa dominação máxima do capital sobre o *socius* só se estabelece baseada na conjunção entre integração maquínica e reprodução social – esta última sendo, aliás, o resultado de uma reterritorialização maquínica complexa e conservadora, se não dos termos exatos da segregação social, no mínimo de seus axiomas essenciais: hierárquicos, racistas, sexistas etc. Aqui falaremos de capital social-maquínico e é isso que nos faz levar muito a sério a expansão do pensamento neoliberal a partir da intrusão da teoria da informação na esfera econômica. Quando a informação pretende passar para o primeiro plano dentro da máquina social, parece, de fato, que ela deixa de estar ligada à mera organização da esfera de circulação para tornar-se, ao seu modo, fator de produção. Da informação como fator de produção... essa é a última fórmula de decodificação do *socius* pela formação de um capital cibernético. Não se trata mais da era do esquematismo transcendental à moda de Keynes (fundação de um novo espaço e de um novo tempo de produção a partir de um investimento da mediação estatal como função de busca do equilíbrio); a circulação não será mais mero vetor de validação social das mais-valias de poder: ela se torna imediatamente produção-reterritorialização-capitalização das mais-valias maquínicas, adquirindo a forma de controle remoto da reprodução segmentada do *socius*. A partir de então, o capital parece operar sobre "uma totalidade sem gênese, sem contradições, sem processo. Analítica da totalidade em que a totalidade é o pressuposto",[17] ela própria indissociável de um discurso totalitário que encontra sua forma de expressão no cinismo da "nova economia". Aliás, seria preciso dizer que, no final das contas, a teoria neoliberal não tem conteúdo, tirando esse cinismo consubstancial à vontade de afirmar a produção pela produção, em sua acepção mais clássica (é nesse âmbito que seria preciso inscrever o incrível aumento dos gastos norte-americanos

17. Antonio Negri, *Macchina tempo* [*Máquina tempo*]. Milão: Feltrinelli, 1982.

com pesquisa militar). Daí uma reestruturação do espaço produtivo, que não será mais considerado de modo pontual, em função das necessidades de integração das novas "distribuições de cartas" planetárias: a reestruturação permanente virou a regra do processo capitalístico em si mesmo, e a crise, a própria forma da circulação. "A reestruturação não é uma regra de fase, mas uma operação a ser desenvolvida em todas as fases, durante todos os momentos do processo social. Apenas a crise pode permitir esse grau de fusão integrativa entre produção e circulação, produção e informação, produção e ressegmentação do *socius*, e realizar a "intenção" expansiva de um capital que rompe o isolamento e que tem acesso a uma fluidez sinérgica maximizada."

Essa "fluidez" pode ser verificada num nível duplo:

1. o da fábrica móvel: é por meio da circulação que serão feitas essas "pseudomercadorias" que só são indiretamente produtos do trabalho (depois das condições sociais de produção terem passado para o domínio da organização da informação, o processo de trabalho é um mero elemento do processo de valorização). Como bem mostrou J.-P. de Gaudemar, "toda unidade produtiva tende, assim, a aparecer como o nó de uma rede fluida, nó de conexões ou de rupturas temporárias dos fluxos, mas que só pode ser analisado relativamente a seu pertencimento a essa rede".[18] A gestão do espaço produtivo passa pela organização de sua fluidez máxima (o trabalho precário sendo, é claro, parte integrante desse último qualificativo...);

2. do Estado territorial ao Estado "móvel" (mais conhecido, segundo a terminologia liberal, pelo nome de "Estado mínimo"...): não mais criador e defensor de um espaço nacional original de valorização, mas promotor de uma parti-

---

18. Jean-Paul de Gaudemar, "Naissance de l'usine mobile" [Nascimento da fábrica móvel], in: *Usine et Ouvrier: figure du nouvel ordre productif* [*Fábrica e operário: figura da nova ordem produtiva*]. Paris: Maspero, 1980, p. 24.

cipação ampliada do espaço transnacional de valorização, passagem, de certo modo, da mecânica contratual à termodinâmica do reequilíbrio "longe do equilíbrio"...

A questão histórica específica do capitalismo mundial integrado (CMI) diz respeito aos limites potenciais de seu poder de integração. De fato, não é evidente que ele consiga indefinidamente inovar e recuperar as técnicas e as subjetividades. Convém ressaltar novamente que o CMI não é uma entidade que se basta a si mesma. Embora se apresente hoje em dia como "o estágio supremo do capitalismo", no final das contas, ele é apenas uma fórmula capitalística entre outras. Ele se adapta, aliás, à sobrevivência de amplas zonas de economia arcaica: ele vive em simbiose com economias liberais e coloniais de tipo clássico, coexiste com economias de tipo stalinista... Relativamente progressista no campo das mutações técnico-científicas, ele é profundamente conservador no campo social (não por razões ideológicas, mas por razões funcionais). Por isso estamos no direito de nos perguntar se não estamos lidando aqui com uma de suas contradições insuperáveis. Talvez a capacidade de adaptação e de reconfiguração dos agenciamentos de enunciação econômica do CMI encontre seu limite com a renovação da capacidade de resistência do conjunto das camadas sociais que recusam suas finalidades "unidimensionalizantes". Claro, as contradições internas do CMI não são de natureza tal que ele deva sucumbir inelutavelmente por causa delas. Mas talvez nem por isso sua doença deixe de ser menos mortal: ela é o resultado do acúmulo de todas as crises laterais geradas por ele. A potência de reprodução do CMI parece inexorável; mas ela entra em choque com tantos modos de vida e de valorização social que não parece de modo algum absurdo esperar que o desenvolvimento de novas respostas coletivas – de novos agenciamentos de enunciação, avaliação e ação –, oriundos dos mais diversos horizontes, consigam finalmente a destituir. (Surgimento de novas máquinas de guerra popular do tipo El Salvador; lutas autogeridas nos países do Leste; lutas de autovalorização do trabalho no estilo italiano; multidão de vetores de revolução molecular em todas as esferas da sociedade.) A nosso ver, é unicamente através desse tipo de hipótese que poderá ser apreciada a redefinição dos objetivos de transformação revolucionária da sociedade.

1983 – A psicanálise deve estar em contato direto com a vida

O *anti-Édipo* fez algum barulho com suas críticas bastante duras contra o "familiarismo" da psicanálise. Agora, dez anos depois, isso se tornou banal. Quase todo mundo percebeu que havia algo que não ia bem por esses lados. Tenho respeito por Freud, por aquilo que ele representa; ele foi um criador extraordinário. Durante longos períodos de sua vida, suas sacadas geniais e loucas o relegaram à margem da opinião científica e médica e, no entanto, ele conseguiu chamar atenção para fatos subjetivos até então desconhecidos. Mas seus sucessores, em particular a corrente estruturalista lacaniana, transformaram a psicanálise em culto e a teoria psicanalítica numa espécie de teologia, celebrados pelas seitas afetadas e pretensiosas que não pararam de proliferar. Na época em que eu estava na Escola Freudiana, fiquei impressionado com o descompasso surpreendente entre a sofisticação das propostas teóricas sustentadas lá dentro e o modo como as pessoas se comportavam no campo clínico. Aqueles que sustentavam os discursos menos reluzentes, com menos "estardalhaço", às vezes tinham, porém, uma prática relativamente razoável, ao passo que aqueles que sustentavam os discursos mais distintos, que se esforçavam para imitar o "Mestre", se comportavam frequentemente como verdadeiros irresponsáveis em seus tratamentos. Não é pouca coisa atender alguém, comprometer-se com seu destino, sempre correndo o risco de que isso só acabe num impasse! Tem pessoas que vêm até você num desespero total, que estão, portanto, muito vulneráveis, muito sugestionáveis e que você pode fazer embarcar em relações de transferência perigosamente alienantes. Isso é, aliás, um fenômeno que não diz respeito apenas à psicanálise. Conhecemos muito bem outros exemplos de grandes teorias das quais foi feito um uso religioso e perverso, com consequências dramáticas. (Estou pensando nos "pol-potianos" do Camboja ou em certos grupos marxistas-leninistas da América Latina...)

Em suma, essa problematização da psicanálise não é mais muito original; outros a problematizaram com talento – por exemplo Robert Castel.[1] Mas, por outro lado, convém evitar recair em perspectivas reducionistas, neobehavioristas ou sistêmicas anglo-saxônicas, tais como são veiculadas pelas correntes de terapias familiares.

Se quisermos ir além desse aspecto crítico e considerar as possibilidades de uma reconstrução da análise sobre novas bases, me parece importante colocar novamente a questão do seu status de *mito de referência*. Para viver a vida – tanto sua loucura, sua neurose, seus desejos, sua melancolia quanto seu cotidiano "normal" –, cada indivíduo é levado a se referir a um certo número de mitos públicos ou privados. Nas sociedades arcaicas, esses mitos tinham uma consistência social suficiente para constituir um sistema de referência moral, religioso, sexual etc., de um modo muito menos dogmático do que o nosso; assim, durante uma exploração sacrificial, a coletividade procurava identificar qual espírito habitava o "doente", qual constelação cultural, social, mítica e afetiva estava desregulada. Quando uma prática ritual não funcionava, eles se orientavam numa outra direção, sem entender que estivessem lidando com uma "resistência". Essas pessoas exploravam a subjetividade com um pragmatismo incontestável, apoiando-se em códigos compartilhados pelo corpo social como um todo e cujos efeitos eram "testáveis". O que está longe de ser o caso de nossos métodos psicológicos e psicanalíticos!

Nas sociedades em que as faculdades humanas estão altamente integradas, num primeiro momento os sistemas de referências míticas foram substituídos pelas grandes religiões monoteístas,

---

[1] Robert Castel, *Le Psychanalysme* [*O psicanalismo*]. Paris: Editions 10/18.

que se esforçaram para responder à demanda cultural das castas, dos conjuntos nacionais e das classes sociais; em seguida, tudo isso desmoronou com a desterritorialização das antigas relações de filiação, clã, corporação, chefia etc. Depois, as grandes religiões monoteístas, por sua vez, declinaram e perderam uma grande parte do poder de captura que tinham sobre as realidades subjetivas coletivas. (Com exceção, na atualidade, de certas situações paradoxais como na Polônia ou no Irã, onde as ideologias religiosas encontraram uma função estruturante para todo um povo. Estou pegando esses dois exemplos porque são simétricos e antinômicos: o último, pendendo para o fascismo, e o primeiro, para uma perspectiva de libertação social.) Mas, de modo geral, a referência ao pecado, à confissão, à oração, não tem mais a mesma eficácia de antes; ela não consegue mais interferir do mesmo modo nas perturbações de um indivíduo envolvido num drama psicótico, numa neurose ou qualquer outra forma de dificuldade mental. Assim como, em contrapartida, assistimos a uma reascensão por vezes espetacular das religiões "animistas" e das medicinas tradicionais em países como o Brasil, com o candomblé, a macumba, o vodu etc.

Para suprir essas religiões colapsadas, grandes máquinas de subjetivação surgiram, veiculando certos mitos modernos, por exemplo através do romance burguês, de Jean-Jacques Rousseau a James Joyce, ou através do *star-system* do cinema, da música, do esporte e da cultura de mídia de massa, de modo geral. Só que se trata de mitos desfeitos, lábeis. A psicanálise e a terapia familiar constituem em relação a eles uma espécie de pano de fundo de referência, dando um corpo, um espírito de seriedade a essa subjetivação profana. Repito: ao que me parece, ninguém consegue organizar sua vida independentemente de tais formações subjetivas de referência. Quando uma delas acabou – seja porque perde sua força, seja porque se banaliza –, constatamos que, sem nunca deixar de se degenerar, de se empobrecer, com frequência ela continua sobrevivendo. É isso que talvez esteja acontecendo com o freudismo e o marxismo. Enquanto não os substituirmos em sua função de mito coletivo, nunca daremos um fim neles! Eles se tornaram uma espécie de delírio coletivo crônico. Vejam o fim do paradigma hitleriano: a causa estava visivelmente perdida desde 1941 ou 1942; mas ele foi até o fim, até o desastre total, e isso ainda continuou muito além. Como bem mostrou Kuhn acerca dos paradigmas científicos, um corpo de explicação que perde sua consistência nunca é meramente substituído por um outro mais confiável. Ele fica parado no mesmo lugar, se agarra como um doente. Nessas condições, não adianta nada tentar demonstrar racionalmente o absurdo da maioria das hipóteses psicanalíticas. É preciso beber o cálice até a última gota! E provavelmente vai se tratar do mesmo com o sistemismo da terapia familiar. Hoje em dia, psicólogos e trabalhadores sociais manifestam uma certa avidez para encontrar quadros de referências. A Universidade pretende lhes fornecer bases científicas. Mas, na maioria das vezes, não passam de teorias reducionistas alheias aos problemas reais – digamos de uma cientificidade metonímica. Na verdade, quando os "usuários" vão ver um psi, eles sabem muito bem que não estão lidando com verdadeiros "homens de ciência", mas com pessoas que se apresentam como os "respondedores" de uma certa ordem problemática. Antigamente, quando se ia ver um padre, um servidor de Deus, seu modo de funcionamento era mais ou menos conhecido, suas relações com sua empregada doméstica, com a vizinhança, seus jeitos de pensar. Os psicanalistas também são com certeza pessoas tão respeitáveis quanto! Mas são muito mais "ilocalizáveis". E, a meu ver, eles não conseguirão continuar gerindo o negócio deles por muito tempo se apoiando em mitos vazios.

Depois de reconhecer a necessidade, eu diria quase a legitimidade, das referências míticas, coloca-se a questão não de seus fundamentos científicos, mas de sua *funcionalidade social*. É aí que se situa a verdadeira pesquisa teórica nesse campo. Uma produção de subjetividade pode ser teorizada num determinado contexto, dentro de um grupo particular ou acerca de uma neurose ou de uma psicose, sem recorrer à autoridade da ciência, isto é, a algo que implica uma formalização com alcance universal, que se afirma como verdade universal. Parece-me muito importante ressaltar que não poderia existir uma teoria geral dentro das ciências humanas – aliás, tampouco nas "ciências" sociais e nas "ciências" jurídicas – e que, nessas matérias, a teorização só diz respeito àquilo que eu chamaria de "cartografia" descritiva e funcional. A meu ver, o resultado disso é que os sujeitos e os grupos em questão deveriam ser convidados, segundo modalidades apropriadas, a participar da atividade de modelização que lhes diz respeito. E é exatamente o estudo dessas modalidades que me parece ser a essência da teorização analítica. Eu li recentemente na imprensa que vinte milhões de brasileiros estão morrendo de fome no nordeste do país, e que isso produz uma raça de "anões autísticos". Para entender e ajudar essas populações, as referências à castração simbólica, ao significante e ao Nome do Pai só podem ser uma péssima ideia!

Por outro lado, é óbvio que as pessoas que confrontam esse tipo de problema teriam tudo a ganhar forjando alguns instrumentos sociais e conceitos operatórios para enfrentar a situação. A dimensão política da produção de subjetividade é evidente aqui. Mas o mesmo acontece, sob outras modalidades, em outros contextos. Assim, repito, quanto menos os psis se considerarem como homens de ciência, mais eles tomarão consciência de suas insuficiências e responsabilidades; não de uma responsabilidade culpabilizadora, como aquela que alguns erigem quando pretendem falar em nome da verdade e da história. Eu sou da geração que conheceu os ataques a J.-P. Sartre, que, na época de *A náusea*, alguns queriam considerar responsável pelos suicídios e pela delinquência que a juventude conhecia à época. Às vezes os intelectuais que constroem teorias apoiam, com suas ideias, um estado de coisas que eles desaprovam e podem carregar uma responsabilidade por aquilo que acontece a partir delas. Mas raramente se trata de uma responsabilidade direta. Por outro lado, frequentemente acontece de eles terem uma influência inibidora na medida em que, ao ocupar indevidamente o terreno, impedem que certos problemas sejam colocados sob um ângulo mais construtivo. Eu sempre estive mais ou menos engajado politicamente. Participei de movimentos sociais desde a minha infância e, além disso, me tornei psicanalista. Isso me levou a recusar as compartimentações estanques entre os planos individual e social. As dimensões singulares e coletivas sempre se misturam para mim. Se nos recusarmos a situar uma problemática dentro de seu contexto político e micropolítico, tornamos estéril sua real potência. Intervir com sua inteligência, seus meios, por mais fracos que sejam, pode parecer muito simples, mas é essencial. E isso é parte integrante de toda propedêutica, de toda didática concebível. Depois de 1968, diziam que os psicólogos, psiquiatras e enfermeiros eram policiais. Vamos admitir! Mas onde isso começa, onde isso termina? O importante é determinar se, da posição que ocupamos, contribuímos ou não para superar fatos de segregação, de mutilação social e psíquica, se conseguimos no mínimo "limitar" os estragos.

1984 – "Os chapados maquínicos"

Deveríamos partir de uma definição ampliada da droga; para mim, as chapações são todos os mecanismos de produção de subjetividade "maquínica", tudo que contribui para proporcionar o sentimento de pertencer a algo, de ser de algum lugar; e também o sentimento de se esquecer. Os aspectos existenciais daquilo que chamo de experiências com drogas maquínicas não são facilmente detectáveis; só percebemos suas superfícies visíveis através de práticas como o esqui de fundo, o ultraleve, o rock, os videoclipes, todas essas coisas. Mas o alcance subjetivo dessas chapações não necessariamente tem relação imediata com a prática em questão... É o funcionamento do conjunto que é gratificante.

O exemplo do Japão, considerado em grande escala, é significativo. Os japoneses se adaptam a uma estrutura arcaica, digamos pseudoarcaica. Essa é a contrapartida de suas chapações maquínicas para que a sociedade não caia aos pedaços... Eles refazem para si uma territorialidade feudal a partir da tradição, perpetuando a condição alienada da mulher, absorvendo-se em trabalhos repetitivos com máquinas... São também condutas para se posicionar subjetivamente, enfim, não diretamente "a favor", mas o resultado está aí: funciona! Os japoneses estruturam seu universo, ordenam seus afetos na proliferação e na desordem das máquinas, agarrando-se em suas referências arcaicas. Mas eles são antes de tudo loucos por máquinas, por chapações maquínicas. Vocês sabem, por exemplo, que metade das pessoas que escalam o Himalaia é japonesa?

Chapação. Droga. Será que se trata de uma mera analogia? Segundo os trabalhos mais recentes, parece que absolutamente não se trata de uma metáfora. Dores repetidas, certas atividades muito "exigentes" incitam o cérebro a liberar hormônios, endorfinas, drogas muito mais "pesadas" do que a morfina. Será que por esses meios não se chega a autointoxicações? Em La Borde, observei a que ponto os anoréxicos se parecem com os drogados. A mesma má-fé, o mesmo jeito de te enrolar prometendo parar... A anorexia é uma chapação maior. O sadomasoquismo também. E qualquer outra paixão exclusiva que produz doses de endorfina. A gente se "droga" com o barulho do rock; com o cansaço, a falta de sono, como Kafka; ou batendo a cabeça no chão, como as crianças autistas. Com a excitação, o frio, os movimentos repetitivos, o trabalho alucinado, o esforço esportivo, o medo. Descer rapidamente de esqui uma encosta quase vertical transforma os dados da personalidade! Um jeito de se fazer ser, de se encarnar pessoalmente, enquanto o fundo da imagem existencial permanece opaco.

Repito: o resultado da chapação e sua representação social têm todas as chances de estar fora da realidade. A chapação coloca em jogo processos que escapam radicalmente da consciência, do indivíduo, ela provoca transformações biológicas cuja necessidade ele experimenta confusamente – embora de modo intenso. A "máquina droga" pode levar ao êxtase coletivo, à gregariedade opressiva: e ainda assim constitui uma resposta para uma pulsão individual. A mesma coisa vale para as chapações menores: o sujeito que volta para casa morto de cansaço, arrebentado depois de um dia extenuante, e que aperta mecanicamente o botão da sua televisão. Mais um meio de reterritorialização pessoal por meios totalmente artificiais.

Esses fenômenos da chapação contemporânea me parecem ambíguos, portanto. Existem duas entradas: a repetição, a idiotice, como com a monomania dos fliperamas ou a intoxicação dos videogames. E também a intervenção do processo "maquínico" que não é fútil, nunca é inocente. Existe um Eros maquínico. Sim, jovens japoneses sobrecarregados se suicidam na saída da escola; sim, desde as 6 horas da manhã, milhares de pessoas repetem em coro os gestos do golfe num estacionamento de cimento; sim, jovens operárias vivem em dormitórios e renunciam a suas férias... Loucos por máquinas! Mas no Japão existe mesmo assim uma espécie de democracia do desejo, até na empresa. Como um equilíbrio. Em benefício da chapação?

Entre nós, as chapações maquínicas funcionam muito mais no sentido de um retorno ao individual; mas elas parecem indispensáveis, no entanto, à estabilização subjetiva das sociedades industriais, sobretudo nos momentos mais duros de competitividade. Se você não tem pelo menos esse tipo de compensação, você não têm nada! Desânimo... A subjetividade maquínica molecular permite ser criativo em qualquer campo. Ela permite acreditar nisso. Jovens italianos, muito desestruturados politicamente depois do esfacelamento dos movimentos de contestação, só fazem isso! Com um "se vira" individual! Uma sociedade que não fosse mais capaz de tolerar, de lidar com suas chapações perderia seu tônus. Seria destruída. Ela precisa se articular, por bem ou por mal, na bagunça aparente das chapações, mesmo (e sobretudo) aquelas que parecem ser escapatórias improdutivas. Os norte-americanos são os campeões da chapação: eles dispõem de milhares de chapações; todos os dias inventam chapações. Têm bastante sucesso nisso. Os russos, pelo contrário, já não têm nem mesmo a chapação do velho bolchevismo... É a subjetividade "maquínica" que produz os grandes impulsos, como o Vale do Silício.

Na França? A sociedade francesa não está necessariamente ferrada. Os franceses não são mais idiotas do que os outros, nem mais pobres de libido. Mas eles não são "descolados". As superestruturas sociais são, digamos, muito mais molares. Quase não existem, entre nós, instituições que deixem espaço para os processos de proliferação "maquínica". A França, isso é repetido à exaustão, é a tradição, o Mediterrâneo, os princípios imortais disso ou daquilo. E no momento em que o planeta está sendo atravessado por mutações fantásticas, na França fazem cara feia para as grandes chapações "maquínicas". A explosão universal está *out*. Os Jogos Olímpicos? E o Centro Pompidou, que no começo era bem divertido, foi entupido por camadas sucessivas de membros permanentes mais ou menos parasitas. Em suma, isso é a antichapação. Esperamos japonizar a França enviando as delegações para Tóquio? Isso é realmente ridículo... Não tem endorfina nisso!

Mesmo assim a França parece ter começado mal. A Europa também. Talvez os processos "maquínicos" evoquem grandes espaços, um grande mercado ou uma grande potência real [*royale*][1] como antigamente. E/ou também, como sugere Braudel, uma concentração de meios semiológicos, monetários, intelectuais, um capital de saber. Nova York, Chicago, a Califórnia com toda a América por trás. Ou Amsterdã no século XVII. Isso daria apenas entidades gerenciáveis. Megamáquinas!

Aqui a chapação diz respeito ao clube mais ou menos privado, sendo apenas um valor de refúgio. As pessoas se subjetivam, refazem para si territórios existenciais com suas chapações. Mas a complementaridade entre as máquinas e os valores de refúgio não está garantida! Se a chapação falha, se dá errado, isso implode. Existe um limiar crítico. Sem desembocar num projeto social, podemos morrer de uma grande empresa no estilo japonês, de uma mobilidade no estilo norte-americano. Vejam Van Gogh, Artaud. O processo "maquínico" do qual eles conseguiram sair os destruiu. Como os verdadeiros drogados. Minha existência arrastada para um processo de singularização? Perfeito! Mas se isso para de repente: vai, acabou, entreguem as provas, a catástrofe é iminente. Ausência de perspectiva, de saída micropolítica. É preciso se fazer existir "dentro" do processo. A repetição vazia da chapação é terrível! Quando nos damos conta, quando chegamos a pensar: "era mentira"... a contracultura dos anos 1960, o terceiro mundismo, o marxismo-leninismo, o rock: existem muitas chapações que fizeram muito mal ao se revelar obsoletas.

Trata-se do desmoronamento lamentável ou da criação de universos inauditos. As formações subjetivas preparadas pelas

---

[1]. Em francês, existe uma diferença entre os termos *réel* (relativo a realidade) e *royal* (relativo a realeza). [N. T.]

chapações podem dar um novo impulso ao movimento ou, ao contrário, fazê-lo morrer lentamente. Por trás de tudo isso existem possibilidades de criação de mudanças de vida, de revoluções científicas, econômicas e até mesmo estéticas. Novos horizontes ou nada. Não estou pensando aqui nas velhas ladainhas sobre a espontaneidade como fator de criatividade. Absurdo! Mas no imenso projeto de estratificação, de serialização que sufoca nossas sociedades, que inspeciona formações subjetivas aptas a dar um novo impulso à potência do processo e a promover o reino de singularidades mutantes, novas minorias. Os setores visíveis de chapação não deveriam ser como tantas outras defesas de territórios conquistados; os cristais residuais constituídos pelas chapações maquínicas poderiam atravessar o planeta inteiro, reanimá-lo, dar-lhe um novo impulso. Uma sociedade fechada a esse ponto terá de se acostumar com isso ou terá de morrer.

1985 – Microfísica dos poderes e micropolítica dos desejos

Milão, 31 de maio de 1985

Abreviações dos títulos citados:

A. S. *L'Archéologie du savoir*. Paris: Gallimard, 1969. [Ed. bras.: *Arqueologia do saber*, trad. de Luiz Felipe Baeta Neves. Rio de Janeiro: Forense universitária, 2012.]

H. F. *Histoire de la folie à l'Âge classique*. Paris: Gallimard, 1976. [Ed. bras.: *História da loucura na Idade Clássica*, trad. José Teixeira Coelho Netto e Newton Cunha. São Paulo: Perspectiva, 2019.]

H. S. *Histoire de la sexualité*. 1. *La Volonté de savoir*. Paris: Gallimard, 1976. 2. *L'Usage des plaisirs*, 1984. [Ed. bras.: *História da sexualidade 1: A vontade de saber*, trad. Maria Thereza da Costa Albuquerque e J. A. Guillon Albuquerque. São Paulo: Paz e Terra, 2020. *História da sexualidade 2: O uso dos prazeres*, trad. Maria Thereza da Costa Albuquerque. São Paulo: Paz e Terra, 2020.]

M. C. *Les Mots et les Choses*. Paris: Gallimard, 1966. [Ed. bras.: *As palavras e as coisas*, trad. Salma Tannus Muchail. São Paulo: Martins Fontes, 2016.]

M. F. *Michel Foucault: un parcours philosophique* [*Um percurso filosófico*], de Hubert Dreyfus e Paul Rabinow, com uma entrevista e dois ensaios de Michel Foucault, trad. do inglês de Fabienne Durand-Bogaert. Paris: Gallimard, 1984.

O. D. *L'Ordre du discours*. Paris: Gallimard, 1971. [Ed. bras.: *A ordem do discurso*, trad. Laura Fraga de Almeida Sampaio. São Paulo: Loyola, 1996.]

P. *Le Panoptique*, de Jeremy Bentham, precedido de "L'œil du pouvoir" [O olho do poder], entrevista com Michel Foucault. Paris: Belfond, 1977. [Ed. bras.: *O panóptico*, trad. Tomaz Tadeu. São Paulo: Autêntica, 2019.]

R. R. *Raymond Roussel*. Paris: Gallimard, 1963. [Ed. bras.: *Raymond Roussel*, trad. Manoel Barros da Motta e Vera Lucia Avellar Ribeiro. Rio de Janeiro: Forense Universitária, 1999.]

S. P. *Surveiller et Punir* [*Vigiar e punir*]. Paris: Gallimard, 1975. [Ed. bras.: *Vigiar e punir*, trad. Raquel Ramalhete. Petrópolis: Vozes, 2019.]

***

Depois de ter o privilégio de ver Michel Foucault retomar uma proposição que eu tinha lançado um pouco por provocação, decretando que, no final das contas, os conceitos eram apenas ferramentas, e as teorias o equivalente das caixas que as contêm – sua potência quase não pode exceder os serviços que eles prestavam em campos delimitados, durante sequências históricas inevitavelmente limitadas –, vocês não ficarão espantados hoje ao me ver fuçar na parafernália conceitual que ele nos legou para emprestar alguns de seus instrumentos e, se necessário, desviar seu uso a meu bel-prazer.

Aliás, estou convencido de que ele sempre pretendeu que a gente lidasse assim com a sua contribuição!

Não é através de uma prática exegética que se pode esperar manter vivo o pensamento de um grande morto, mas apenas através de sua retomada e ao colocá-lo em ação, com os riscos e perigos para aqueles que se expõem a ele, para reabrir seu questionamento e para dar corpo a suas próprias incertezas.

Fiquem à vontade para atribuir a banalidade dessa primeira fala ao gênero batido da homenagem póstuma! Em um de seus últimos ensaios, que trata da economia das relações de poder, Michel Foucault pedia a seu leitor que não se deixasse desanimar pela banalidade dos fatos que ele reportava: "Não é porque são banais que eles não existem. O que se deve fazer com fatos banais é descobrir – ou tentar descobrir – qual problema específico e talvez original está vinculado a eles" (M. F., p. 299). Pois então! Creio que o que é bastante raro e que talvez se preste à descoberta, no modo como o pensamento de Michel Foucault é chamado a sobreviver a ele, é que ele assume, melhor do que nunca, as problemáticas mais urgentes de nossas sociedades, sobre as quais, até o momento, nada foi proposto de tão elaborado e com as quais já fracassaram todos os modos já em desuso dos pós-modernismos e dos pós-politismos!

O essencial da trajetória de Foucault consistiu em se afastar ao mesmo tempo de um ponto de partida que o levava a um método de interpretação hermenêutica do discurso social e de um ponto de chegada que poderia ter sido uma leitura estruturalista, fechada em si mesma, desse mesmo discurso. É na *Arqueologia do saber* que ele teve de operar essa dupla conjuração. É nela que ele se desvencilhou explicitamente da perspectiva usada inicialmente na *História da loucura*, ao proclamar que, para ele, não se tratava mais "de interpretar o discurso para fazer uma história do referente através dele" (a. s., pp. 64-67) e que ele pretendia, de agora em diante, "substituir o tesouro enigmático das 'coisas' anteriores ao discurso pela formação regular dos objetos que só ganham contornos nele".

Essa recusa de fazer referência ao "fundo das coisas", essa renúncia às profundezas abissais do sentido, é paralela e simétrica à posição deleuziana de rejeição do "objeto das alturas" e de qualquer posição transcendental da representação. À época, a horizontalidade, uma certa "transversalidade" combinada com um novo princípio de contiguidade-descontinuidade pareciam ter de se impor contra a posição vertical tradicional do pensamento. Ressaltemos que é por volta dessa mesma época que ocorreram problematizações tempestuosas das hierarquias opressivas do poder, assim como a descoberta de novas dimensões vividas da espacialidade: as cambalhotas dos cosmonautas ou um novo tipo de trabalho no chão entre os dançarinos, em particular com a expansão do butô japonês.

Renunciar à "questão das origens",[1] trazer à tona para a análise "um espaço em branco, indiferente, sem interioridade nem promessa" (a. s., p. 54) sem cair, no entanto, na armadilha de uma leitura rasa em termos de significante: esse se tornou o novo programa de Michel Foucault.

---

1. Ver também o tema do "enlabirintamento da origem" em Raymond Roussel, R. R., p. 204.

Em 1970, durante sua aula inaugural no Collège de France, ele lançará uma espécie de advertência solene a esse respeito: "O discurso se anula em sua realidade ao ser colocado na ordem do significante" (O. D., p. 51).

Com efeito, depois de um tempo de hesitação, ele chegou a considerar pernicioso todo procedimento estruturalista que consiste em "tratar os discursos como conjuntos de signos (de elementos significantes que remetem a conteúdos ou a representações)": ele pretende apreender esses discursos sob o ângulo de *"práticas* que formam sistematicamente os objetos dos quais se fala". E acrescenta: "Claro, os discursos são feitos de signos; mas o que eles fazem é mais do que utilizar esses signos para designar coisas. É esse *mais* que os torna irredutíveis à língua e à palavra" (A. S., pp. 66-67). Portanto, saída do gueto do significante e vontade afirmada de levar em conta a dimensão produtivista da enunciação. Mas esse *mais* que está em questão aqui é constituído pelo quê? Trata-se de uma mera ilusão subjetiva? Ele vai ao encontro de um "já dado" ou de um processo em desenvolvimento? Sem dúvida não existe resposta geral para essas questões. Cada cartografia regional ou global, conforme o fato de ela ser sustentada por aspirações ideológicas, estéticas ou científicas, define seu próprio campo de eficiência pragmática, e é bem óbvio que uma renúncia, como a de Michel Foucault, aos mitos reducionistas que são geralmente válidos nas ciências humanas, não poderia deixar de incidir sobre questões políticas e micropolíticas relativas, por exemplo, às relações médicos/enfermeiros-pacientes, aos papéis respectivos dos especialistas psi, às posições ocupadas por esse campo psi dentro da universidade, às preocupações com as mídias de massa, às hierarquias entre os corpos do Estado etc. Ao desvalorizar, como eles fizeram, a parte imaginária do real em benefício exclusivo de sua parte simbólica, os estruturalistas franceses dos anos 1960 fundaram, na verdade, uma espécie de religião trinitária do *Simbólico*, do *Real* e do *Imaginário*, cujos missionários e adeptos vimos se propagar um pouco por toda parte, pregando uma boa nova palavra, procurando invalidar, brutalmente ou por vezes bem sutilmente, qualquer perspectiva que escapasse de sua vontade hegemônica. Mas sabemos muito bem que nenhuma Trindade, nem mesmo a Trindade entorpecente de sua realização hegeliana ou a de uma riqueza ainda amplamente inexplorada de Charles Sanders Pierce, nunca conseguiu, nunca conseguirá dar conta de um existente singular, de um mero espinho numa carne de desejo. E pela simples razão de que, se refletirmos bem, elas se constituíram exatamente para conjurar as rupturas aleatórias, os fatos de raridade que Michel Foucault nos explica serem a trama essencial de toda afirmação existencial. "Raridade e afirmação, finalmente raridade da afirmação e não generosidade contínua do sentido e de modo algum monarquia do significante."[2] Em suma, o real da história e do desejo, as produções de alma, de corpo e de sexo não passam por esse tipo de tripartição, muito simplista no final das contas.[3] Elas implicam uma multiplicação categorial totalmente diferente dos componentes semióticos que operam em cenas imaginárias ou a título de diagramas simbólicos. A implosão do conceito-valise de significante e o envio ao museu do adágio lacaniano, que diz que só o significante deveria representar o sujeito para um outro significante, andam de mãos dadas com uma problematização radical da tradição filosófica do "sujeito fundador" (O. D., p. 49). Michel Foucault recusa a concepção de um sujeito que deveria supostamente "animar diretamente as formas vazias da língua com suas intenções"; ele quer se dedicar, por sua vez, à descrição das instâncias reais de produção da discursividade dos grupos sociais e instituições. E isso o leva à descoberta do continente, até então quase desconhecido, das formas coletivas de produção e das

---

2. O. D., p. 72. Nessa mesma época, nós nos insurgíamos contra aquilo que chamávamos de "imperialismo do significante". Mera nuance de imagem? Ou talvez prevalência em Michel Foucault do papel desempenhado pela "idade clássica" nessa tomada de poder do significante sobre o poder, enquanto nós enfatizávamos suas dimensões capitalísticas mais avançadas.

3. Sobre a produção de campos de objetos, ver O. D., p. 71; sobre a produção de acontecimentos: O. D., p. 61; sobre a produção de alma: S. P., p. 34; sobre a produção de sexo: H. S., I, p. 151 etc.

modalidades técnicas de agenciamento da subjetividade. Não no sentido de uma determinação causalista, mas como *rarefação* e/ou *proliferação* dos componentes semióticos em cuja intersecção ele surge. Por detrás da "logofilia" aparente da cultura dominante, ele analisa uma profunda "logofobia", uma vontade indomável de controle da "grande proliferação dos discursos, de modo que sua riqueza seja diminuída em sua parte mais perigosa e que sua desordem seja organizada de acordo com figuras que esquivam o mais incontrolável", e um temor surdo diante do surgimento dos enunciados, dos acontecimentos, diante de "tudo que pode haver de violento aí, de descontínuo, de combativo, de desordem também e de perigoso, diante desse grande burburinho incessante e desordenado do discurso" (O. D., pp. 52–53).

Podemos distinguir duas vertentes a partir das quais Michel Foucault considera que a subjetividade que ele explora escapa das abordagens reducionistas que ocupam uma posição elevada em quase todos os lugares:

1. a de uma reterritorialização que conduz à atualização de seus componentes institucionais de semiotização, que a carregam de história e de contingência do acontecimento – é nesse nível que ela se distingue de todas as variantes do estruturalismo;

2. a de uma desterritorialização que a revela como criadora de "alma real e incorporal" segundo uma fórmula lançada em *Vigiar e punir*, que aparece como um alerta humorístico: "Não se deveria dizer que a alma é uma ilusão, ou um efeito ideológico. Mas, embora ela tenha uma realidade, que ela seja permanentemente produzida, em torno, na superfície, no interior do corpo..." (S. P., p. 34). Aqui estamos no registro de um "materialismo do incorporal" (O. D., p. 60), o mais distante possível tanto das formas engessadas das interpretações hermenêuticas quanto dos engodos de um certo "imaterialismo" na moda.

De agora em diante se trata, portanto, de escapar das instâncias sujeitadoras de dominação, independentemente do seu nível de instauração, através de uma prática analítica – o que ele chama de "discurso enquanto prática". "Precisamos promover novas formas de subjetividade que recusem o tipo de individualidade que nos foi imposta durante vários séculos", afirma ainda Foucault numa entrevista com Hubert Dreyfus e Paul Rabinow, que parece constituir uma espécie de testamento (M. F., pp. 301-302). E ele toma o cuidado de dispor a série de condições que permitem avançar em direção a uma nova economia das relações de poder. Ele enfatiza que as lutas de transformação da subjetividade não são meras formas de oposição à autoridade; elas são caracterizadas pelo fato:

1. de serem "transversais" (ou seja, saírem dos quadros de um país particular para Michel Foucault);

2. de se oporem a todas as categorias de efeitos de poder, por exemplo, àqueles que se exercem sobre o corpo e a saúde, e não apenas àqueles que são relativos às lutas sociais "visíveis";

3. de serem imediatas, no sentido de visarem as formações de poder mais próximas e de não confiarem em soluções "hipotéticas" de longo prazo, como as que podem ser encontradas nos programas dos partidos políticos;

4. de colocarem em questão o status do indivíduo normalizado e de afirmarem um direito fundamental à diferença (de modo algum incompatível, aliás, com alternativas comunitárias);

5. de visarem os privilégios do saber e sua função mistificadora;

6. de implicarem uma recusa das violências econômicas e ideológicas do Estado e de todas as suas formas científicas e administrativas de inquisição.

Nestas prescrições, vemos que o deciframento das "tecnologias políticas do corpo", da "microfísica dos poderes" (S. P., p. 31) e da "polícia discursiva" (O. D., p. 37) proposto por Michel Foucault não consiste numa mera identificação contemplativa, mas implica aquilo que chamei de *micropolítica*, uma análise molecular que nos faz passar das formações de poder para os investimentos de desejo.

Quando ele fala de desejo, o que faz várias vezes em sua obra, Foucault sempre o faz numa acepção muito mais restrita do que a que Gilles Deleuze e eu demos a esse termo. Mas é possível observar que sua concepção bastante particular do poder tem como consequência "puxar" o poder, se for possível dizer assim, para o lado do desejo. É por isso que ele trata o desejo como uma matéria que diz respeito a um investimento e não a uma lei do "tudo ou nada". Durante toda sua vida, Michel Foucault se recusou a considerar o poder como entidade reificada. Para ele, as relações de poder e, consequentemente, as estratégias de luta, nunca se resumem a meras relações objetivas de força; elas envolvem os processos de subjetivação naquilo que eles têm de mais essencial, de mais irredutivelmente singular, e sempre encontraremos nelas "a rebeldia do querer e a intransitividade da liberdade" (M. F., pp. 312-315).

Portanto, o poder não se aplica "pura e simplesmente, como uma obrigação ou uma proibição, àqueles que não o têm; ele os *investe*, passa por eles e através deles; ele se apoia neles, assim como eles próprios, em sua luta contra ele, se apoiam, por sua vez, nas influências que ele [o poder] exerce sobre eles" (S. P., pp. 31-32). A isso acrescentarei que, apesar de nossas diferenças de ponto de vista, digamos de "enquadramento do campo", parece-me que nossas problemáticas de singularidade analítica convergem.

Mas antes de parar nesse ponto, gostaria de fazer uma observação de ordem mais geral relativa à nossa contestação comum das teorias lacanianas e em torno de Lacan para ressaltar que ela nunca foi acompanhada por uma negação neopositivista ou marxista da questão do inconsciente. Em sua *História da sexualidade*, Michel Foucault evidenciou o caráter decisivo da demarcação que o freudismo operou em relação àquilo que ele chama de "conjunto perversão-hereditariedade-degeneração" enquanto núcleo sólido das tecnologias do sexo na virada do último século (H. S., I, pp. 157-197-198). E no que diz respeito a Gilles Deleuze e a mim, é preciso lembrar que é em nome da reconstrução de uma verdadeira análise que nos insurgimos contra a pretensão dos lacanianos de erigir uma lógica universal do significante como garantidora não apenas da economia da subjetividade e dos afetos, mas também de todas as outras formas de discursividade relativas à arte, ao saber e ao poder.

Voltemos ao traço que talvez nos una do modo mais essencial a Michel Foucault, a saber, uma recusa comum de expulsar as dimensões de singularidade do objeto analítico e dos métodos de elucidação:

> O tema da mediação universal é um modo de elidir a realidade do discurso. E isso apesar da aparência. Pois, à primeira vista parece que, se encontramos por toda parte o movimento de um *logos* que eleva as singularidades até o conceito, permitindo à consciência imediata desdobrar finalmente toda a racionalidade do mundo, é justamente o próprio discurso que é colocado no centro da especulação. Mas, para dizer a verdade, esse *logos* só é, na realidade, um discurso já feito, ou melhor, são as próprias coisas e os acontecimentos que se fazem imperceptivelmente discurso ao desdobrar o segredo de sua própria essência. (O. D., pp. 50-51)

Em Michel Foucault, essa reintegração da singularidade é baseada na sua concepção muito particular do enunciado, que não representa mais uma unidade do mesmo gênero que a frase, a proposição ou o ato de linguagem, e que, consequentemente, não pode mais funcionar a título de segmento de um *logos* universal que elimina as contingências existenciais. Portanto, seu domínio não é mais apenas o de uma relação de significação que articula o significante e o significado, e de uma relação de denotação de um referente, mas é também uma capacidade de *produção existencial* (que, na minha própria terminologia, chamei de "função diagramática"). Em seu modo de ser singular, o enunciado foucaultiano não é nem totalmente linguístico, nem exclusivamente material. E, no entanto, ele é indispensável para que se possa dizer se há ou não frase, proposição ou ato de linguagem. "Não se trata de uma estrutura [...], trata-se de uma *função de existência* que faz propriamente parte dos signos e a partir da qual se pode decidir em seguida, por meio da análise ou da intuição, se eles fazem ou não sentido" (A. S., pp. 114-115). Esse cruzamento entre a função semiótica de sentido, a função denotativa e essa função pragmática de "colocar na existência" não é, justamente, aquele em torno do qual girou toda a experiência psicanalítica, com seus indícios sintomáticos, seus chistes, seus lapsos, seus "umbigos do sonho", seus atos falhos, suas formações de fantasia e comportamentos exasperados em sua própria repetição existencial, vazia de sentido, no mínimo de um sentido paradigmatizável dentro das coordenadas das significações dominantes? Seja através do "discurso" dos equipamentos coletivos (hospitalares ou penitenciários, por exemplo), através da marcação dos corpos e da sexualidade, através da história da emergência das figuras da razão e da loucura, ou ainda através dos universos maquínicos de um Raymond Roussel (R. R., p. 120), a pesquisa primeira de Michel Foucault sempre foi sobre as falhas do discurso, as rupturas de sentido da linguagem ordinária ou da discursividade científica, seu objetivo sempre foi conseguir cartografar as "séries lacunares e encavaladas, os jogos de diferença, de desvio, de substituição, de transformação dos quais eles são portadores" (A. S., p. 52). Ele não aceita como algo óbvio o caráter "pleno, conciso, contínuo, geograficamente bem delimitado" dos campos constituídos pelas grandes famílias de enunciados. Se seguirmos Michel Foucault nesse terreno, às vezes temos a sensação de não estarmos muito longe da lógica dissidente do processo primário freudiano.[4] Porém, em dois pontos, o da singularidade, cuja importância já tentei enfatizar, a perspectiva difere profundamente.

---

4. Se quisermos levar a sério a afirmação de que a luta está no âmago das relações de poder, temos de nos dar conta de que a boa e velha "lógica da contradição não basta, longe disso, para explicar seus processos reais" (*Le Panoptique*, p. 30).

Nunca se deve esquecer, de fato, que Michel Foucault desmantelou de todos os modos possíveis a falsa evidência da individuação da subjetividade. Eu já evoquei a função assujeitadora da individuação social – o que ele chama de "governo via individuação" – que ao mesmo tempo isola e dessingulariza (M. F., p. 302), e que, por meio de um olhar sem rosto, "transforma todo o corpo social num campo de percepção: milhares de olhos pairando por toda parte, atenções móveis e sempre despertas, uma longa rede hierarquizada..." (S. P., p. 216). Mas essa função não é necessariamente exercida por um operador social com contorno bem definido, por exemplo por uma casta estatal ou um alto comando da racionalidade. Ela pode envolver uma *intencionalidade sem sujeito* (H. S., I, pp. 124-125) que opera a partir de "superfícies e inscrições coletivas" (A. S., p. 56). O controle panóptico, por exemplo, leva ao assujeitamento tanto de quem é olhado quanto de quem olha; trata-se de uma maquinaria da qual ninguém é o dono, na qual "todo mundo está pego, tanto aqueles que exercem o poder, quanto aqueles sobre os quais esse poder é exercido" (P.). De um modo mais geral, devemos considerar que não existe enunciado – no sentido foucaultiano – que seja livre, neutro e independente. Todos sempre são parte integrante de um jogo associativo; eles sempre se constituem dentro de um campo enunciativo" (A. S., p. 130).

Essa perspectiva também leva Foucault a reconsiderar o status de autor no nível dos procedimentos mais simples de delimitação e controle do discurso. O autor não deve ser identificado com o indivíduo falante que pronunciou ou escreveu um texto; trata-se de um "princípio de agrupamento do discurso" – que chamei de agenciamento coletivo de enunciação – que lhe confere sua unidade, seu signo, sua significação como *locus* de sua coerência (O. D., p. 28).

O ângulo sob o qual Michel Foucault posiciona a questão das singularidades existenciais também constitui uma demarcação, potencial mas decisiva, em relação ao modo freudiano de abordar as formações do inconsciente ou do "impensado", segundo sua terminologia inspirada em Maurice Blanchot. A individualidade, implodida como vimos, não é mais necessariamente sinônimo de singularidade. Ela não pode mais ser concebida como um ponto de escape irredutível para os sistemas de relação e representação. Mesmo o *cogito*, de certo modo, perdeu seu caráter de evidência apodítica para tornar-se processual; essa é agora "uma tarefa incessante que sempre deve ser retomada" (M. C., p. 335). A singularidade se faz ou se desfaz conforme a tomada de consistência subjetiva da discursividade coletiva e/ou individual. Digamos, para retomar as coisas usando as nossas próprias categorias, que ela diz respeito a um *processo de singularização* na medida em que se faz existir como agenciamento coletivo de enunciação. Para tanto, ela poderá tanto encarnar através de um discurso coletivo, quanto se perder numa individuação seriada. E mesmo quando se referir a uma entidade individuada, ela poderá continuar se referindo a multiplicidades processuais. Que não se pense, no entanto, que, ao se tornar fragmentária, precária, ao se livrar de sua proteção identitária, a singularidade será necessariamente levada a empobrecer ou enfraquecer: pelo contrário, ela se afirma. Pelo menos essa é a orientação micropolítica da *"analítica da finitude"* que Michel Foucault propõe, em ruptura total com a analítica das representações, oriunda da tradição kantiana. Portanto, seria um contrassenso enorme querer circunscrever sua perspectiva a um só tipo de intervenção global de desassujeitamento dos conjuntos sociais; trata-se também e antes de tudo de uma micropolítica da existência e do desejo. A finitude não deve ser suportada com resignação, como uma falta, uma carência, uma mutilação ou uma castração: ela é afirmação, engajamento existencial.[5] Todos os temas do que poderia ser chamado de existencialismo foucaultiano se articulam, assim, nesse ponto de inflexão entre a representação semiótica e as pragmáticas de "existencialização" que levam as micropolíticas do desejo a se colocar ao lado das microfísicas

---

5. M. C., pp. 325-329. Sobre esse ponto, só posso remeter à excelente análise de Hubert Dreyfus e Paul Rabinow, M. F., pp. 47-53.

do poder por meio de procedimentos específicos. Cada uma delas exige ser reinventada, uma a uma, caso a caso, o que as torna semelhantes a uma criação artística.

A imensa contribuição de Michel Foucault consistiu na exploração de campos de subjetivação profundamente políticos e micropolíticos que nos indicam caminhos de libertação dos pseudouniversais do freudismo e dos matemas do inconsciente lacaniano. A partir dos métodos que ele enunciou, dos ensinamentos que podem ser tirados da história de sua vida intelectual e pessoal, e também da qualidade estética de sua obra, ele nos legou instrumentos insubstituíveis de cartografia analítica.

1985 – As quatro verdades da psiquiatria

Roma, 28 de junho de 1985

O marasmo em que a psiquiatria e sua esfera de influência psi se afundaram há alguns anos não é, obviamente, independente das convulsões econômicas e sociais contemporâneas. Os movimentos de contestação e de contracultura dos anos 1960 podem ter parecido, para aqueles que os viveram intensamente, a premissa de transformações profundas que pouco a pouco ganhariam o tecido social como um todo. Não foi nada disso que aconteceu. Sem dúvida a história ainda pode nos reservar surpresas! Mas, enquanto esperamos, somos obrigados a constatar que as repetidas crises dos últimos anos triunfaram sobre esses movimentos. Podemos até nos perguntar se esse não era um de seus "objetivos" essenciais. Apesar das esperanças, utopias e experimentações inovadoras dessa época, nada sobrou dela além de uma memória vaga, comovente para alguns, odiosa e vingativa para outros, e indiferente para a grande maioria da opinião pública. Isso não significa, porém, que os projetos e movimentos alternativos tenham sido varridos do mapa para sempre, tenham perdido toda legitimidade. Outras gerações ocuparam seu lugar, talvez com menos sonho, mais realismo, menos construções míticas e teóricas... De minha parte, continuo convencido de que, longe de estarem "superados", os problemas colocados durante esse período continuam assombrando o futuro de nossas sociedades, na medida em que a escolha que lhes é imposta é: ou sua reorientação para finalidades humanas por meio da implementação, de todos os modos possíveis, de projetos de reapropriação dos territórios existenciais individuais e coletivos, ou um encaminhamento acelerado rumo a uma loucura coletiva, assassina e suicida, e a atualidade recente acaba de nos fornecer vários indícios e sintomas dela.

A meu ver, é nesse contexto, esboçado em linhas gerais, que convém rever as tentativas de transformação da psiquiatria das últimas décadas. Consideremos sumariamente as mais marcantes delas: a primeira geração do movimento da terapia institucional, impulsionada por homens como Daumezon, Le Guillant, Bonnafé etc., que humanizou os velhos hospícios; o começo da implantação da psiquiatria de setor, com seus hospitais-dia, suas oficinas protegidas, suas visitas em domicílio etc.; a segunda geração da psicoterapia institucional, rearticulada por François Tosquelles, Jean Oury e o GT Psi, baseada em conceitos e práticas psicanalíticas; os diferentes movimentos de alternativa à psiquiatria... Cada uma dessas iniciativas carregava consigo uma verdade segmentária, e nenhuma delas estava em condição de encarar as consequências das transformações que ocorriam paralelamente na sociedade como um todo. Para além de suas contribuições particulares – que eu seria realmente o último a subestimar –, sempre era adiada a questão de uma reorientação verdadeiramente radical da psiquiatria, o que seria chamado, em outros registros, de sua mudança de paradigma.

Eu mesmo não tenho condição, é óbvio, de construir sua cartografia exaustiva, mas gostaria de ressaltar algumas conquistas que constituem as condições necessárias a qualquer "novo impulso" progressista nesse campo estagnado – é preciso dizê-lo! Ao que me parece, ela terá de associar de modo indissolúvel pelo menos quatro níveis de intervenção, quatro tipos de verdade:

1. transformação dos equipamentos pesados existentes;

2. apoio às experiências alternativas;

3. sensibilização e mobilização dos mais diversos parceiros sociais em relação ao tema;

4. desenvolvimento de novos métodos de análise da subjetividade inconsciente, tanto no nível individual, quanto no coletivo.

Em outros termos, trata-se de se livrar, do modo mais radical, das cegueiras dogmáticas e das briguinhas corporativistas que parasitaram durante tanto tempo nossas reflexões e práticas. Nesse campo, como em muitos outros, uma verdade não exclui a outra. Não existe receita universal, remédio que possa ser aplicado de modo unívoco a todas as situações, e o primeiro critério de "viabilidade" concreta reside na continuidade de um projeto por operadores sociais decididos a assumir suas consequências em todos os planos.

A partir de alguns exemplos, tentemos mostrar agora como os projetos recentes de transformação da psiquiatria de fato exigiam levar em conta pelo menos uma de nossas "quatro verdades", e como eles encontraram seus limites por não introduzi-las todas ao mesmo tempo, o que teria pressuposto a existência, consistente o suficiente, de agenciamentos coletivos capazes de colocá-las em prática.

Aquilo que foi chamado de "primeira revolução psiquiátrica" e que levou, nos anos do pós-guerra, à melhora sensível das condições materiais e morais de muitos hospitais psiquiátricos franceses, só foi possível porque se apoiou na conjunção:

1. de uma corrente forte de psiquiatras progressistas;

2. de uma poderosa maioria de enfermeiros psiquiatras militantes a favor de uma transformação da condição manicomial (coordenando, por exemplo, estágios de formação nos Centros de Treinamento para os Métodos Ativos – CEMEA);

3. de um núcleo de funcionários do Ministério da Saúde, trabalhando no mesmo sentido.

Foi assim que se encontraram excepcionalmente reunidas as condições para uma intervenção eficaz no primeiro nível dos equipamentos "pesados". Mas, por outro lado, nenhum dos outros três níveis – o das alternativas, o da mobilização social e o da análise da subjetividade – foi introduzido à época na psiquiatria de setor, que constituiu um prolongamento desse movimento, ainda que se falasse muito sobre isso.

As experiências comunitárias inglesas, que se desenvolveram na esteira de Maxwell Jones, depois de Ronald Laing, David Cooper e da Philadelphia Association, tinham uma certa inteligência social e uma inegável sensibilidade analítica. Por outro lado, não receberam nenhum apoio, nem do Estado, nem daquilo que se convencionou chamar de forças de esquerda. De modo que elas não tiveram condições de adquirir um desenvolvimento evolutivo.

Se nos voltarmos agora para uma experiência como a de La Borde – clínica com uns cem leitos, da qual Jean Oury é o principal coordenador há uns trinta anos e à qual continuo pessoalmente apegado –, encontramo-nos na presença de uma relojoaria institucional bastante extraordinária que constitui um "analisador coletivo" que me parece ser do mais alto interesse. Os apoios externos também lhe fizeram falta, embora de formas diferentes dos exemplos evocados anteriormente. Destaquemos brevemente que essa clínica, embora convencionada pela Seguridade Social, sempre foi sistematicamente marginalizada do ponto de vista econômico e, paradoxalmente, longe de melhorar depois de os socialistas chegarem ao poder, sua situação só piorou. Embora alguns insistam em tratá-la como um monumento histórico, ela continua mais viva do que nunca, vendo-se até mesmo "levada" por uma corrente de simpatia que nunca se desmentiu, como demonstra a participação, durante o ano todo, de mais de uns cem estagiários franceses e estrangeiros. E, no entanto, podemos considerar que ela continua isolada. Uma experiência como essa só conquistaria de fato seu sentido pleno dentro do contexto de uma rede que fizesse proliferar iniciativas alternativas. A questão que ela levanta discretamente é a de uma nova apreciação do papel da hospitalização. É obviamente urgente pôr um fim em todos os métodos carcerários de hospedagem. Mas isso não implica de modo algum uma renúncia sem nuance às estruturas de hospitalidade e de vida coletiva. Para muitos dissidentes da psique, a questão de uma reinserção nas estruturas ditas normais do *socius* não pode mais ser colocada. Nesse sentido, com demasiada frequência a manutenção ou retorno mais ou menos forçado e culpabilizante para o seio da família foram mistificados. Outras modalidades de vida individual e coletiva têm de ser inventadas, e aqui se abre um imenso canteiro de obras para a pesquisa e a experimentação.

Eu poderia enumerar outros cenários possíveis evidenciando a desarmonia dos quatro níveis de intervenção anteriormente evocados, ressaltando, por exemplo, a atitude no mínimo ambivalente dos poderes públicos franceses diante das comunidades alternativas do sudeste, que por um bom tempo levou meu amigo Claude Sigala a um curioso vaivém entre os corredores do Ministério, os corredores do Palácio da Justiça e uma cela da prisão da Saúde! Mas me contentarei com uma última ilustração que se refere à *Psychiatria Democratica* e à obra de Franco Basaglia, cuja memória saúdo aqui. Esse movimento foi o primeiro a explorar de modo tão intenso as potencialidades de um trabalho de campo, associado a uma mobilização das forças de esquerda, uma sensibilização popular e uma ação sistemática em direção aos poderes públicos. Infelizmente – e esse foi por muito tempo objeto de um debate amistoso entre mim e Franco Basaglia –, é a dimensão analítica que desaparecia e que por vezes era até mesmo veementemente recusada.

Talvez vocês me digam: por que essa insistência, como um *leitmotiv*, nessa quarta dimensão analítica? Será que ela deve realmente ser considerada uma das principais molas propulsoras do nosso problema? Sem poder me estender ainda mais, parece-me que com ela teríamos uma cura possível da lepra de nossas instituições psiquiátricas e, para além disso, dos equipamentos de *welfare* como um todo, quero dizer, dessa serialização desesperadora dos indivíduos induzida por eles, não apenas em seus "usuários", mas também em seus agentes terapêuticos, técnicos e administrativos. A promoção de uma análise institucional em grande escala implicaria um trabalho permanente com a subjetividade produzida em todas as relações de assistência, educação etc. Um certo tipo de subjetividade, que qualificarei como capitalística, está prestes a invadir todo o planeta. Subjetividade da equivalência, da fantasia padrão, do consumo em massa de tranquilização infantilizante. Ela é a fonte de todas as passividades, de todas as formas de degeneração dos valores democráticos, de entrega coletiva ao racismo... Hoje em dia, ela é massivamente secretada pelas mídias de massa, os equipamentos coletivos, as indústrias pretensamente culturais. Ela não envolve apenas as formações ideológicas conscientes, mas também os afetos coletivos inconscientes. A psiquiatria e os diversos campos psi têm uma responsabilidade particular em relação a ela: ou eles garantem suas formas atuais, ou se esforçam para fazê-la bifurcar em direções desalienantes. É em relação a essa problemática que as alternativas à psiquiatria e à psicanálise adquirem toda sua importância. Elas só terão um verdadeiro impacto se conseguirem se aliar a outros movimentos de transformação da subjetividade que se expressam de modos múltiplos através dos grupos ecologistas, nacionalitários, feministas, de luta antirracista e, mais geralmente, através de práticas alternativas preocupadas em trazer à tona perspectivas positivas para a massa crescente dos "marginalizados" e não garantidos.

Mas isso implica, ao mesmo tempo, que os partidos, os grupelhos, as comunidades, os coletivos, os indivíduos que queiram trabalhar nessa direção sejam capazes de se transformar a si mesmos, de parar de calcar seu funcionamento e sua representação inconsciente em modelos repressivos dominantes. Para tanto, eles deveriam funcionar, na relação consigo mesmos e com o exterior, não apenas como instrumento político e social, mas também como agenciamento analítico coletivo desses processos inconscientes. E aqui, repito, tudo tem de ser inventado. Tudo está diante de nós. É o conjunto das práticas sociais que está sendo interpelado, que exige ser repensado e reexperimentado.

Isso é um pouco o que tentamos fazer dentro da "Rede alternativa à psiquiatria" desde sua criação, em 1975, e que organizou um debate internacional intermitente entre os componentes mais diversos, mais heterogêneos das profissões psi e dos movimentos alternativos. Também existem outras iniciativas. Estou pensando particularmente na Itália, nos encontros de ecologia mental que serão organizados no fim do ano por iniciativa do grupo Topia, de Bolonha, coordenado por Franco Berardi.

Trata-se de reafirmar, mais forte do que nunca, o direito à singularidade, à liberdade de criação individual e coletiva, à demarcação em relação aos conformismos tecnocráticos; trata-se de neutralizar a arrogância de todos os pós-modernismos e de conjurar os perigos de nivelamento da subjetividade na esteira das novas tecnologias.

Estes são alguns elementos que eu desejava trazer para o debate de vocês. Permitam-me ainda, a título de conclusão, acrescentar três observações relativas à lei 180 de vocês.

1. Com certeza é da mais alta importância colocar em questão a legislação anterior, e qualquer retrocesso na direção da reinstauração das antigas estruturas manicomiais seria totalmente reacionário e absurdo. Na França, o debate continua girando em torno da modificação da velha lei (segregativa e contrária aos direitos humanos) de 1838. Meu ponto de vista a esse respeito, que, aliás, é uma retomada do ponto de vista de Henri Ey, é que a única solução é sua supressão pura e simples, e todas as questões em suspenso só devem dizer respeito ao Código da Saúde.

2. Se devemos recriar equipamentos hospitalares específicos de acolhimento – e penso que isso é absolutamente necessário

–, eles devem ser concebidos como locais evolutivos de pesquisa e experimentação. O que mostra o quanto me parece contraindicado reimplantá-los dentro dos hospitais gerais.

3. Somente formas renovadas de mobilização social permitirão fazer com que as mentalidades evoluam e superem o racismo "antilouco" sempre ameaçador. A iniciativa e as decisões nesse campo não pertencem, em última instância, às formações políticas tradicionais, que estão afundadas até o pescoço em sua prisão burocrática, mas à invenção de um novo tipo de movimento social e alternativo.

ARTE PROCESSUAL

1975 – Os espaços azuis

> Um peso cai de seus ombros quando você passa pelo território mexicano – e subitamente, brutalmente, a paisagem desaba em cima da sua cabeça, nada mais entre você e o horizonte além do deserto vagamente montanhoso e os abutres: uns pequenos pontos que turbilhonam de longe, outros tão próximos que você os ouve fender o ar de suas asas (um barulho seco como uma espiga de milho que se descasca), e quando eles percebem uma presa, jorram todos os pretos do azul do céu, esse azul horrível e opressivo do céu mexicano, e jorram como funil em direção ao chão...
>
> WILLIAM BURROUGHS

Merri Jolivet pinta com duas cores: uma, sempre a mesma, é Paris, a outra é o céu mexicano, o branco da Espanha etc. Essas duas cores derivam uma da outra. Assim, com o azul horrível e opressivo de Burroughs, ele prepara uma cor-Paris – via depuração, limpeza, desterritorialização dos monumentos do poder –, e, em seguida, a partir dela, produz um novo azul ou um novo branco etc. O importante não é mais a cor enquanto tal, mas a passagem de uma matéria à outra. De fato, a preparação em si não é muito complicada, está até ao alcance de todos: você pega uma área de Paris de que gosta muito, bate nela bem forte na beira de uma mesa até que os monumentos se quebrem em pedaços – em geral, eles são os primeiros a cair –, e sua cor está pronta. Você só tem que aprimorar os contornos, se assim quiser.

Apreender a textura de formas familiares como uma cor pura, deixar de ver os contornos como algo "natural", puro: o céu mexicano não é tão sofisticado, tão carregado de significações poluentes quanto o cinza do tecido urbano? E talvez sejam até mesmo os grandes espaços da cidade, ao invés dos do México, que contêm, hoje em dia, os últimos caminhos de passagem que atravessam o muro do significante – pelo menos no campo plástico. Em suma, se trataria de uma nova espécie de nomadismo, de um nomadismo *in loco*.

Em vez de se empenhar como Gengis Khan para apagar as cidades, para estancar os canais e trazer tudo de volta ao estado de origem, aqui renunciaríamos a toda ideia de origem e trataríamos da natureza ao mesmo tempo que da cidade, taparíamos as cores, nós as libertaríamos dos valores de uso que as impedem de funcionar conforme uma economia do desejo aberta em todas as direções do campo social. O azul é tinta laqueada. Em todo caso, não se trata mais do céu. E de modo algum o mexicano! E se, apesar de tudo, o México ou o Clube Mediterrâneo tentarem se recompor da partida, então os grandes meios serão empregados, recorreremos à cor-cidade. Uma cidade que foi Paris talvez. Mas isso não é certo e não tem mais importância. E se a Concórdia, a praça d'Alma e o Zouave se atreverem, por sua vez, a trazer Paris de volta, então arranjaríamos a cor-abutre.

Estaríamos lidando, portanto, com um projeto de neutralização recíproca de dois poderes: o poder visível dos monumentos sobre a cidade e o poder invisível das significações sobre as cores. Aliás, talvez aqui não haja mais motivo para falar de cor, de oposição e de engendramento de cores. Pouco importam o azul, o branco, a cidade e os monumentos. O que conta é se desfazer dessa porcaria de significação. E como não podemos arrancá-la de uma vez só, porque correríamos o risco de produzir, como com os antibióticos, novas variantes ainda mais virulentas, mais sorrateiras, mais resistentes, então somos obrigados a calcular o impacto de experimentar novos efeitos assignificantes, de desenvolver novas máquinas de expressão. Aqui temos de ir com precaução, com método, como no jogo de pega-varetas: primeiro desbravar o terreno, desmontar os esquemas significantes, as induções *prêt-à-porter*, sem nunca sobrepor nada, ou seja, renunciando a todo simbolismo, a toda sobredeterminação, a toda interpretação; em seguida, concentrar os resíduos de maquinismo desejante que poderão ser detectados, fazer com que o máximo de sua intensidade seja levado aos pontos de fragilidade das codificações perceptivas e, por fim, derrubar o muro do significante até conseguir agenciar um novo modo de semiotização que se revelará ainda mais operacional, no nível abaixo do ego e da pessoa, quanto mais ele se conectar com as linhas de ruptura do desejo no campo social.

Normalmente ficamos esperando que, a partir das cores – significativas ou não – os pintores *acrescentem* algo ao mundo, produzam um suplemento de significação, de informação. Esse é o jeito de eles nos fisgarem pela vista, de nos constituírem como observadores ávidos – como observadores que investem avidamente a passividade deles. Assim como os velhos abstratos, os novos realistas ou os conceitualistas não escapam dessa paixão por possuir o olhar do outro, espécie de maquinismo do "está aí para ser visto". Na etapa atual de sua tentativa de libertação dessa divisão alienante do trabalho, Merri Jolivet chegou à ideia de que era preciso antes de tudo *não acrescentar nada*. No entanto, ele não nos impõe uma subtração, ele não procura nos despojar do que quer que seja; ele apenas nos convida a nos desfazermos *de nós mesmos*, com nossos próprios meios, conforme nossos próprios ritmos e com todos os procedimentos que quisermos – aqui ele está apenas sugerindo alguns desses procedimentos –, coordenadas de nossa realidade dominante. Ele nos mostra que isso é possível, que pode funcionar e até mesmo que foi desse jeito que ele próprio começou a se safar dessa. Aviso aos amadores!

1983 – A cidade na escuridão

As cidades antigas perderam sua alma; os grupos imobiliários e os tecnocratas do urbanismo triunfaram sobre sua potência de enfeitiçamento, sobre a poesia que transpirava de seus muros; mesmo as reformas mais bem intencionadas só tiveram como resultado mumificações sinistras. Mas, tal como Osíris, ela tende a ser reconstituída permanentemente pelo imaginário coletivo. Aliás, esse fenômeno não é novo; as cidades gregas e a Roma antiga já conheciam a nostalgia das cidades-mistério do antigo Egito. Na nossa época, é principalmente o romance popular, a história em quadrinhos e a indústria cinematográfica que parecem estar encarregados da confecção de referências pseudo-históricas, de substitutos de mitos fundadores. Os autores *de La Cité des Cataphiles* nos fazem descobrir uma outra forma, exacerbada por essa recomposição fantasiosa. Eles estudaram como etnólogos, sociólogos, historiadores, as diversas "seitas" de amantes das catacumbas parisienses, que se qualificam eles próprios como "catáfilos" e que levam uma vida simbiótica aleatória com o corpo de funcionários ligados à vigilância das antigas pedreiras que percorrem o subsolo da capital ao longo de uns dez quilômetros. Sua investigação coletiva aborda o "mistério urbano" segundo os métodos objetivos de suas respectivas disciplinas; mas a isso se acrescenta o fato de que seu discurso em várias vozes tende sempre a levá-los às problemáticas mais fundamentais da relação entre o homem e a cidade, e que eles são levados a explorar sua própria pesquisa num plano monográfico, quase íntimo, de modo que seu livro é muito mais do que um mero "relatório de missão"; trata-se de um estudo filosófico, psicanalítico, um romance de aventuras, uma coletânea de poemas...

Se as catacumbas não existissem, teríamos que inventá-las! Aliás, é o que todos nós fazemos mais ou menos sem nos dar conta, como nos sugere a leitura desse livro. De minha parte, acho que ouço falar delas desde sempre. No entanto, e não me lembro de já ter tido vontade de visitá-las, elas permaneceram escondidas num mundo do além pré-consciente, protegidas por todos tipo de armadilhas, de ciladas que contêm sabe-se lá que segredo, povoadas por uma multidão de conspiradores e mutantes... Devaneios comuns e sem grande consistência! Talvez! Mas indicativos de linhas de crenças que conduzem a outros avessos insustentáveis de nossa cotidianidade: estou pensando na China, de cuja existência ainda me acontece de duvidar, apesar de ter feito uma longa viagem para lá, ou em Nova York, que conheço muito bem, mas da qual minha representação é ocultada pela imagem que fiz dela quando criança, e que adquiriu vida própria nos meus sonhos, alimentando-se de certas leituras fabulosas, como *A América*, de Kafka.

Potência ativa do mito que nos projeta na tangente de nós mesmos, até "os limites de nossa impotência" e na "descoberta da alteridade à qual pertencemos" (cf. p. 152). Dentro de um contexto de urbanização, tais fatos de crença absolutamente não são arcaísmos; eles não devem de modo algum ser considerados resíduos de "mentalidade primitiva". Essa "missão antropológica nos subterrâneos de Paris" nos demonstra que, sob o menor pretexto, a subjetividade coletiva pode se articular, ou formar uma bola de neve – ou engendrar uma noite –, a partir das singularidades mais toscas – grafites centenários, os fragmentos de um baixo-relevo ingênuo... para fazer deles uma diástase de mistério, uma enzima de desejo, suscetíveis de vampirizar o imaginário de gerações sucessivas. Nesse sentido, as descrições clínicas das atividades quase delirantes de alguns "catáfilos" são totalmente impressionantes e talvez mais ainda do que as da contaminação *in vivo* dos próprios pesquisadores, que trazem à tona seu vírus catafílico, como outrora os colonos traziam seu paludismo ao retornar à metrópole.

Talvez a doença catafílica, a do mistério urbano levado ao seu paroxismo, sob outras formas, esteja à espreita de todos aqueles que estão "sentindo falta" de fusão, carentes de *númen*. Seja como for, trata-se realmente de algo totalmente diferente de um passatempo inocente, de uma droga leve como o amor pelas caves de Saint-Germain-des-Prés, as evocações nostálgicas das antigas "fortificações" ou a arte neorrupestre que começou a florescer nos corredores do metrô. Trata-se de uma droga pesada, que implica asceses bem particulares; nesse sentido, recomenda-se que não confundamos os "nômades grafiteiros" e os "catafilos proprietários" (p. 106). Tais asceses são exercitadas com a mesma tenacidade que as dos sadomasoquistas, que constroem para si um "corpo sem órgão", a boca, o sexo, as pálpebras sendo costurados... Costurar novamente a cidade em cima de si mesma, levar o preto do vazio e o preto do cheio ao ponto de fusão (p. 130), esvaziar as superfícies socializadas de suas significações luminosas (pp. 181 e 221)...

Mas para quê? Para que essas implosões vertiginosas no aquém do dia e da noite? Para impulsionar novamente a luta de Thanatos contra Eros, ambos esgotados por décadas de abusos psicanalíticos? Claro que não é para esse terreno que nossos autores nos arrastam! Seu avesso da cidade não é uma sentença de morte. Muito pelo contrário, o rizoma das intensidades-catacumbas que eles nos fazem descobrir constitui uma megamáquina de desejo, portadora de vida incandescente ou, no mínimo, dos "novos impulsos" mais loucos, como nos comprova por si só o caráter surpreendente, "dopante" dessa obra.

1983 – Entrevista com Élisabeth D. sobre seu primeiro romance: *Sua Majestade-Titi os grafites*

Félix Guattari A leitura do seu livro realmente me surpreendeu. Ela trouxe de volta em mim uma espécie "de estado nascente" da matéria escrita. Trata-se de algo raro que só senti no contato com grandes mutantes como Dostoiévski, Rimbaud, Céline, Kerouac. Você tem 23 anos, esse é o seu primeiro livro, você é imatura. Você não sabe muito bem se você é homem ou mulher e, evidentemente, não podemos predizer nada sobre qual será a sequência da sua trajetória! Mas o que é certo é que, logo de cara, você deu continuidade a esse extraordinário período de criatividade que foram os anos 1960, que todo mundo dizia ultrapassado, enterrado, brega.

Élisabeth D. Isso é curioso. Tenho a impressão de ter ignorado intencionalmente essa época. Os surrealistas, os românticos, a Antiguidade grega, são períodos literários que me marcaram. Mas não li nada sobre os anos 1960. Apesar disso, desde que tenho dezesseis anos, são precisamente as pessoas dessa geração que eu frequento e com quem trabalho. Acho que fizemos um pacto tácito: vocês não me falam de seu passado e têm o direito de virar a casaca. Não vi nada, não conheço. Da minha parte, não te questiono sobre a sua história e tenho o direito de ser ingênua e de redescobrir tudo. Não sei onde estavam as pessoas da minha geração. Eu abandonei o ensino médio dois anos antes do vestibular e, como estava trabalhando, não cruzava mais com elas. Desde então vivo como indivíduo isolado, capto coisas aqui e ali, mas não sinto nenhum pertencimento a nenhum grupo. Meu livro é em parte sobre essa solidão.

Guattari É como se você extraísse das problemáticas políticas que você evoca – o muro de Berlim, o problema dos negros nos Estados Unidos, as relações da mulher com a sociedade, com essa personagem extraordinária, Magda Stein – sempre o mesmo umbigo de solidão a partir do qual você recompõe suas situações romanescas.

Élisabeth D. Sim. Todos os personagens do meu livro travam uma luta solitária e que gira em torno de seus umbigos. Por exemplo, os dois personagens do Leste não são da mesma geração dos "dissidentes". Eles têm menos de trinta anos. Estão isolados em seu país pois são dois revoltados, não contra o regime, mas contra si mesmos.

Guattari Eles são dissidentes da existência.

Élisabeth D. Exatamente. E quando desembarcam no Ocidente, não são acolhidos pela comunidade dissidente. Não desfrutam do benefício do asilo político. Não têm nenhum status. Estão perdidos. Eles viram bulímicos, místicos ou loucos.

Guattari Antes de te conhecer, eu te imaginava através da personagem principal do seu romance como uma "Penélope de meia". Eu pensei: olha só, por trás desse período lamentável que viu todos da minha geração se afundando e sumindo, ou quase todos que eram um pouco vívidos, existiam Élisabeths D. que estavam esperando a sua vez. Que estavam se preparando para retomar tudo isso e levar mais longe. Muito mais longe. E para outro lugar... Porque se se trata mais ou menos do mesmo conteúdo, as mesmas emoções nova-iorquinas ou berlinenses, as mesmas aventuras sexuais, tudo está transformado devido ao decentramento narrativo que você opera. Muito mais tarde, uma garota, muito nova, fora de contexto, atravessa novamente, com uma inocência total, uma graça comovente, os mundos do além da miséria e do desespero das sociedades ditas "altamente desenvolvidas". E, apesar disso, *Sua Majestade-Titi os Grafites* não é de modo algum uma obra retrô, um *come-back*. É o exato oposto! Pois, ao modo dos grandes escritores, você retoma as palavras, as imagens que estão jogadas à sua volta desde a sua infância para produzir outras intensidades, outros universos...

Élisabeth D. Eu me defino como uma criança mimada pelo pós-guerra e pelo pós-68. Não sei o que é a morte, nem a guerra, nem a revolução. Acho que é isso que me leva a romper com as minhas relações e a preferir a solidão. Não suporto me instalar num conforto afetivo.

Guattari Você não apenas rompe mas mata as pessoas. Porque, pensando bem, você assassina absolutamente todos os personagens. É como se você precisasse se livrar de suas relações com os outros. Trata-se de algo ambíguo e apaixonante de acompanhar: você procura extrair deles algo por amor e, ao mesmo tempo, dominá-los para que te deixem em paz, para que você possa continuar... O quê? A sua escrita precisamente. Estou supondo isso. Ou a sua vida...

Élisabeth D. De um ponto de vista moral, podem me repreender por usar as pessoas para a minha própria expansão ou por não saber o que é a amizade, ou menos ainda o amor.

Guattari Você sente isso de um jeito incômodo?

Élisabeth D. Sinto! Sinto! Mas trata-se ao mesmo tempo dessa tal liberdade.

Guattari Trata-se da disponibilidade. A coisa mais rara do mundo.

Élisabeth D.   Foi Gide que me marcou nesse ponto. Li *O imoralista* com catorze anos. Não estava vivendo nada nessa época e, apesar disso, a disponibilidade aparecia para mim como o valor número um da minha vida. Não reli o livro desde então. Eu fico me perguntando... A disponibilidade. É fácil viver na minha idade. Mas quando você começa a ter trinta, quarenta anos... Daí já começam os dias depressivos, não a vivo mais como uma escolha, mas como uma condenação. Eu me vejo como o *fliegende Holländer*, esse personagem de Wagner em sua errância pelas das tempestades num navio, sem ter direito a um porto seguro. Então, nesse caso, é muito, muito angustiante e você pensa que um dia não terá mais energia para recomeçar e que te matarão. Mas os outros dias é uma dinâmica formidável. É óbvio. É a vertigem.

Guattari   O seu livro se apresenta como um romance, mas é um livro de poesia. Primeiro, ele contém poesias. E, depois, a sua escrita poética parece ter como missão "duplicar" a narração prosaica para dar conta das suas experiências de adolescência e infância. Trata-se, repito, de uma torrente poética em estado nascente. Trata-se de um fenômeno raro. Porque toda a sociedade está organizada para que isso não se produza. Porque a poesia é uma forma de luta, de guerra secreta contra o mundo das significações dominantes, das redundâncias opressivas. Mas talvez acabem rapidamente com a sua explosão poética! Fazendo com que ela não saia da sombra ou que ela seja celebrada colocando imediatamente um rótulo nela. Uma nova Sagan. Por que não! Tudo bem! Tchau! Ou que você mesma se desvie dela, que você se sabote... O protótipo continua sendo Rimbaud. Uma erupção fulgurante e depois, puffff... a areia, o deserto. Algumas cinzas são conservadas na lareira, um culto é celebrado. Mas o essencial do rimbaudismo ou dos élisabethismos é desde sempre a afirmação de uma fissura, de um processo proliferante de criação. A poesia não é algo óbvio! Como disse um dia Fernand Braudel acerca da história, ela pode morrer, desaparecer da superfície do planeta e só subsistir em estado de relíquia.

1984 - Gérard Fromanger, *A noite, o dia*

O que de melhor se pode esperar de um pintor é que ele se torne secretamente seu amigo, que se transforme em demônio familiar, desdobrando em seu foro interior cenas de sonho para suas comemorações íntimas, festas elegantes para seus dias cinzas. Cézanne, seus ocres e suas polifonias mediterrâneas; os sortilégios de Chagall; os mistérios do Aduaneiro; o grito de Munch... Todo um carrossel de figurinhas imaginárias para compensar as terras natais devastadas, as limpezas incessantes de nossos espaços pré--fabricados; para inculcar em nossas almas amolecidas algumas receitas para separar o joio do trigo; para inscrever nelas, em desespero de causa, alguns traços distintivos de nível social e de casta.

Notemos, de saída, que não é nesse registro que Fromanger se empenhou em fazer funcionar a sua obra, há mais de vinte anos. Ele deixou passar conscienciosamente, se pudermos dizer assim, todas as oportunidades que lhe foram dadas - e foram inúmeras - de abrir para si um espaço no panteão portátil da iconografia contemporânea: ao desnortear a crítica com suas rupturas abruptas de estilo; sempre colocando o cursor de sua criação de volta no zero; engajando-se levianamente, do ponto de vista dos donos do mercado, em novas tentativas, novos desafios.

Se fizéssemos questão absoluta de periodizar seus "anos de aprendizagem" - uma vez que, diferentemente de Goethe, esses anos provavelmente só terão fim com sua morte -, passaríamos de um expressionismo figurativo de cor escura a um abstracionismo luminoso, que, aliás, não é um abstracionismo, já que, como observa François Pluchard, nele tanto a figura é o trampolim do abstrato, quanto o abstrato é o trampolim da imagem;[1] em

---

1. "Fromanger: a vontade de inventar a sua época", *Combat*, 29 de janeiro de 1968.

seguida passaríamos a uma fase realista vermelha, saudada por Jacques Prévert e Gilles Deleuze, e diferenciada de modo muito justo por Michel Foucault do hiper-realismo norte-americano que ela antecedeu em mais de oito anos; depois do período de ruptura militante e de reflexão, chegaríamos nessa explosão de uma verdadeira "dança dos códigos", para retomar a expressão feliz de Alain Jouffroy, que devia levar a uma experiência toscana onírica, cuja serenidade, contudo, não seria capaz de produzir por tanto tempo a ilusão em relação a eventuais sobressaltos ulteriores. Aliás, já estamos neles com esse mural deslumbrante, *A noite, o dia,* que deixa o olhar perplexo e fascina o espírito, no qual, em oito metros de comprimento, corpos-cores nus se abraçam numa dança erótica e mortal.

Mas para que essa espécie de resenha diacrônica? Por que não procurar, em vez disso, as mutações sincrônicas que, a partir de um mesmo leque de componentes de enunciação – *componente* entendido aqui tal como se diz hoje em dia uma *impressora,* ou, ontem, uma *ala dinâmica* –, poderiam nos permitir delimitar melhor a paixão processual que habita esse pintor? Ao que me parece, todas as questões se articulam numa mesma questão: "O que é pintar hoje em dia?" O que essa prática ainda pode significar depois do colapso dos sistemas de representação que davam suporte às subjetividades individuais e coletivas até o grande fluxo de imagens midiáticas de massa e a grande desterritorialização das codificações e supercodificações tradicionais que nossa época conheceu? É essa questão que Fromanger decidiu pintar. Ele é o pintor do ato de pintar. *Painting act,* no sentido em que os linguistas anglo-americanos da enunciação falam de *speech-act.* Quando pintar é fazer:[2] o artista se torna aquele que cria o olhar e produz, através dele, novas formas de existência. Assim sendo, o que fazer dos conteúdos, depois do impasse em que se encontram os defensores da abstração, do minimalismo, do ascetismo

---

2. "*Quand peindre c'est faire*" em francês. Essa frase remete ao título da tradução francesa do livro de J. L. Austin: *How to Do Things with Words (Como fazer coisas com as palavras)* (1962), trad. franc. *Quand dire, c'est faire (Quando dizer é fazer).* [N. T.]

suporte-superfície e todas as seitas formalistas que acreditaram que, unicamente por meio da virtude de sua negação, seria possível transpor o muro das significações desvalorizadas e ativamente desnaturadas? E como impedir, a partir de então, o retorno, com os tambores e trompetes que conhecemos, da figuração conservadora – esse carnaval gigantesco que soube se tornar incontornável à medida que conseguia responder, mesmo pelas vias mais debilitantes, a um autêntico desejo de reterritorialização subjetiva?

Curiosamente, tudo parece ter se passado como se Fromanger tivesse previsto, de longa data, esse ato derradeiro. De fato podemos considerar retrospectivamente que sua pintura "fotogênica" (ou "fotogenética") foi, para ele, apenas uma espécie de pressentimento e conjuração do buraco negro catastrófico que ameaça o próprio futuro da pintura em nossas sociedades por meio de sua redução brutal, poderíamos quase dizer animal, a pretensas realidades plásticas de base e a uma pretensa "pintura de sempre". É óbvio que o realismo de Fromanger nunca teve nada a ver com essa espécie de reabilitação do conteúdo! Era muito mais uma experiência de tratamento das realidades e significações dominantes a fim de extrair delas, como de um minério, novos materiais pictóricos. Durante muito tempo, esse foi o caso com seu recurso frequente às citações (por exemplo, de Topino-Lebrun, em 1975, ou de A dama do unicórnio, em 1979), das quais ele fez um uso totalmente diferente – matricial, catalítico, em suma, criativo – daquele, ulterior – raso, derrisório, lamentável –, da chamada "transvanguarda".

Fromanger se empenhou em destruir e reinventar simultaneamente as relações de expressão e de conteúdo. Para a expressão, a cor foi seu vetor de propagação. Ele se esforçou para dissociá-la das figuras às quais ela era "normalmente" atribuída. Depois ele opera o desregramento sistemático dessa "harmonia das cores" que seus antecessores tinham acreditado poder erigir como ciência ou como dogma. Ele empreendeu tratar as seis cores primárias e complementares em pé de igualdade, levando-as a jogar, cada uma na sua vez e segundo seu temperamento próprio, todas as suas gamas de possíveis, seus temas e variações, seus prelúdios e fugas. Ele fez isso com o mesmo tipo de rigor, graça e maturidade infantis que um Johann Sebastian Bach – esse outro iniciador prodigioso da processualidade barroca – com seu *Cravo bem temperado*.

Depois de libertar as cores de suas amarras anteriores, ele podia fazer com que elas se concatenassem, segundo fórmulas inéditas e inauditas, com outros códigos que se encontravam expostos às problematizações mais radicais. É no percurso da grande série *Tout est allumé* [*Está tudo ligado*], apresentada no Centro Pompidou em 1979, que essas novas relações de transcodificação foram desenvolvidas do modo mais amplo. Elas envolviam jogos de simetria, baterias de contrastes, repetições, ritmos, arquétipos geométricos, séries modulares complexas, intensidades calóricas, acelerações, o conjunto dos procedimentos técnicos da pintura, diversos sistemas de categorias anatômicas, geográficas, políticas, estatísticas, mitográficas e, para coroar o todo, Sua Majestade o Código da Estrada, como paradigma de todos os outros códigos sociais.

Portanto, numa mesma paleta generalizada e desterritorializada se encontravam reunidos, a partir de então, dados de expressão assignificantes e dados de conteúdo significantes.[3] No que diz respeito a esses últimos, a silhueta humana foi muito cedo escolhida como componente de propagação. É baseado nela que devia se desenvolver progressivamente um jogo de alternância figura-fundo, cada vez mais sutil, entre o conteúdo e a expressão. Impossível, por exemplo, atribuir um lugar estável a essas *Gestalt* monocrômicas, pretas, vermelhas ou brancas que atravessaram, durante mais de dez anos, inúmeras telas de Fromanger. Será que se tratava apenas de um suporte circunstancial da arquitetura das cores? Ou será que já estávamos na presença de uma

---

3. Michel Foucault descreveu perfeitamente o que estava em jogo nessa suspensão dos "privilégios do significante" que o estruturalismo lhe havia conferido. "E discursos sombrios nos ensinaram que deveríamos preferir o recorte do signo à ronda das semelhanças, a ordem dos sintagmas à corrida dos simulacros, o regime cinza do simbolismo à sequência louca do imaginário" ("A pintura fotogênica", folheto de apresentação da exposição "O desejo está por toda parte", de Fromanger, editado pela galeria Jeanne Bucher, 1975).

primeira abordagem da pintura serial-modular, que só mais tarde encontrará sua expressão plena com A *noite, o dia*? Ou talvez a marca de invasores extraterrestres? Mas eles se apresentam de um jeito tão mais simpático do que a nossa própria humanidade cinzenta que seria difícil não nos aliarmos a eles! Seja como for, o único verdadeiro problema que fica com Fromanger, ainda e sempre, está do lado dos processos de enunciação.

Consideremos duas experiências seriais. Em 1974, Fromanger expõe dezesseis variações de um varredor negro ao lado de sua lixeira, onde a cor joga com uma mesma estrutura fotográfica. Em 1983, ele apresenta dez variações intituladas *O palácio da descoberta*, onde a noite e o dia já se abraçam através de oito séries de componentes: a cor, é claro!, a disposição dos elementos, um pescoço-laço inclinado como uma torre de Pisa, um círculo-sol que evoca aqueles do período das madeiras cortadas de 1967, um quadrado-noite que desce e diminui de tamanho em razão inversa à do sol, uma cabeça antiga, uma via láctea e uma paisagem etrusca. Mas o que aconteceu nesse meio-tempo? A questão *prínceps*: "Quem fala através de uma tela pintada?" mudou sua forma de expressão. No início – mas, na realidade, esse processo não comporta nem começo, nem fim, apenas um devir –, ela se materializava no corte do próprio autor, posicionado no primeiro plano dos olhares voltados para sua obra, tal como um caubói de faroeste na contraluz de seu rebanho. Esse narcisismo, assumido de modo alegre desde a série *O pintor e o modelo* (1972), devia desaparecer em seguida, diante de uma diversificação do olhar da enunciação. Destacaremos aqui apenas seus principais cenários:

- Em 1979, no centro da série *Está tudo ligado*, é sob a forma de um enunciado escritural ("Estou no ateliê pintando", nó intensivo do "*cogito* pictórico" de Fromanger) que a questão vem explicitamente à tona.
- Em 1980, na série *Luftmalerei*, a silhueta humana sofre dois tipos

de desmembramento: primeiro, conforme as linhas horizontais ondulantes (*Danzatore*), e depois conforme um entrelaçamento de linhas em duas dimensões (*Anna e pastelli*).

- Em 1982, na série *Allegro*, é uma briquetagem mural que absorve um homem conduzindo um cavalo e suas sombras (*Salto di gatto*) e, numa outra tela, uns vinte bustos de homens e mulheres (*Testa avanti*). Ressaltemos, porém, que esse tipo de absorção não é totalmente sem precedentes, já que encontramos uma variante dela em 1975, com as silhuetas sombreadas, como mapas de geografia, personagens da *Homenagem a Topino-Lebrun*.
- No decorrer dessa mesma série *Allegro*, o processo é acelerado pelo desmembramento linear de corpos humanos (*Guerra*) e depois pela explosão em partículas luminosas (*Vita e Toscana, Toscana*).
- No segundo mural também dessa série (*Siena-Parigi-Siena*), as silhuetas humanas parecem ter encontrado uma unidade, mas, por outro lado, começam a proliferar numa multidão que invade até o horizonte e no qual é possível discernir um subconjunto azul de personagens monocromáticos, esboçados de azul-violeta, espécie de reminiscência multiplicada da testemunha do *Pintor e o modelo*.

E por fim, ao termo (provisório) dessa evolução, chegamos a essa chuva de olhos de *A noite, o dia*, como cinquenta carimbadas de um carteiro louco ao qual teria sido atribuída a missão de expressar a explosão definitiva do olhar da enunciação. A partir de então, ele não poderá mais encarnar nem como ponto de vista localizável, nem como "quanto-a-si". Os olhos perderam sua cor e quase toda sua expressividade específica. Eles não se afirmam menos por isso, com uma intensidade crescente, como vidência das ocorrências mais eróticas e como imanência de uma terceira dimensão sem perspectiva do desejo.

Aquele que pinta, o "atuante", que é por acaso esse pintor, foi arrastado assim para uma desterritorialização irreversível dos corpos e códigos, operando aquém e além das delimitações personológicas. A originalidade dessa transformação, tal como Fromanger a realizou, é que seu resultado não é uma decomposição, como na linhagem Soutine-Bacon, ou uma dessexualização, como aquela dos formalistas norte-americanos. Pelo contrário, assistimos a uma recomposição corporal e à refundação de uma enunciação pictórica em que não se tratará mais de decalcar representações fechadas em si mesmas, mas de cartografar processos criadores de novos modos de subjetivação.

Mas temos de voltar, mais uma vez, a *A noite, o dia*, pois esse mural será convocado a ocupar um lugar nodal dentro da obra de Fromanger e, talvez até, quem sabe?, a tornar-se o manifesto da pintura processual. Isso se deve ao fato de que os principais componentes de sua inspiração são levados nele a um ponto de fusão "plásmico", para usar o vocabulário da física das altas energias. Além dessa cortina de olhos, da qual eu disse que desdobrava a questão da enunciação, encontramos aí o cruzamento de código entre expressão assignificante (cores, figuras, contrastes, ritmos, ritornelos...) e conteúdo significativo, os quais ressoam, aqui, a partir de um mesmo "módulo" corporal humano que oferece suas "pequenas diferenças" – tal como o clinâmen estoico – numa gama de afetos de alegria, de Eros, de humor e também de estranheza inquietante.[4] Em duas vezes sete grupos de seis e segundo a primazia de amarelo, laranja, vermelho, violeta, verde, azul e preto, esses módulos "negociam" entre si graus de liberdade que vão se reduzindo à medida que nos aproximamos do ponto de saturação, nesse caso de partida de *go*, que essa composição evoca. Nela, cada segmento espacial é tributário do agenciamento modular do conjunto e, correlativamente, depositário de um "concentrado" holográfico de seu efeito global, "tal como o sol se refletindo em cada gotícula".[5]

---

4. *L'inquiétante étrangeté* é a tradução francesa da expressão freudiana *Das Unheimliche*. [N. T.]
5. Empresto essa imagem de Mikhail Bakhtin, que a utiliza na definição mais geral do campo cultural, *Esthétique et une théorie du roman* [*Estética e uma teoria do romance*]. Paris: Gallimard, 1978, p. 40.

A novidade desse agenciamento reside no modo de associação dos dois componentes de base: cor e corpo humano. Lembremos que, até então, ele voltava a uma silhueta em tom monocromático, a um corpo-cor-sem-órgão, a separar uma dimensão do olhar, como que para afastar (e talvez vigiar) os jogos entre forma de expressão e forma de conteúdo. Mas aqui a topologia triangular do assignificante, do significativo e da enunciação perde seus direitos e, com ela, a topologia do Isso, do Ego e do Superego. O olhar se separou de uma cor circunscrita e tem sua vida própria no conjunto da tela. Para chegar aí, Fromanger teve de operar duas escolhas perigosas: da sobreposição dos olhos e de sua cor. Sua composição de corpos nus – cujo esboço perpétuo, ele nos confidenciou, povoava ao infinito as margens de seus cadernos do primário e do secundário – quando finalmente adquirida, ele tinha um encontro marcado com a vertigem que sempre o impulsionou a arriscar tudo bem no final da partida, correndo o risco de perder tudo: para romper a harmonia plástica; para provocar, detonar; para que "isso não tenha cara de pintura moderna"; para escapar, por um ponto cego de fuga, por exemplo, de André Masson ou, aqui, dos papéis recortados de Matisse; para assinar singularmente sua obra, tal como o sonho pode sê-lo, segundo Freud, a partir de um ponto de umbigo: "em que ele se liga ao Desconhecido." Essa paixão pela fratura criativa já nos valeu, bem no meio de suas telas mais equilibradas, a irrupção de peixes voadores, bicicletas, leoas etruscas... Dessa vez, trata-se de um estofamento de olhos multicores que se impunha a ela. Assim que ele vê, já faz! E tudo foi perdido na hora: o quadro desmoronou imediatamente sobre si mesmo. Ele retomou, então, os olhos de preto e tudo se clareou com uma nova luz: a terceira dimensão sem perspectiva do olhar fazia a intersecção estrutural de corpos e cores vibrar de modo fulgurante e fazia se desdobrarem linhas de universos que excedem por todos os lados as coordenadas significativas anteriores. A singularidade tinha deixado de ser paradoxal, exótica, exotópica. Ela proliferava, estabelecia leis, amplificava os mínimos decretos de significância. Uma nova etapa foi transposta no desmantelamento do ideal identitário que persegue a pintura contemporânea; um novo passo acabava de ser dado na direção da invenção de uma subjetividade mutante, longe dos equilíbrios dominantes, aspirada pelos devires da dança de Eros, dos devires mulher do desejo, dos devires cósmicos dos corpos, dos devires invisíveis do olhar.

1984 – Butô

Tanaka Min
o golfinho das trevas
seus fogos Zen sob os passos do milagre japonês
outras circunscrições do sentido
um corpo-sem-órgão
aquém das identidades industriais
além das programações narrativas
lentidões na velocidade da luz
horizontalidades animais
para arrancar do cosmos suas danças
diagramas de intensidades
na intersecção de todas as cenas do possível
coreografia de um lance de dado do desejo
numa linha contínua de nascimento
devir irreversível dos ritmos e ritornelos de um
acontecimento-haïku
I dance not in the place but I dance the place
Tanaka Min
the body weather
o rei nu de nossas memórias impossíveis do ser

1985 – O "ainda nunca visto" de Keiichi Tahara

Tantas coisas, palavras, pessoas já se agitam em todos os sentidos! Como se encontrar? Disso tudo, Keiichi Tahara decidiu conservar apenas uma coisa, na qual ele focaliza sua sensibilidade psíquica e sua percepção fotográfica. Mas, para que tudo não se bloqueie numa fascinação muda, ele escolheu essa coisa última vibrante, flutuante, no limite do ponto de fusão de onde ela pode se carregar com uma potência imprevisível de proliferação. E para compor para si um olhar tateante, para encontrar as arestas de um mundo em estado nascente, ele tem de operar um desenquadramento radical do ato fotográfico, despossuindo-o de seu velho ideal de denotação objetal e recentrando-o nas mutações da enunciação visual que resultam de seu "armamento" pelos meios técnicos mais sofisticados.

Paradoxalmente, o "nunca visto", que se encontra, assim, revelado, encaixa-se perfeitamente com os *déjà-vus* mais arcaicos, mais arquetípicos, de modo que poderemos dizer da subjetividade maquínica – ou maquinada – produzida por esse dispositivo complexo que ela é mais íntima do que é possível pressentir, porém, sem nunca se tornar familiar para nós. Porque sem destino fixo; porque errante como uma alma morta que os rituais de luto ainda não teriam apaziguado... Ameaçadora devido à sua carga de arbitrariedade e, no entanto, necessária, tranquilizadora devido à sua fixação nas evidências mais seguras. Sim! Isso é realmente uma janela, isso é um radiador, esse é um sujeito de óculos que está usando um chapéu redondo...

A partir de quais incidências visuais poderíamos revelar essa inversão do foco da objetiva de Keiichi Tahara para si mesmo e esse novo primado da enunciação?

Em primeiro lugar, as incidências de sua apresentação mais exterior: as sombras formadas pelas molduras devido ao seu ângulo de apoio nas paredes da sala de exposição e os reflexos abruptos nos vidros que os sustentam; e as escolhas rítmicas que governam sua disposição espacial, que os articulam segundo temporalidades múltiplas; em suma, toda uma arte da fugacidade, familiar ao Oriente, que libera cristais incorpóreos; os conteúdos icônicos que só subsistem, por um tempo, a título de pretextos existenciais. Em seguida, como que em contraponto desarmônico, a intrusão de singularidades de superfície – arranhões, esfregões, escorrimentos, marcas diversas – herdadas de técnicas da pintura atual. (Não me peguei tentando apagar, com um lenço na mão, as marcas de dedos realmente integradas a uma prova, de resto de uma pureza técnica sem igual!)

O enquadramento intrínseco foi concebido, por sua vez, para gerar uma insegurança permanente das relações figura/fundo, tanto em profundidade quanto no primeiro plano. Assim, módulos primários de semiotização são colocados de forma que a percepção e os afetos trabalhem por conta própria, se pudermos dizer assim. Em vez do "processo primário" freudiano do sonho – muito vulneráveis à inversão súbita da "elaboração secundária" –, estou pensando aqui nos "fenômenos funcionais" próprios aos estados crepusculares descritos por Sylberer ou nas "experiências delirantes primárias", recenseadas por Karl Jaspers, que acompanham aquilo que é comumente chamado de "acessos delirantes". Mas, me entendam bem, não se trata de modo algum de assimilar essas fotografias às pranchas de um teste projetivo tal como o Rorschach, cujas simetrias obsessivas programam um fechamento subjetivo irremediável. Máquinas de desfazer o senso comum das formas, os diagramas de Keiichi Tahara nos projetam, muito pelo contrário, num universo sem limites previsíveis, sem delimitação identitária. Nesse universo, cenas de enunciação heterogêneas se sustentavam entre si segundo tópicas singulares, cuja chave não poderia ser fornecida por nenhum paradigma estrutural. Nele, acordos de sentidos inauditos desdobram harmônicas e dissonâncias que não precisam prestar contas a nenhum princípio de contradição ou de razão suficiente. Um *mont Blanc* de papel prateado se inflama no contato com um quadro encostado no canto da parede... Um cometa entre cachorro e lobo atravessa um éter de sensualidade granulada... Um explorador tropical – de novo o sujeito de chapéu redondo – fica suspenso entre as lâminas do piso de madeira e uma floresta de sequoias domésticas... Um vitral explode em gesticulações *kanji*, depois se congela como templo zen futurista... Uma *Vitória de Samotrácia* – sempre de papel prateado – se prepara para pular pela janela... Uma intimidade abstrata de Mondrian, que devia estar sonolenta desde o início dos tempos acima do radiador, acorda num efeito estufa, digno de Vuillard ou de Bonnard... Na sequência, o ego, o eu, o outro e todo resto deslizam em catarata dentro de um aquário escuro em que domina o olho impávido de um peixe egípcio...

1984 – Kafka: processo e procedimentos

> ... era sobretudo necessário, se ele quisesse atingir o objetivo, eliminar *a priori* toda ideia de culpa.
>
> O PROCESSO, CAP. VII

Até seu encontro com Felícia Bauer, a técnica literária de Kafka se resumia a alguns *procedimentos* capazes de fazer com que sequências contemplativas ressoassem de um modo poético. A dupla revelação de seu amor por Felícia e de sua incapacidade manifesta de assumir as consequências desse amor o levou a modificar profundamente sua apreensão da literatura. Ele se viu implicado, então, num *processo* de transformação de sua relação com a escrita que lhe permitia, se não superar essa provação, no mínimo sobreviver a ela (como se sabe, ele foi literalmente assombrado pela ideia de suicídio durante esse período). Muito mais do que uma mera crise que se inscreve numa linha de evolução contínua, tratou-se, portanto, de uma ruptura profunda, de uma mutação de seu universo mental, introduzindo um novo paradigma literário, e uma parte importante de sua obra ulterior dedicou-se à exploração desse paradigma.

Certos comentadores se empenharam em associar a obra de Kafka à literatura do século XIX, até mesmo à do século XVIII. Uma tentativa desse tipo só parece relativamente pertinente para a parte da obra referente ao *procedimento* anterior aos anos 1912-1914. No entanto, ela corre o risco de perder a *crise processual* que constitui seu impulso decisivo. Ela implica uma abordagem redutora, uma leitura "rasa" que desconhece o caráter essencialmente quebrado, fragmentário do discurso kafkiano, que proíbe que se possa manter separados os textos acabados, os esboços, as variantes, a correspondência, o diário, em suma, o conjunto dos elementos relativos à trajetória vivida. Esse problema de posicionamento histórico não é acadêmico: ele não diz respeito a uma dessas polêmicas entre antigos e modernos, às quais os manuais escolares se apegam; ele é inerente à própria obra. Pois, por um lado, alguns de seus traços estilísticos realmente clássicos parecem se desenvolver com o rigor e a austeridade de uma fuga de Bach ou de um oratório de Haendel, a partir de uma célula temática central, feita de ruminações obsessivas, inibições e fugas desesperadas, de atos falhos e questionamentos esquizos, ao passo que, por outro lado, esse mesmo oratório ou essa mesma fuga não param de exceder seu âmbito propriamente literário para se propagar através de dimensões trans-semióticas múltiplas e segundo a fórmula mais moderna da "obra aberta", em todas as artes, na política, assim como na linguagem e na sensibilidade ordinárias. O "efeito Kafka", em sua eficácia atual e vitalidade insistente, perde-se inevitavelmente se nós não nos desvencilharmos da *ilusão retrospectiva* que consiste em apreender as peças propriamente literárias – as novelas, os romances – como totalidades potencialmente acabadas, como obras que, em outras circunstâncias, seus autores puderam acabar. É precisamente esse inacabamento profundo, essa precariedade crônica, que confere ao kafkismo sua dimensão processual, sua potência de abertura analítica que o afasta da herança normativa que permeou quase toda a literatura do século xx.

A meu ver, o efeito de enigma e a ambiguidade permanente produzidos pelo texto kafkiano se devem ao fato de ele desencadear no leitor, paralelamente ao seu nível de discurso literário manifesto, um trabalho do processo primário através do qual ganham expressão as potencialidades inconscientes de toda uma época. Daí a necessidade, para apreender essa dinâmica, de não isolar os dados literários dos dados biográficos e históricos. Nesse sentido, talvez fosse útil aproximar esse tipo de enigma dos enigmas presentes em obras que também surgiram no cruzamento de várias "constelações de universos" – estou pensando particularmente nos pintores que tiveram de assumir frontalmente as consequências da ruptura de Cézanne: encontraríamos neles a mesma travessia, no sentido oposto, de uma *textura significante* através de um *processo assignificante*, desdobrando linhas de fuga mutantes, tanto lógicas quanto afetivas.

Nesse ponto de inflexão entre o procedimento e o processo, *O processo* poderia ser lido como a história da afirmação de uma nova máquina escritural analítica em relação a um velho ideal identitário. Nesse livro vemos sobrepostas antigas intensidades expressionistas – cuja valorização continua predominante nos cinco primeiros capítulos – e uma técnica repetitiva de figuras e de esquemas abstratos. Outro dilema: outra armadilha! Será que convém referir essas figuras e esquemas a uma mesma axiomática fantasiosa, como a imagem dos temas e variações nos convidava anteriormente? Ou será que eles partem, pelo contrário, à deriva, proliferando como "rizoma" na exploração de efeitos de sentido e de afetos em ruptura com seu meio ou vegetando nos limbos? Aqui também os dois caminhos parecem se encavalar; pois esse trabalho do processo primário opera não apenas contra significações e padrões dominantes, mas também os restitui para desviar suas finalidades éticas e micropolíticas, e para promover um novo uso deles. Ressaltemos que a questão não é determinar se, no final das contas, esse desvio está inscrito numa perspectiva globalmente religiosa, laica ou anarquista, mas apenas registrar aquilo que Kafka confessou inúmeras vezes: a saber, que ele se dedicou à literatura como a uma perversão que acabou se impondo entre ele e a sociedade ordinária. É dessa tensão no nível mais elementar entre dois modos de concatenação do sentido – um da manutenção do estado de coisas correlativo a diversas formas de conservadorismo burocrático e a uma expressão literária clássica, o outro de choque, de implosão e de recristalização das redundâncias familiares – que nascem esses efeitos sinalizadores irredutivelmente equivocados, misturando impressões de *déjà-vu* com pressentimentos de catástrofes ao mesmo tempo estranhas, extraordinárias e alegres, próprias ao kafkismo.

Portanto, é somente à condição de recusar a separação dos diversos gêneros de escrita que conseguiremos apreender a importância da dimensão, que podemos qualificar de erótica, dessa catálise literária de uma outra realidade e, de modo totalmente particular, abrir um espaço privilegiado ao gênero "carta à amada", que beira de fato a perversão na medida em que sempre implica o mesmo tipo de cenário estereotipado, a saber: a possessão epistolar de uma mulher que, no início, é quase uma desconhecida para você e que você acaba seduzindo e dominando à distância, ao ponto de perturbá-la gravemente. Mas a proeza que consiste em manter em suspenso o máximo de tempo possível esse tipo de gozo exacerbado e desterritorializado encontra inevitavelmente seu limite.

Em O *veredicto* (que pode ser considerado, junto com *A metamorfose*, uma última tentativa de exorcizar os componentes diabólicos da máquina de escrita – "no fundo, você era uma criança inocente, porém, mais no fundo ainda, um ser diabólico"), Georges Bendemann, depois hesitar por muito tempo, na Rússia, em escrever uma carta ao seu amigo solteiro para lhe anunciar seu noivado, descobre com estupor que há muito tempo seu pai mantinha uma correspondência paralela à sua e que tendia, de algum modo, a duplicá-la e neutralizá-la: o que o leva imediatamente a se suicidar proclamando: "E, apesar disso, caros pais, sempre amei vocês." Por outro lado, *O processo* começa sobre bases bem diferentes; nele é indicado logo de cara que esse desfecho suicida não está mais nos planos. Destaquemos, a esse respeito, um incidente, um desses incidentes semióticos a partir dos quais prolifera a criação kafkiana, girando aqui em torno do que eu chamaria de maçã do limite extremo. Logo depois de sua prisão, Joseph K. dá uma bela mordida numa maçã – a última que tinha lhe sobrado – e então ele confessa que, no final das contas, ele prefere a maçã ao o café da manhã que os policiais acabaram de tomar dele ou à bebida que poderia obter deles. Ora, essa maçã já foi encontrada em *A metamorfose*, enquanto projétil mortal que Samsa recebe de seu pai, instigado por sua irmã. Essa maçã também é a última de uma séria que ele acreditava, até então, inofensiva. Portanto, em *O processo* não encontramos mais a conotação fatal que, em *A metamorfose*, Kafka conferiu a esse símbolo tradicional de inocência e pecado, no entanto, notaremos que ela continua assombrando suas significações potenciais, já que Joseph K. começa a pensar que não teria sentido se suicidar só porque dois homens estão na sala ao lado tomando o café da manhã que era seu e porque, por causa deles, você foi levado a comer apenas uma maçã... Não, definitivamente, morder a maçã não anuncia mais a queda do pecador – deveríamos dizer "do encrenqueiro" –, mas marca antes de tudo sua entrada deliberada, para não dizer conquistadora, no universo fechado de uma maceração jubilatória, ancorada numa pseudoculpa com alto teor sexual que talvez os juízes muito peculiares de *O processo* classificassem no registro do "adiamento ilimitado". E eis que somos remetidos à primeira utilização iniciática da maçã em *Amerika*, quando Karl Rossmann recebia uma maçã dada por sua amiga Teresa, na ocasião de sua partida movimentada do Hotel Ocidental e de sua entrada no mundo ilegal e louco de Delamarche e Brunelda.

Durante esses anos, uma parte considerável do metabolismo literário de Kafka girou em torno desse "espinho na carne" da relação impossível com Felícia. A engrenagem das cartas, o noivado em Berlim na primavera de 1914, a primeira grande ruptura seguida de um recomeço que três meses depois lhe deixará a sensação de estar "atado como um criminoso", o "tribunal de Askanischer Hof", as reconciliações, a procura de uma moradia, a escolha de uma mobília, o carrossel de visitas às famílias e aos amigos das famílias. E sempre o fluxo turbulento das *Cartas* – a meu ver, a primeira das obras-primas. E sempre a questão lancinante: como preservar a máquina de escrita. Como evitar de se expor às garras do real:

> Fico preocupado de ver alguns de meus hábitos perturbados e minha única concessão consiste em fazer um pouco um teatro. Ela está errada nas pequenas coisas, ela está errada quando defende seus pretensos ou

reais direitos, mas, como um todo, ela é inocente, uma inocente condenada a uma tortura cruel, fui eu que cometi o mal pelo qual ela foi condenada e sou eu que sirvo, ainda por cima, de instrumento de tortura.

A libertação, a "capitulação definitiva" desabará sobre ele com a tuberculose: dia 4 de setembro de 1817, Max Brod o arrasta para o médico; dia 12 de setembro, ele pede uma licença médica e se instala na casa da sua irmã, Ottla, em Zürau; dia 19 de setembro, ele envia uma carta de adeus a Felícia; dia 27 de dezembro, ruptura definitiva. Prostração, crise de choro no escritório de Brod... Mas ele aguenta firme. Ele está destruído. Ele se agarra com todas as suas forças na escrita; ele está trabalhando em O *processo*.

Posfácio

Através da heterogeneidade de seus ângulos de abordagem, o presente dossiê, no qual estão registrados posicionamentos ligados à atualidade e reflexões sobre diversas problemáticas sociais, econômicas, psicológicas e estéticas, esforçou-se para delimitar alguns parâmetros ocultos relativos aos modos contemporâneos de produção de subjetividade – aqueles, consensuais, das formações capitalísticas e socialistas e aqueles, dissidentes, de minorias e marginalidades de todo tipo. As perspectivas expostas aqui, ainda que vinculadas a certas intuições dos alternativos de ontem e de hoje, também poderiam muito bem se articular, ao que me parece, às projeções mais audaciosas daqueles que professam imaginar nosso futuro. Talvez se perceba que a maioria dos temas evocados em *Os anos de inverno* já foi abordada em obras anteriores e, por vezes, de modo muito mais sistemático. No entanto, não me pareceu inútil apresentá-los sob essa forma fragmentária, como que em estado nascente, por terem emergido de preocupações mais "ocultas", ou pura e simplesmente ocasionais. A isso se acrescenta o fato de que os textos coligidos aqui dão origem a algumas direções de pesquisa, em curso de elaboração, das quais evocarei, neste posfácio, apenas os principais questionamentos.

- Por que meios podemos acelerar a chegada daquilo que chamei de era pós-midiática? Quais condições teóricas e pragmáticas poderiam facilitar uma tomada de consciência do caráter "reativo" da onda atual de conservadorismo, ou seja, o fato de que ela não é o correlato de uma evolução obrigatória das sociedades desenvolvidas?

Se é verdade que as minorias organizadas são convocadas a se tornar laboratório de pensamento e experimentação das formas futuras de subjetivação, como elas poderiam ser levadas a se estruturar e a estabelecer alianças entre si e também com organizações de forma mais tradicional (partidos, sindicados, associações de esquerda), de modo a escapar do isolamento e da repressão que as ameaçam e mantendo sua independência e seus traços específicos? Mesma questão para os riscos que elas correm de ser recuperadas pelo Estado. Como encarar uma proliferação de "devires minoritários" que permita a multiplicação dos fatores de autonomia subjetiva e de autogestão econômica dentro do campo social, que são, aliás, compatíveis com os sistemas modernos de produção e circulação, na medida em que estes últimos parecem exigir cada vez mais integração, para não dizer concentração, em seus processos de decisão?

- Para repensar o conjunto das produções de subjetividade, é necessário redefinir o inconsciente fora dos espaços restritos da psicanálise. Ele não deveria mais ser redutível em termos exclusivos de entidades intrapsíquicas ou de significante linguístico, mas envolver também as diversas dimensões semióticas e pragmáticas relativas a uma multidão de territórios existenciais, de sistemas maquínicos e de universos incorporais. Para diferenciá-lo do inconsciente psicanalítico – ancorado demais, para o meu gosto, numa apreensão identitária e personológica das formações do ego, das identificações e da transferência e, além disso, irremediavelmente impregnado por concepções fixistas e psicogenéticas em matéria de objeto pulsional – decidi chamá-lo de esquizoanalítico. Ao fazer isso, não tinha a intenção de vinculá-lo de modo unívoco à psicose; só queria conferir a ele o máximo de disponibilidade em relação a todas as variedades possíveis de esquizes subjetivas – do amor, da infância, da arte... Diferentemente dos complexos freudianos, os agenciamentos esquizoanalíticos são o *locus* de transformações internas e de transferências entre níveis pré-pessoais (aqueles que Freud descreve, por exemplo, em sua *Psicopatologia da vida cotidiana*) e níveis pós-pessoais, que hoje em dia poderiam ser globalmente qualificados como midiáticos, estendendo a noção de mídia a todos os sistemas de comunicação, deslocamento e troca. Nessa perspectiva, o inconsciente se tornaria "transversalista". O dom que ele terá adquirido de atravessar as ordens mais diversas dependerá de máquinas abstratas e singulares, não se fixando em nenhuma substância de expressão particular, sem constituir, no entanto, universais ou matemas estruturais. A entidade egoica, pela qual a essência do sujeito era afetada e à qual era atribuída a responsabilidade pelos fatos e gestos – reais e imaginários – da pessoa, só será considerada, portanto, a título de cruzamento mais ou menos transitório de agenciamentos de enunciação de natureza, tamanho e duração diferentes. (Nessa direção, poderíamos encontrar, se não a letra, no mínimo a inspiração das cartografias animistas da subjetividade.)

- Aquilo que está em jogo na análise mudará radicalmente. Já não se trata de tentar resolver pela transferência e pela interpretação tensões e conflitos de certo modo "pré-programados" dentro de uma psique individuada, mas de desenvolver os meios de semiotização e as transferências de enunciação capazes de superar os descompassos crescentes que estão se instaurando em nossas sociedades entre:

    1. representações dos modos de percepção e de sensibilidade relativos ao corpo, à sexualidade, ao meio ambiente social, físico e ecológico, às diversas figuras da alteridade e da finitude, na medida em que são afetados por mutações técnico-científicas, em particular nos campos da informação e da imagem;
    2. estruturas sociais e institucionais, sistemas jurídicos e de regulamentação, aparelhos de Estado, normas morais, religiosas, estéticas... que, por trás de uma continuidade aparente, se encontram ameaçadas, minadas por dentro pelas tensões desterritorializantes do registro molecular ante-

rior, o que as leva a pôr os dois pés no freio diante de qualquer processo evolutivo, a tornar-se cada vez mais molares, a agarrar-se nas formas mais obsoletas, devido ao fato de sua eficiência funcional padecer disso...

- Diferentemente do sujeito transcendental da tradição filosófica (mônada fechada em si mesma que os estruturalistas pretenderam abrir à alteridade unicamente através do significante linguístico), os agenciamentos pragmáticos de enunciação fogem, escapam por toda parte. Instaurando-se na intersecção de componentes heterogêneos, suas transformações subjetivas não podem ser reduzidas a uma única matéria semiótica. A subjetividade econômica, por exemplo, não é da mesma natureza que a subjetividade estética; o Édipo de um garotinho bem educado do XVI° *arrondissement*[1] de uma natureza totalmente diferente da iniciação ao *socius* de um pivete[2] das favelas brasileiras... A elucidação da composição interna dos agenciamentos e as relações que eles mantêm entre si implicam a confrontação de dois tipos de lógica: a dos conjuntos discursivos, que rege as relações dos fluxos e sistemas maquínicos exorreferidos com diversos tipos de coordenadas energético-espaço-temporais; e a dos corpos sem órgão não discursivos, que rege as relações entre territórios existenciais e universos incorporais endorreferidos. A introdução na análise de conceitos como os de endorreferência ou de auto-organização não implica a saída dos campos ordinários da racionalidade científica, mas apenas uma ruptura com o causalismo cientificista. Consideraremos, por exemplo, que uma cartografia esquizoanalítica não é "segunda" em relação aos territórios existenciais que ela presentifica, não poderemos nem mesmo dizer, propriamente falando, que ela os representa, pois de um certo modo é o mapa que produz os territórios em questão aqui. Problema conexo: nem toda produção estética

---

1. Distrito de Paris situado na margem direita do rio Sena, considerado uma área nobre da cidade.
2. A palavra aparece em português no texto original. [N.T.]

diz respeito, de um modo ou de outro, a esse tipo de cartografia, independentemente de toda referência a uma teoria qualquer da sublimação das pulsões!

- A partir do momento em que a subjetividade inconsciente for considerada sob o ângulo da heterogeneidade de seus componentes, de sua produtividade multiforme, de sua intencionalidade micropolítica e de sua tensão em direção ao futuro ao invés de sua fixação nas estratificações do passado, o ponto focal da análise será sistematicamente deslocado dos enunciados e elos semióticos para suas instâncias enunciadoras. Passaremos da análise dos dados discursivos para o exame das condições constitutivas do "doador". A questão não será mais perseguir o não-sentido e a errância paradigmática para fixá-los, como borboletas, nas molduras interpretativas ou estruturalistas. As singularidades de desejo – esses resíduos inomináveis do sentido que os psicanalistas acreditaram poder repertoriar a título de objetos parciais e diante dos quais eles se extasiam, de braços cruzados, há décadas – não serão mais aceitas como limites da eficácia analítica, mas tratados como desencadeadores potenciais de novos impulsos processuais. A ênfase não estará mais na castração simbólica, vivida como resignação pós-edipiana, mas nas "escolhas de contingência" que circunscrevem e dão consistência existencial a novos campos pragmáticos. A pesquisa dedicará um interesse totalmente particular à virtude singular dos elos semióticos que sustentam tais escolhas (ritornelos, traços de rostidade, devires animais etc.), que consiste no fato de que, paralelamente a suas funções de significação e designação, eles desenvolvem uma função existencial de catálise de novos universos de referência. Por trás do não-sentido relativo de um enunciado defeituoso, não é mais um sentido oculto, portanto, que as pragmáticas esquizoanalíticas irão trazer à tona ou uma latência pulsional que elas se esforçarão para libertar; elas visarão o desdobramento dessas matérias incorporais, insecáveis, inumeráveis, cujos traços de intensidade, como a experiência do desejo nos ensinou a reconhecer, podem nos levar para longe de nós mesmos, longe de nossos cercos territoriais, em direção de universos de possíveis imprevistos, inauditos; a partir de então, a insignificância passiva, objeto de predileção das hermenêuticas, será substituída pela assignificância ativa dos processos de singularização existencial.

No entanto, essas matérias intensivas, não discursivas, a partir das quais são trançados os agenciamentos subjetivos, só continuam existindo ao se desterritorializar continuamente como projetualidade atual e virtual, e ao se reterritorializar como estratos de real e de possível, de modo que também podem ser consideradas como inúmeras matérias de opção ético-políticas. Todas as terras de desejo e de razão estão ao alcance de nossas mãos, de nossas vontades, de nossas escolhas individuais e coletivas... Mas, em comparação com a ordem capitalista das coisas, monoteísta, monoenergetista, monossignificante, monolibidinal, em suma, radicalmente desencantada, nada pode evoluir a não ser que todo resto fique parado no mesmo lugar. As produções subjetivas (as subjetividades) são obrigadas a se submeter a esses axiomas de equilíbrio, equivalência, constância, eternidade...

O que nos sobrará, desse ponto de vista, para agarrar uma vontade de viver, de criar, uma razão para morrer por outros horizontes? Quando tudo pode equivaler a qualquer coisa, nada mais vale a não ser as compulsões distorcidas de acumulação abstrata dos poderes sobre as pessoas e os lugares, e a exaltação desoladora dos prestígios espetaculares. Nesse tipo de monotonia, a singularidade e a finitude causam necessariamente a impressão de escândalo, ao passo que a encarnação e a morte são sentidas como pecados, ao invés de ritmos da vida do cosmo. Claro que não se trata aqui de preconizar um retorno às sabedorias orientais – portadoras das piores resignações. Nem pensar também em rejeitar sem precaução, sem alternativas cuidadosamente experimentadas, os grandes equivalentes capitalísticos: a energia, a libido, a informação... e até mesmo o capital na medida em que ele poderia ser reconvertido em instrumento fiável de escrita econômica! Aqui também se trata unicamente de reinventar o uso deles; não de um modo dogmático, programático, mas através da criação de outras químicas da existência, abertas a todas as recomposições e transmutações devido a esses "sais de singularidade" cujo segredo pode nos ser fornecido pela arte e pela análise. Mais uma vez a análise! Mas onde? Como? Então! por todo lugar onde ela seja possível, por todo lugar onde voltam à tona as contradições insolúveis, que absolutamente não se trata de contornar, rupturas de sentido enlouquecedoras que nos fazem deslizar nas ondas da cotidianidade, dos amores impossíveis e, no entanto, perfeitamente viáveis, todos os tipos de paixões construtivistas que minam os edifícios da racionalidade mórbida... Individual, para aqueles a quem é dado levar a vida como uma obra de arte; dual de todos os modos possíveis, inclusive – por que não? – acompanhado pelo divã psicanalítico se ele tiver sido previamente, seriamente, desempoeirado; múltiplo através de práticas de grupo, de rede, de instituição, de vida coletiva; micropolítico, enfim, através de outras práticas sociais, outras formas de autovalorizações e de engajamentos militantes, para que, por um decentramento sistemático do desejo social, possam ser realizadas subversões leves, revoluções imperceptíveis que acabarão mudando a cara do mundo, tornando-o mais sorridente, o que, confessem, não seria um luxo?

Belém, agosto de 1985

ANEXOS

1981 – Não à França do *Apartheid* (ou o novo manifesto dos 121)[*]

A França está se fechando em si mesma. Ela teme por sua reputação, sua tranquilidade e até mesmo a cor da sua pele. Como a Alemanha de 1933, ela inventa bodes expiatórios para si.

Um dia são os imigrantes, o trator de Vitry substituindo as medidas Bonnet-Stoléru e as chacinas de Bondy. No dia seguinte são os jovens, sua pequena delinquência, influenciada pelo desemprego do qual ela está longe, porém, de acompanhar a curva dos gráficos, justifica a união sagrada dos representantes de todos os partidos e a lei Segurança e Liberdade.

O inimigo está na intersecção desses dois campos, mas ninguém – ou quase – ousou até agora nomeá-lo claramente: é o jovem imigrante e mais precisamente *o jovem magrebino e o jovem negro*.

Pois, se olharmos mais de perto, existem duas políticas de imigração nesse país: uma de integração, acompanhada por um pensamento natalista dissimulado, para os bons, isto é, para aqueles que têm o tipo europeu; a outra de segregação e rejeição, na mais pura tradição do racismo colonial, para os maus, isto é, para aqueles que vêm principalmente do continente africano.

---

[*]. Texto coletivo publicado no início de 1981 pelo Centro de Iniciativa para Novos Espaços de Liberdade (CINEL), do qual Guattari é um dos coordenadores.

Assim como existem duas políticas da juventude: uma elitista e a outra de precarização e controle social para a maioria, em particular todos aqueles que estão confinados nas periferias-depósitos dos indesejados. No final das contas, os jovens "imigrantes" do sul do Mediterrâneo são colocados duas vezes na mira. As cotas que os prefeitos comunistas querem impor agora para preservar a paz de suas comunas não visam mais ninguém além deles. E quando o senhor Peyrefitte se propõe a aumentar as prisões, também são eles que são mais uma vez visados, no prolongamento da mesma lógica, já que cerca de três quartos dos detentos menores, produzidos pela nossa sociedade, carregam hoje em dia sobrenomes árabes.

Só a nova direita ousou formular abertamente seu alvoroço acerca de um fenômeno que preocupa muita gente, mas sobre o qual se fica hipocritamente em silêncio, a saber, que a estagnação demográfica global da França é acompanhada por um *baby-boom* dentro da população estrangeira.

O francês médio estaria disposto a aceitar esse aumento demográfico, mas unicamente sob a condição de que seu narcisismo racial não seja afetado por isso. Por outro lado, ele enlouquece, torna-se propriamente delirante (como nessa outra potência colonial que foi a Grã-Bretanha) com a ideia de que seu país possa ser contaminado pela proliferação de "pessoas de cor" em seu solo. Se o fenômeno se acentuar, ele se transformará em breve em sulista, em pequeno branco do Transvaal, em defensor grotesco, mas tão temível, de uma civilização racial encurralada.

Como não temer o pior já que o próprio PCF, que supostamente devia defender o oprimido, vacilou? Fazendo em grande parte a gestão da periferia de nossas cidades reformadas e embranquecidas, ele a purifica, ao se transformar objetivamente em muralha contra os intrusos.

Um consenso está se instaurando. As medidas governamentais e municipais (independentemente de sua orientação) se complementam admiravelmente. Segregação da moradia, depois intimidações de toda natureza contra os imigrantes pretensamente não assimiláveis e recusa sistemática do direito de asilo aos cidadãos da África: tudo é feito para que sejam abafadas as questões políticas e sociais que a existência de uma comunidade não branca de mais de três milhões de pessoas (incluindo antilhanos e harkis) coloca dentro da sociedade francesa. O racismo e o nacionalismo mais estreito têm tacitamente a força de lei.

Um *apartheid* administrativo está desde já instituído. Sua engrenagem menos conhecida e mais radical é a das *expulsões*.

Se, desde o bloqueio da imigração em 1974, seu número subiu rapidamente para cinco mil pessoas por ano, parece, segundo múltiplos indícios, que ele vai quase triplicar em 1981. Mas a esse número conviria acrescentar o número, ainda mais pesado mas de modo diferente, da repressão pela não renovação da autorização de residência, assim como as partidas ditas "voluntárias" devido ao desemprego, aos aborrecimentos administrativos e ao clima de ódio.

Setenta e cinco porcento dos expulsos oficialmente reconhecidos são jovens magrebinos com menos de 25 anos, do sexo masculino. Frequentemente nascidos na França ou tendo crescido nela, eles são, portanto, brutalmente separados de suas irmãs e companheiras, e arrancados do tecido social de sua infância.

Basta que esses adolescentes tenham cometido dois delitos, mesmo que ínfimos, enquanto são menores de idade, para serem convocados, às vezes anos depois, diante de uma comissão de expulsão da prefeitura e levados dois meses depois ao navio ou ao avião. Portanto, seu destino depende quase que totalmente do policial que um dia decidiu fazer sua ficha, por vezes do primeiro delator a chegar.

Assim, eles vão parar em Alger, Casablanca ou Tunes, num país que eles pouco conhecem e cujos costumes eles aceitam mal. Eles reencontram suas famílias lá, dificilmente se reinserem nelas, pois em geral tinham escolhido viver de um modo diferente. O caso dos jovens argelinos é ainda mais paradoxal porque são cada vez mais numerosos os que são obrigados a ter nacionalidade francesa. Essa é uma "consequência" da independência da Argélia, que perde seus filhos que nasceram na França a partir de 1963.

Assim, os primeiros entre eles, atingindo *neste ano* a maioridade legal, conquistaram o direito de votar. Mas o regime giscardiano, que parece considerá-los como um presente de grego, encontrou uma chantagem odiosa para neutralizá-los. Ele ataca seus irmãos mais velhos, que permanecem estrangeiros, livra-se do maior número possível deles nos prazos mais curtos, desestruturando assim as famílias, colocando os mais novos diante do dilema trágico de renegá-los ou de ir embora com eles.

No entanto, os jovens expulsos sentem visceralmente que estão "em casa" aqui. Depois de algumas semanas de errância, às vezes de aflição profunda que levou várias dezenas deles ao suicídio, muitos voltam para a França clandestinamente.

Assim está se desenvolvendo neste país uma sociedade subterrânea, perseguida, mas cada vez mais organizada e calorosa, que funciona graças à cumplicidade dos conjuntos-habitacionais-gueto, mas também graças à solidariedade crescente de franceses que, depois de terem conhecido, estimado, amado em sua atividade profissional ou em sua vida cotidiana esses resistentes involuntários de uma nova guerra colonial inconfessa, ressuscitaram as "redes de apoio" de antigamente, aceitando seus riscos.

Está na hora de fazer com que essa realidade seja conhecida.

É por isso que os signatários,

- revoltados com esse drama humano que, guardadas as devidas proporções, não tem nada a invejar do drama dos *boatpeople*, que, há pouco tempo, emocionou a todos unanimemente;
- escandalizados pela implementação, na França, de um sistema de *apartheid* oculto e pela covardia dos candidatos eleitos de todas as tendências que o acobertam;
- conscientes da fascinação sutil que ele provoca nas mentalidades e, portanto, da transformação do regime como um todo em regime fascista;
- convencidos de que a evolução normal, irreversível de nossas sociedades economicamente desenvolvidas, que se tornaram polos mundiais de atração, caminha no sentido da multirracialidade,

ela própria garantidora de todo verdadeiro desenvolvimento cultural, se declaram dispostos a ajudar através de todos os meios legais e *ilegais*, toda pessoa ameaçada de ser expulsa desse país enquanto ela fizer questão de viver nele, por ter crescido nele, trabalhado ou se refugiado nele por razões políticas; e isso até que o direito de residir nele seja plenamente reconhecido.

Glossário de esquizoanálise

Esse glossário foi redigido a pedido dos editores ingleses de *A revolução molecular*, traduzido por Rosemary Sheed e com introdução de David Cooper (Penguin Books, 1984).

Agenciamento   noção mais ampla do que a de estrutura, sistema, forma, processo etc. Um agenciamento comporta componentes heterogêneos, como, por exemplo, de ordem biológica, social, maquínica, gnoseológica, imaginária. Na teoria esquizoanalítica do inconsciente, o agenciamento é concebido para se opor ao "complexo" freudiano.

Arquiescrita   termo proposto por Jacques Derrida que expressa a hipótese de uma escrita no fundamento da linguagem oral. Ao se conservar no espaço de inscrições, essa escrita de rastros e marcas seria logicamente anterior às oposições tempo e espaço, significado e significante. A esquizoanálise objeta a essa concepção sua visão ainda totalizante demais, "estruturalista" demais da língua.

Assignificante   distinguiremos as semiologias significantes – as que articulam cadeias significantes e conteúdos significados – das semióticas assignificantes, que operam a partir de cadeias sintagmáticas sem produção de efeito de significação no sentido linguístico, e que são capazes de entrar em contato direto com seus referentes no âmbito de uma interação diagramática. Exemplo de semiótica assignificante: a escrita musical, os *corpora* matemáticos, as sintaxes informáticas, robóticas etc.

Bloco   termo próximo de *agenciamento*.[1] Não se trata de complexos infantis, mas de cristalizações de sistemas intensivos que atravessam os estágios psicogenéticos e capazes de operar através dos sistemas perceptivos, cognitivos e afetivos mais diversos. Exemplo de bloco de intensidade: os ritornelos musicais em Proust, a "pequena frase de Vinteuil".

Codificação, supercodificação   a noção de código é empregada numa acepção bem ampla; ela pode se referir aos sistemas semióticos, assim como aos fluxos sociais e aos fluxos materiais: o termo *supercodificação* corresponde a uma codificação de segundo grau. Exemplo: sociedades agrárias primitivas, funcionando segundo seu próprio sistema de codificação territorializada, são supercodificadas por uma estrutura imperial, relativamente desterritorializada, que impõe a elas sua hegemonia militar, religiosa, fiscal etc.

Corpo sem órgão   noção de Antonin Artaud retomada por Gilles Deleuze para marcar o grau zero das intensidades. Diferentemente da noção de pulsão de morte, a noção de corpo sem órgão não implica nenhuma referência termodinâmica.

Corte   as máquinas desejantes são caracterizadas como sistemas de corte de fluxos. Em *O Anti-Édipo*, o termo *corte* é inseparável do termo *fluxo*. ("Connecticut, connect – I cut", grita o pequeno Joey de Bettelheim – *O Anti-Édipo*, p. 56).

Devir   termo relativo à economia do desejo. Os fluxos de desejo operam por afetos e devires, independentemente do fato de que possam ser ou não reduzidos a pessoas, imagens, identificações. Assim, um indivíduo antropologicamente rotulado de masculino

---

1. Introduzido com a noção de "bloco de infância", em Deleuze e Guattari, *Kafka pour une littérature mineure* [*Kafka por uma literatura menor*]. Paris: Minuit, 1975.

pode ser atravessado por devires múltiplos e aparentemente contraditórios: um devir feminino coexistindo com um devir criança, um devir animal, um devir invisível etc.

Uma língua dominante (uma língua operando no espaço nacional) pode ser localmente pega num devir minoritário. Ela será qualificada de língua menor. Exemplo: o dialeto alemão de Praga utilizado por Kafka (cf. Klaus Wagenbach, *Franz Kafka*. Paris: Mercure de France, 1967).

Enunciação coletiva as teorias linguísticas da enunciação centram a produção linguística em sujeitos individuados, embora a língua seja essencialmente social e, além disso, esteja conectada diagramaticamente às realidades contextuais. Além das instâncias individuadas de enunciação, convém especificar o que são os *agenciamentos coletivos de enunciação*. *Coletivo* não deve ser entendido aqui apenas no sentido de um agrupamento social; esse adjetivo implica também a inclusão de diversas coleções de objetos técnicos, fluxos materiais e energéticos, entidades incorporais, idealidades matemáticas, estéticas etc.

Esquizes sistema de cortes que não são somente interrupção de um processo, mas de cruzamento de processos. A esquize carrega em si um novo capital de potencialidade.

Esquizoanálise enquanto a psicanálise partia de um modelo de psique fundado no estudo das neuroses, centrado na pessoa e nas identificações, operando a partir da transferência e da interpretação, a esquizoanálise se inspira muito mais nas pesquisas que têm como objeto a psicose; ela se recusa a reduzir o desejo aos sistemas personológicos; ela nega a eficácia da transferência e da interpretação.

Fluxo os fluxos materiais e semióticos "precedem" os sujeitos e os objetos; o desejo, como economia de fluxo, não é, portanto, primeiramente subjetivo e representativo.

Grupo sujeito/produção de subjetividade a subjetividade não é considerada aqui como coisa em si, essência imutável. Tal ou tal subjetividade existe conforme o fato de um agenciamento de enunciação a produzir ou não. (Exemplo: por meio das mídias e dos equipamentos coletivos, o capitalismo moderno produz em grande escala um novo tipo de subjetividade.) Por trás da aparência da subjetividade individuada, convém tentar identificar o que são os processos reais de subjetivação.

Os grupos sujeitos são opostos aos grupos sujeitados. Essa oposição implica uma referência micropolítica: o grupo sujeito tem por vocação gerir, na medida do possível, sua relação com as determinações externas e com a sua própria lei interna. O grupo sujeitado tende, ao contrário, a ser manipulado por todas as determinações externas e a ser dominado por sua própria lei interna (Superego).

Imaginário-fantasia na medida em que o imaginário e a fantasia não ocupam mais uma posição central dentro da economia do desejo da esquizoanálise, essas instâncias deverão ser recompostas no seio de noções como as de agenciamento, bloco etc.

Interação semiótica e diagramatismo Diagrama: expressão retomada de Charles Sanders Peirce.[2] Esse autor classifica os diagramas entre os ícones; fala deles em termos de "ícones de relação". Na presente terminologia, as interações diagramáticas (ou interações semióticas) se opõem às redundâncias semiológicas. As primeiras fazem os sistemas de signos trabalhar diretamente com as realidades às quais eles se referem; elas trabalham

---

2. Charles S. Peirce, *Principles of Philosophy: Element of Logic* [*Princípios de filosofia: elemento da lógica*]. "Collected papers". Cambridge (MA): Belknap Press.

numa produção existencial de referente, ao passo que as últimas só representam, só fornecem "equivalentes" delas sem ação operatória. Exemplo: os algoritmos matemáticos, os planos tecnológicos, as programações informáticas participam diretamente do processo de produção de seus objetos, enquanto que uma imagem publicitária só dará dela uma representação extrínseca (mas ela é, então, produtora de subjetividade).

Máquina (e maquínico)   aqui faremos a distinção entre máquina e mecânica. A mecânica é relativamente fechada em si mesma; ela só mantém relações perfeitamente codificadas com os fluxos externos. Consideradas em suas evoluções históricas, as máquinas constituem, pelo contrário, um *phylum* comparável aos das espécies vivas. Elas se engendram entre si, selecionam-se, eliminam-se, fazem aparecer novas linhas de potencialidade.

No sentido amplo, isto é, não apenas as máquinas técnicas mas também as máquinas teóricas, sociais, estéticas etc., as máquinas nunca funcionam isoladamente, mas através de agregados ou agenciamentos. Uma máquina técnica dentro de uma fábrica, por exemplo, está em interação com uma máquina social, uma máquina de formação, uma máquina de pesquisa, uma máquina comercial etc.

Molecular/ molar   os mesmos elementos que existem nos fluxos, estratos e agenciamentos podem ser organizados de um modo molar ou molecular. A ordem molar corresponde às estratificações que delimitam objetos, sujeitos, as representações e seus sistemas de referência. A ordem molecular é, ao contrário, a dos fluxos, devires, transições de fases e intensidades. Essa travessia molecular dos estratos e dos níveis, operada pelos diferentes tipos de agenciamentos, será chamada de "transversalidade".

Objeto pequeno   termo proposto por Lacan dentro do quadro de uma teoria generalizada dos objetos parciais em psicanálise.

O objeto pequeno *a* é uma função que implica o objeto oral, o objeto anal, o pênis, o olhar, a voz etc. Eu tinha sugerido a Lacan que acrescentasse ao objeto pequeno *a* objetos pequeno *b*, correspondentes aos objetos transicionais de Winnicott, e os objetos pequeno *c*, correspondentes aos objetos institucionais.

Personológico   adjetivo que qualifica as relações molares dentro da ordem subjetiva. A ênfase colocada no papel das pessoas, das identidades e das identificações caracteriza as concepções teóricas da psicanálise. O édipo psicanalítico coloca em jogo pessoas, personagens tipificados; reduz as intensidades, projeta o nível molecular dos investimentos num "teatro personológico", ou seja, num sistema de representações separado da produção desejante real (expressão equivalente: triangulação edipiana).

Plano de consistência   os fluxos, os territórios, as máquinas, os universos de desejo, qualquer que seja sua diferença de natureza, referem-se ao mesmo plano de consistência (ou plano de imanência), que não deve ser confundido com um plano de referência. De fato, essas diferentes modalidades de existência dos sistemas de intensidades não dizem respeito a idealidades transcendentais, mas a processos de produção e transformação reais.

Política de setor   a partir de 1960, apoiando-se nas correntes progressistas da psiquiatria institucional, os poderes públicos na França quiseram fazer com que a psicanálise saísse dos grandes hospitais psiquiátricos repressivos. Pretendia-se, então, aproximar a psiquiatria da cidade. Isso levou à criação do que foi chamado de equipamentos extra-hospitalares: postos de saúde, lares, oficinas protegidas, hospitais-dia, visita em domicílio etc. Essa experiência reformista transformou o aspecto social externo da psiquiatria, porém, sem ter como resultado um verdadeiro projeto de desalienação. Os equipamentos psiquiátricos foram miniaturizados; as relações de segregação e opressão não foram fundamentalmente transformadas.

Processo   sequência contínua de fatos ou operações que podem levar a outras sequências de fatos e operações. O processo implica a ideia de uma ruptura permanente dos equilíbrios estabelecidos. O termo não é empregado aqui no sentido em que a psiquiatria clássica fala de processo esquizofrênico, que sempre implica a chegada a um estado terminal. Ele está próximo, ao contrário, daquilo que Ilya Prigogine e Isabelle Stengers chamam de "processos dissipativos".[3]

Produção desejante (economia desejante)   Diferentemente da concepção freudiana, o desejo não está associado à representação. Independentemente das relações subjetivas e intersubjetivas, ele está diretamente em condição de produzir seus objetos e os modos de subjetivação que correspondem a eles.

Redundância   esse termo foi forjado pelos teóricos da comunicação e linguistas. É chamada de redundância a capacidade inutilizada de um código. Em *Diferença e repetição*, G. Deleuze distingue a repetição vazia da repetição complexa na medida em que esta última não pode ser reduzida a uma repetição mecânica ou material. Aqui também será encontrada a oposição entre redundância significante, desligada de toda influência sobre a realidade, e redundância maquínica, produtora de efeito sobre o real.

Rizoma, rizomático   os diagramas arborescentes operam através de hierarquias sucessivas, a partir de um ponto central, cada elemento local retornando a esse ponto central. Os sistemas em

---

[3]. I. Prigogine e i. Stengers, *La Nouvelle Alliance: métamorphose de la science* [A nova aliança: metamorfose da ciência]. Paris: Gallimard, 1980, p. 152.

rizoma ou malhas podem, ao contrário, derivar ao infinito, estabelecer conexões transversais sem que seja possível centralizá-las ou enclausurá-las. O termo *rizoma* foi tomado de empréstimo da botânica, campo em que ele define os sistemas de caules subterrâneos de plantas duradouras que possuem brotos e raízes adventícias em sua parte inferior. (Exemplo: rizoma de íris.)

Territorialidade, desterritorialização, reterritorialização a noção de território é entendida aqui num sentido bem amplo, que excede o uso que a etologia e a etnologia fazem dela. O território pode ser relativo a um espaço vivido, assim como a um sistema percebido dentro do qual um sujeito se "sente em casa". O território é sinônimo de apropriação, de subjetivação fechada em si mesma. O território pode se desterritorializar, isto é, abrir-se, envolver-se em linhas de fuga, até mesmo se desagregar e se destruir. A reterritorialização consistirá numa tentativa de recomposição de um território envolvido num processo desterritorializante.

O capitalismo é um bom exemplo de sistema permanente de reterritorialização: as classes capitalistas tentam constantemente "recuperar" os processos de desterritorialização na ordem da produção e das relações sociais. Ele tenta dominar, assim, todas as pulsões processuais (ou *phylum* maquínico) que atormentam a sociedade.

Dados Internacionais de Catalogação na Publicação (CIP) de acordo com ISBD

G918a   Guattari, Félix

   Os anos de inverno 1980 -1985 / Félix Guattari ; traduzido por Felipe Shimabukuro. – São Paulo : n-1 edições, 2022.
   284 p. ; 14cm x 21cm.

   Inclui índice.
   ISBN: 978-65-81097-36-3

   1. Ciências políticas. 2. Guattari. 3. Micropolítica. 4. Crise. 5. Capitalismo. I. Shimabukuro, Felipe. II. Título.

2022-3574
CDD 320
CDU 32

Elaborado por Vagner Rodolfo da Silva – CRB-8/9410

Índice para catálogo sistemático:

1. Ciências políticas 320
2. Ciências políticas 32

n-1

O livro como imagem do mundo é de toda maneira uma ideia insípida. Na verdade não basta dizer Viva o múltiplo, grito de resto difícil de emitir. Nenhuma habilidade tipográfica, lexical ou mesmo sintática será suficiente para fazê-lo ouvir. É preciso fazer o múltiplo, não acrescentando sempre uma dimensão superior, mas, ao contrário, da maneira mais simples, com força de sobriedade, no nível das dimensões de que se dispõe, sempre n-1 (é somente assim que o uno faz parte do múltiplo, estando sempre subtraído dele). Subtrair o único da multiplicidade a ser constituída; escrever a n-1.

Gilles Deleuze e Félix Guattari